ZHIZUO RUMEN

HANGKONG MOXING
ZHIZUO RUMEN

航空模型制作入门

本书编写组 ◎ 编

世界图书出版公司
广州·北京·上海·西安

图书在版编目（CIP）数据

航空模型制作入门/《航空模型制作入门》编写组编 . —广州：广东世界图书出版公司，2010.7（2024.2重印）
ISBN 978-7-5100-2491-7

Ⅰ.①航… Ⅱ.①航… Ⅲ.①模型飞机（航空模型运动）-普及读物 Ⅳ.①G875.3-49

中国版本图书馆 CIP 数据核字（2010）第 147902 号

书　　名	航空模型制作入门 HANGKONG MOXING ZHIZUO RUMEN
编　　者	《航空模型制作入门》编写组
责任编辑	左先文
装帧设计	三棵树设计工作组
出版发行	世界图书出版有限公司　世界图书出版广东有限公司
地　　址	广州市海珠区新港西路大江冲25号
邮　　编	510300
电　　话	020-84452179
网　　址	http://www.gdst.com.cn
邮　　箱	wpc_gdst@163.com
经　　销	新华书店
印　　刷	唐山富达印务有限公司
开　　本	787mm×1092mm　1/16
印　　张	13
字　　数	160 千字
版　　次	2010年7月第1版　2024年2月第9次印刷
国际书号	ISBN 978-7-5100-2491-7
定　　价	49.80元

版权所有　翻印必究

（如有印装错误，请与出版社联系）

前　言

　　航空模型的历史悠久，它是伴随着人类航空事业的发展而产生的。在人类发明各种飞行器的过程中，许多探索者都首先用模型来代替需要冒生命危险进行的飞行试验。而事实上，在整个人类航空事业的发展历史中，航空模型起到了不可磨灭的作用。直到现在，任何一种航空器的设计和制造，都是从制造和试验模型开始着手的。例如，把新设计的飞机制成模型，放在一种专门的试验设备——"风洞"中进行吹风试验，从而测量出各种数据。根据这些数据就可计算出要制造的大飞机的性能。而这种"风洞"试验，几乎已成为现代飞机设计中不可缺少的环节了。

　　自从世界上第一架飞机出现后，以各种航空飞行为主要内容的竞赛运动逐渐兴起，其中就包括航空模型运动。航模运动是一项很有意义的运动，它融合科技、竞技、娱乐为一身，深受各年龄段人群的喜爱。对于青少年来说，它更是一项很流行的运动。

　　青少年积极参与航空模型活动，还可以扩大青少年的知识领域，激发广大青少年爱科学、讲科学、用科学、钻研科学的热情，从小培养分析问题和解决问题的能力。航空模型活动的内容丰富，形式多样。通过学习航空发展史、一般航空基础知识和飞行原理，可以使少年儿童了解一些航空科学基础知识，了解空气动力学、飞行原理和驾驶飞机的基本知识，从小打下比较扎实的数理化知识基础，以便将来进一步学习。

　　航空模型活动的内容是军事性质的，活动方式是群众性的，非常适合

青少年的特点,是一项适合在青少年中广泛开展的活动,因此要面向青少年,介绍航空科学技术知识。

本书即是这样一本入门级的航空模型制作书籍,全书主要针对目前航空运动竞技赛事,介绍了一些比较简单的初、中级模型飞机的基本概念、制作方法、放飞调整方法以及最简单的设计改进方法,目的在于为广大航模爱好者提供一个入门的途径。

目 录
Contents

航空模型概述

模型飞机的种类 ………………… 1
模型飞机各部分的名称及名词
　解释 ………………………… 6

飞行原理简要介绍

空气流动时的两个特性 ………… 9
飞机的升力 …………………… 10
飞机的阻力 …………………… 14
飞机的平衡与稳定性 …………… 17

航模制作基本工艺与技能

常用工具的选择和使用 ………… 24
常用材料的性质和选择 ………… 28
认识简单的制作图 ……………… 33

手掷模型滑翔机

手掷模型滑翔机的制作 ………… 35
如何提高手掷模型滑翔机飞行
　成绩 ………………………… 46

弹射模型滑翔机

弹射模型滑翔机简介 …………… 49
制作材料和方法 ………………… 50
调整和试飞 ……………………… 58

一级牵引模型滑翔机

一级牵引模型滑翔机的制作 …… 67
一级牵引模型滑翔机的调整
　试飞 ………………………… 73

二级牵引模型滑翔机

二级牵引模型滑翔机的制作 …… 79
牵引模型滑翔机的飞行调整 …… 93
非正常的飞行情况的原因及
　调整方法 …………………… 100
有关牵引模型滑翔机的装置
　和上升气流 ………………… 105

初级橡筋动力模型飞机

初级橡筋动力模型飞机的
　制作 ………………………… 117
调整和试飞 …………………… 121

橡筋直升模型飞机

橡筋直升模型飞机的制作 …… 123
调整和试飞 …………………… 126

橡筋伞翼模型飞机

伞翼模型飞机的特点 ………… 127
模型飞机的制作 ……………… 129
模型的调整和试飞 …………… 131
延长留空时间的方法 ………… 134

室内模型飞机

机翼的制作 …………………… 136
机身和螺旋桨的制作 ………… 139
总　装 ………………………… 141
室内模型飞机的调整试飞 …… 141

线操纵模型飞机

线操纵模型飞机简介 ………… 145
特技模型飞行原理与制作 …… 148
模型的调整与飞行 …………… 165
模型的维护与修理 …………… 182

遥控电动模型飞机

遥控电动模型飞机的配件 …… 185
遥控电动模型滑翔机 ………… 187
遥控电动特技模型飞机 ……… 193
螺旋桨的制作 ………………… 196
电机和设备的维护 …………… 200

航空模型概述

什么是航空模型？一般认为凡是不能载人、符合一定技术要求、重于空气的飞行器都可称为航空模型，实际上是对各种航空器模型的总称，主要包括模型飞机、模型火箭及其他模型飞行器。

模型飞机的种类

模型飞机的种类有很多。总的来说，在我国常见的有自由飞、线操纵、无线电操纵和像真模型飞机4大类。

自由飞模型

（1）弹射模型滑翔机——利用橡皮筋的弹力，把模型送上天，当弹力逐渐消失后，再转入自由滑翔飞行。如图1-1。

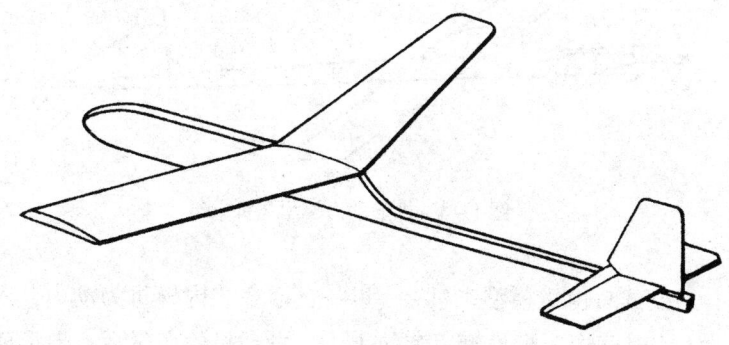

图1-1 弹射模型滑翔机

(2) 手掷模型滑翔机——依靠运动员手臂的力量将模型送上天，然后再转入自由滑翔。如图1-2。

(3) 牵引模型滑翔机——依靠人的牵引力，把模型牵引上天，然后脱钩，模型进入自由滑翔飞行。如图1-3。

图1-2 手掷模型滑翔机

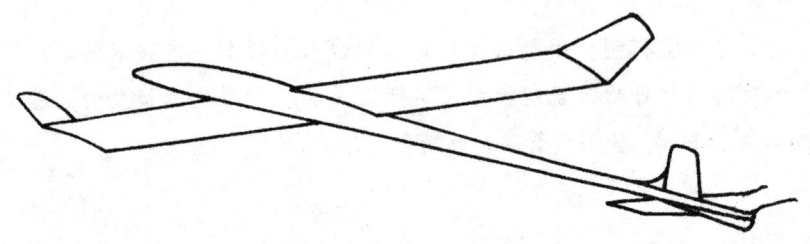

图1-3 牵引模型滑翔机

(4) 橡筋动力模型飞机——以橡筋的扭力作为动力，带动螺旋桨旋转，产生拉力，使模型飞机上升，然后模型进入自由滑翔飞行。如图1-4。

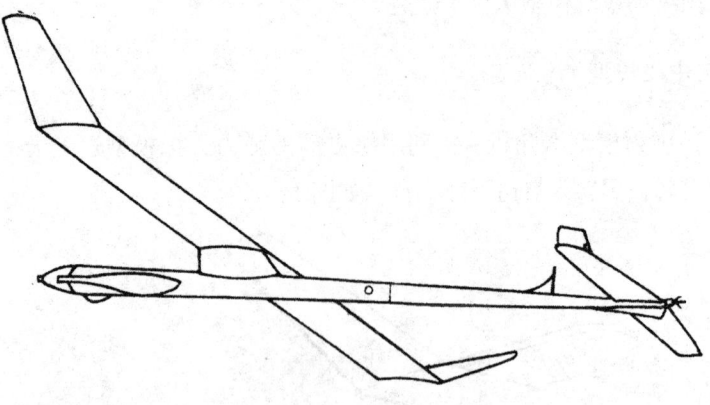

图1-4 橡筋动力模型飞机

(5) 活塞式自由飞模型飞机——以一台活塞式内燃机为动力，内燃机在规定的工作时间内，把模型迅速拉上天。发动机停车以后，模型就进入自由滑翔，如图1-5。

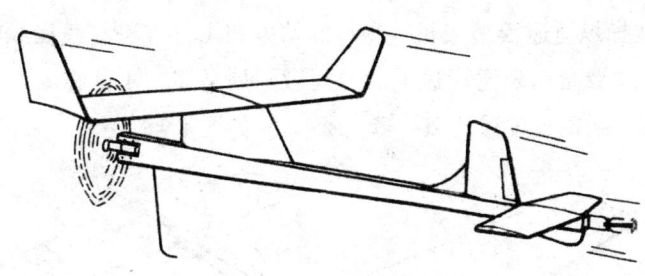

图1-5 活塞式自由飞模型飞机

（6）室内模型飞机——这是一种特种的模型飞机，它总共只有1~3克重，相当于一支香烟的重量。模型是以橡筋为动力带动螺旋桨旋转，在室内平稳而缓慢地飞行，每秒钟只前进几百毫米，但它可以在空中飞行几十分钟。如图1-6。

（7）直升模型飞机——它以橡筋或内燃机为动力带动旋翼旋转产生升力，可以像真的直升飞机那样垂直上升、垂直下降。

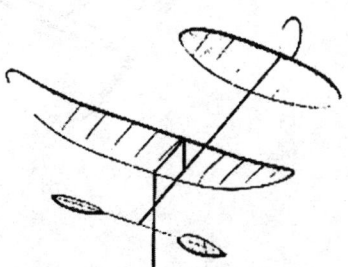

图1-6 室内模型飞机

线操纵模型

（1）线操纵特技模型飞机——以一台活塞式内燃机为动力，通过两根操纵线，操纵模型飞机作圆周飞行和做筋斗、"∞"字等各种特技动作。如图1-7。

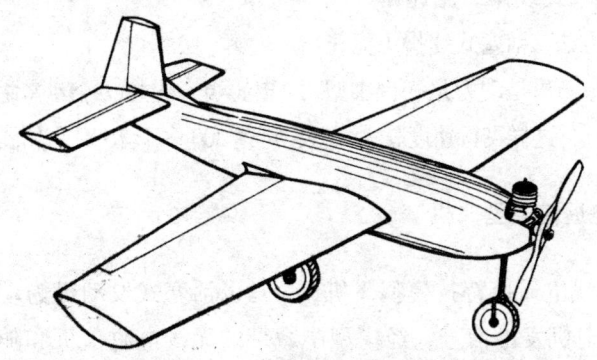

图1-7 线操纵特技模型飞机

(2) 线操纵竞速模型飞机——它的动力和飞行方法与线操纵特技模型飞机相似，主要是用来竞赛速度。但只做圆周平飞，不能做特技动作。这类竞速模型飞机的速度可达200多千米/时。如图1-8。

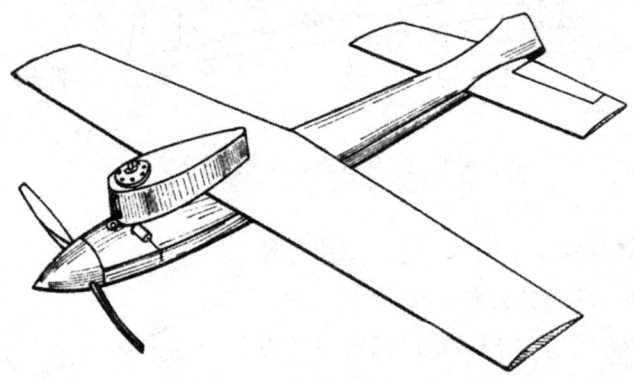

图1-8　线操纵竞速模型飞机

(3) 线操纵小组模型飞机——由操纵员和机械员共2名运动员编成一个飞行组。它不仅要使模型飞得快，还要求以极快的速度着陆、加油、启动发动机再重新起飞。

(4) 线操纵空战模型飞机——由2名运动员对阵，在同一个圈内飞行，以咬掉对方拖在模型尾部的彩带为目的。

(5) 喷气式线操纵竞速模型飞机——飞行方法与活塞式线操纵竞速模型飞机相仿，只是动力是一台小型的喷气发动机，这样飞行速度就大一些，可达300多千米/时。如图1-9。

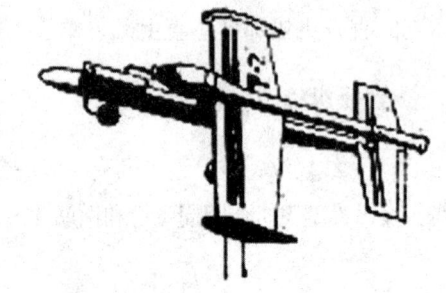

图1-9　喷气式线操纵竞速模型飞机

无线电遥控模型飞机

(1) 无线电遥控特技模型飞机——是以活塞式发动机为动力，由地面的无线电发射机发出信号，经模型中载带的无线电收信机和随动器，使飞机按照地面的指令来飞行的一种模型飞机。它可以在空中作各种筋斗、

"∞"字、横滚等特技动作,如图1-10。

(2)无线电遥控模型滑翔机——和牵引模型滑翔机的飞行方式一样,但它是依靠地面的无线电发射机发的信号控制模型滑翔机的姿态,如图1-11。

(3)无线电遥控模型飞机——是以活塞式内燃机为动力,带动旋翼旋转,使模型上升,在模型中安放无线电收信机和随动器,地面用发射机操纵可以使它在空中垂直上升、垂直下降、悬浮、前进和转弯等,如图1-12。

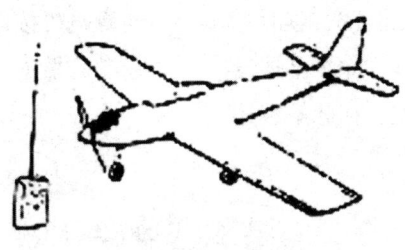

图1-10 无线电遥控特技模型飞机

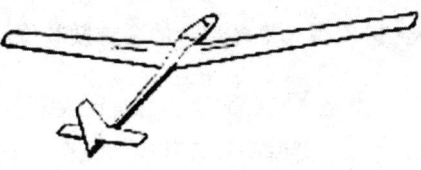

图1-11 无线电遥控模型滑翔机

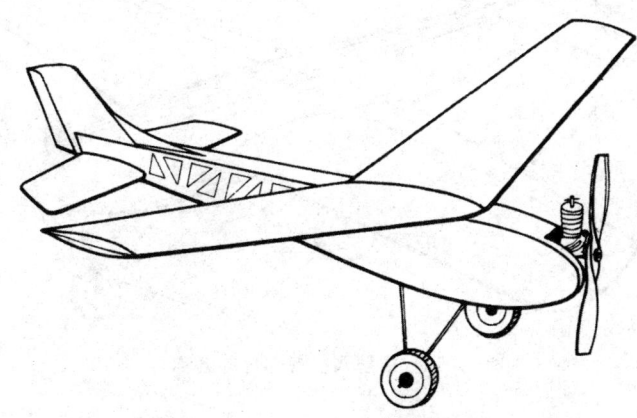

图1-12 无线电遥控模型飞机

像真模型飞机

(1)线操纵像真模型飞机——与真飞机按比例缩小的,外形完全逼真的线操纵特技模型飞机。

(2)无线电遥控像真模型飞机——与真飞机按比例缩小的,外形完全逼真的无线电遥控特技模型飞机。

（3）实体模型——与真飞机按比例缩小，外形完全逼真的飞机模型。

除了上述分类，模型飞机根据比赛的项目不同分为竞时模型和竞速模型，在此不赘述。

模型飞机各部分的名称及名词解释

模型飞机各部分的名称及其作用

模型飞机有简单，也有比较复杂的。从外形来分，一般是由5大部分组成（除火箭模型和直升模型飞机以外），如图1-13。

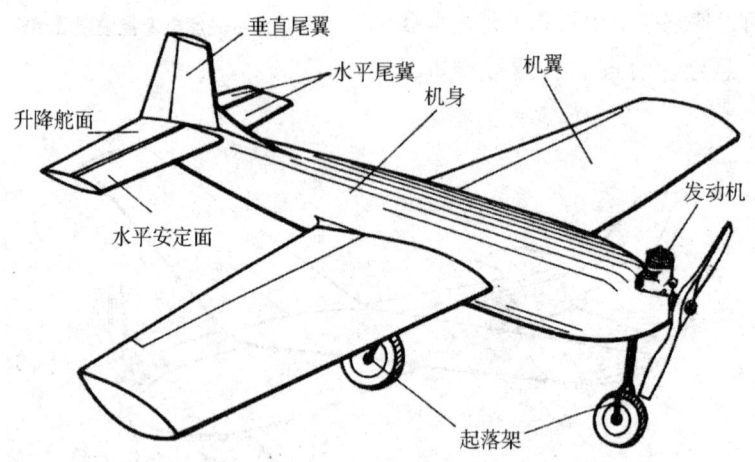

图1-13 模型飞机各部分的名称

（1）机翼——在一定的速度下，主要产生升力，克服重力，使飞机升空。

（2）尾翼——包括水平尾翼和垂直尾翼，主要用来保持模型飞机的平衡和安定。

①垂直尾翼——包括垂直安定面和方向舵，主要用来保持或改变飞行方向。

②水平尾翼——包括水平安定面和升降舵。

a. 水平安定面——保持模型飞机俯仰平衡和安定。

b. 升降舵——控制飞机平飞、上升或下降。

(3) 动力系统——产生拉力（或推力），使模型飞机获得前进的速度。

(4) 起落架（或滑翘）——供支撑模型和起飞、着陆用。

(5) 机身——是模型飞机的主体。把模型飞机各部分连成一个整体。模型飞机的设备、机构、油箱等，都安装在机身上。

常用名词解释

(1) 机翼尾翼部分：如图1-14。

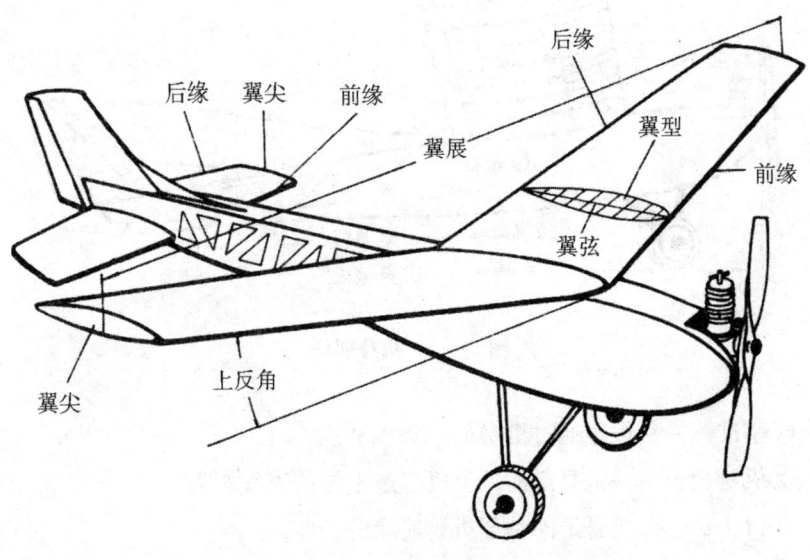

图1-14　机翼尾翼部分

①翼尖——机翼离机身最远的部分。

②前缘——机翼最前面的边缘。

③后缘——机翼最后面的边缘。

④翼型——机翼横切面的形状。

⑤翼弦——翼型最前面的一点至最后面的一点的直线距离。

⑥平均翼弦——机翼各处翼弦的平均长度。

⑦翼展——机翼左右翼尖之间的直线距离。包括穿过机身部分在内。

⑧展弦比——翼展与平均翼弦的比值。
⑨投影面积——飞机翼在水平面的投影面积。包括穿过机身部分的面积在内。
⑩升力面积——包括机翼和水平尾翼的投影面积。
⑪上反角——机翼上反时，机翼前缘与水平面的夹角。
⑫安装角——机翼翼弦与机身基准线所成的夹角。
⑬迎角——机翼翼弦与相对气流所成的夹角。
(2) 机身部分及其他名词：如图1－15。

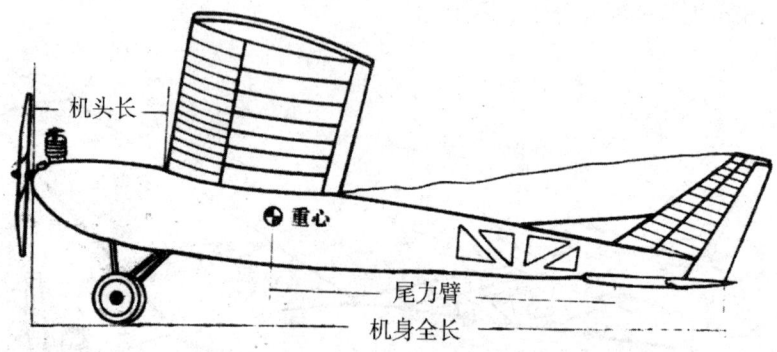

图1－15　机身部分

①基准线——假想通过机身的一条水平线。
②机身全长——机身最前端至机身最末端的直线距离。
③机头长——机身最前端至机翼前缘的长度。
④重心——模型飞机重力的作用点。
⑤飞行重量——模型飞机在空中飞行的重量。包括润滑剂、燃料在内。
⑥翼负荷——单位升力面积所负荷的飞行重量。单位：克/平方厘米。
⑦模型飞机——能够飞的模型。
⑧飞机模型——不能飞的模型。

飞行原理简要介绍

是什么力量把飞机悬空托起来，使它自由飞翔呢？我们知道，人造卫星要在没有空气的高空运行，也就是在大气层以外运行；而飞机却不同，它只能在大气层里面飞行。也就是说，飞机是离不开空气的，还是空气产生的力量使飞机上天。

空气很轻很轻，看不见，摸不着，但是当它以一定的速度流动时就产生风，风能产生相当大的力量，比如：刮大风时出门，不但撑伞困难，就是空手逆风而行，也感到很吃力。

我们都有这样的体会：站在大风中，感觉有风从前面吹来；在无风的时候，站在敞篷卡车上，随着卡车的运动，也有大风迎面扑来。这是因为运动是相对的，人站着不动受到风吹和人在静止的空气中运动，实际上是一回事。飞机在空气中运动，也同样受到空气对它的作用力，这个力叫做"空气动力"。空气动力包括"升力"和"阻力"两部分，下面分别来讨论这两种力。

空气流动时的两个特性

（1）流经截面越小，气流速度越大。

夏天，我们都喜欢坐在门口或窗口，因为那里风大，凉快些。为什么门口、窗口风大，而屋子里风小些呢？用嘴吹气时，把嘴抿得越小，吹出的气流速度就越大；哈气时，嘴张得很大，气流速度却很小，这又是为什么呢？

原来，空气流动时，有一个特点，就是管道越小的地方，流速越大。门窗比房间小，空气流过门窗时，比流过房间时速度就大些。吹气时，嘴抿得小，气流就以较快的速度流过嘴唇；而哈气时，嘴张得大，"管子"大了，气流速度就小了。这是气体流动的第一个特性。

（2）气流速度越大，压强就越小。

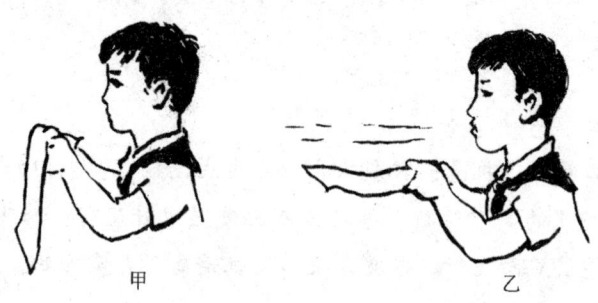

图 2-1　吹纸实验

接下来，我们做一个实验，准备一张 2～3 厘米宽，7～8 厘米长的纸条，用食指和大拇指捏住一端，靠在嘴唇下面，另一端自由地下垂，如图 2-1 甲。然后用嘴吹气，我们看到纸条飘了起来，越是用力吹，纸条飘得越高，气一停，它就落下来了，如图 2-1 乙。纸条飘起来，说明纸条下面气体的压强比上面的压强要大，是这个压强差把纸条"托"了起来。为什么一吹气，纸上面的压强就会变小呢？这是空气运动的第二个特性：气流速度越大，压强就越小；反之，气流流速越小，压强就越大。

概括起来，空气流过管道时，管径小的流速大，压强小；管径大的流速小，压强大。确切地讲，这里指的是静压强。这就是空气动力的特性。

飞机的升力

懂得了空气的这两个特性，就很容易了解飞机获得升力的道理。飞机也像鸟儿一样，有两个翅膀，叫做机翼。我们把机翼剖开来看个究竟，原来这个剖面是上凸下平的形状，如图 2-3。机翼的剖面叫翼型。这种上凸下平的翼型叫平凸翼型。

10

平凸翼型是怎样获得升力的呢？

空气流到机翼的前缘便兵分两路，如图2-4。从图上可以看出，下面的气流，基本上没有受到机翼的影响，而上面的气流，却受到机翼弧形的影响，显得很拥挤，也就像"管子"小了似的，管径一小，流速就大，流速一大，压强就小了。这时，机翼就像我们吹纸条时一样，被下面的空气压强把飞机"托"起来了。不过，机翼比纸条大得多，飞

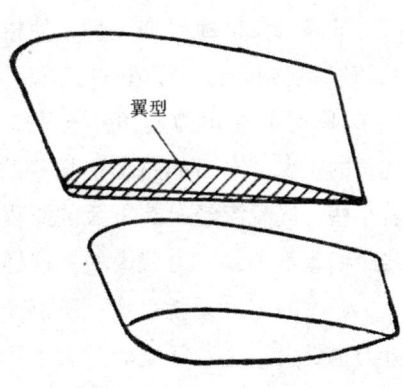

图2-3　机翼剖面形状

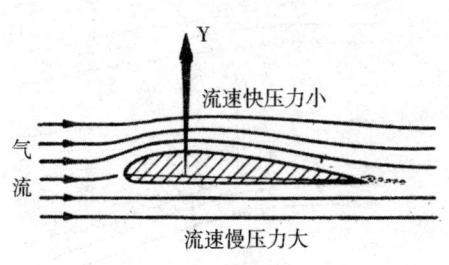

图2-4　机翼升力的产生

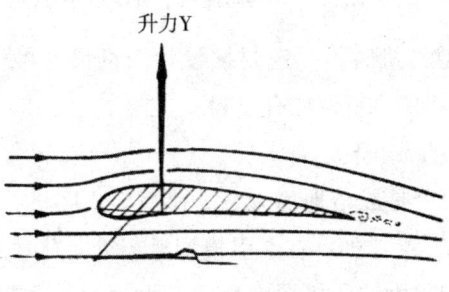

图2-5　凹凸型翼型的升力

机的速度也比吹气的速度大得多，所以，托起机翼的力，也就大得多。这个力，就是升力。

模型飞机也和真飞机相似，是依靠机翼产生升力飞行的。

如果使机翼的下弧凹进去，就形成了凹凸翼型，如图2-5。我们来分析一下凹凸翼型获得升力的情况：

从图上看出，通过上弧的气流，因为"管子"减小，速度加快，压强减小了，而通过下弧的气流，却因为"管子"变大，速度减小，压强增大了，这样，翼型上下压强差比平凸型更大，升力也就更大了。竞赛时间的模型飞机因为速度较小，要获得较大的升力，通常都采用凹凸型翼型。

影响升力的因素

（1）在一定的范围内，迎角增大，升力增大。

如果机翼前缘稍向上仰，使机翼翼弦和气流方向成一个小的夹角，如图2-6，称这个夹角为迎角。气流流经有迎角的机翼，上弧的路程更长些，压力就小些；气流流经机翼下弧的路程和直线距离差不多，压力就大些，这样机翼上下产生的压力差就更大，所以产生的升力也更大。这和气流流过大小不同管径的原理是一样的。

根据模型飞机的种类不同，翼型不同，它所用的迎角也不同。在模型飞机上的迎角，一般在6°以下。超过一定的迎角以后，升力就会急剧下降，阻力就会急剧增加。

(2) 升力的大小与升力面积成正比。

正如大扇子比小扇子扇的风大一样，所以机翼面积越大，产生的升力也愈大。明白了这个道理，在制作模型飞机时，一定要按设计图纸尺寸做，做大了规则不允许，做小了对模型飞机的飞行性能有影响。

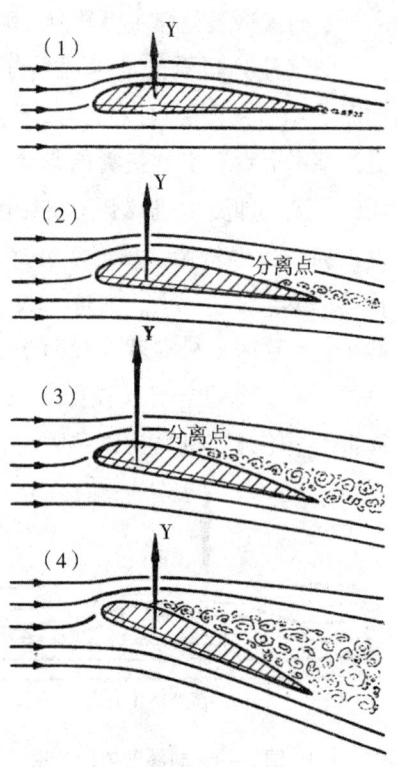

图2-6 不同迎角下机翼的升力

(3) 升力的大小与飞行速度的平方成正比。

也就是说，飞行速度愈大，升力更是成倍地增大。高速喷气式客机的机翼面积就比低速客机的机翼面积小。又比如：在牵引模型滑翔机上升时，由于对模型上升速度掌握得不好，跑得太快，机翼产生的升力过大，常常把机翼折断。

(4) 升力大小和机翼翼型有关。

机翼是模型飞机产生升力的主要部分。翼型与机翼产生升力的大小有密切的关系。所以想要做出性能良好的模型飞机，必须根据各种模型飞机的要求，选择合适的翼型。

模型飞机常用的翼型，一般可分为平凸型、对称型、凹凸型、双凸型等,如图2-7,这几种翼型各有其特点。每种翼型一般只能符合某几种模型飞机的要求。

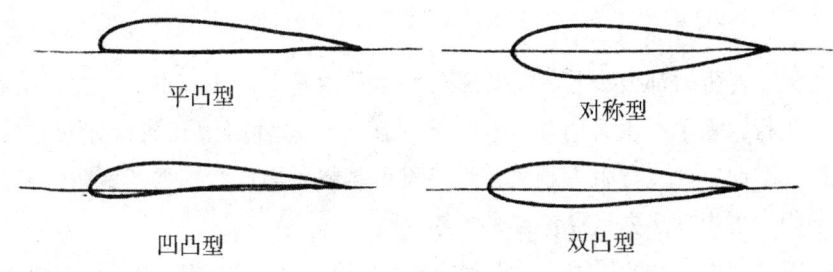

图2-7 常用的基本翼型

①平凸型翼型:下弧平直或接近直线,上弧向上弯曲,中弧线也是向上弯曲的。升力和阻力的比值不算大,安定性好,容易制作,飞行容易调整,一般在弹射模型滑翔机的机翼和一部分竞时模型飞机的水平尾翼上采用,但翼型最大厚度不要超过翼弦的9%。

②对称型翼型:中弧线是平直的,它与翼弦共一条直线。上弧和下弧是对称的,也就是说,以弦线为轴线,将上弧线折叠到下弧线上,那么上弧线上的所有的点与下弧线上的所有的点相重合。这类翼型阻力小,安定性好,适用于特技和竞速模型飞机上,还可以用于某些模型飞机的水平尾翼上。对称型翼型,在有迎角的情况下,它才产生升力。

③凹凸型翼型:它的上下弧线和中弧线都是向上弯曲,升力较大,阻力不算太大,适合用于低速模型飞机上,如牵引模型滑翔机、橡筋动力模型飞机等。

④双凸型翼型:上弧向上弯曲,下弧向下弯曲,中弧线向上弯曲,升力阻力都比凹凸型小,比对称型大,一般用在一级无线电遥控模型飞机上。

需要注意的是,性能良好的翼型,本身并不能完全保证飞行成绩的提高,只有在设计较好图纸的同时,选择合适的翼型,才能充分发挥翼型的性能,达到提高飞行成绩的目的。

此外,尾翼也能产生一定的升力,升力原理与机翼相同;还有可以利用襟翼的方法提高升力。

飞机的阻力

大家对阻力都很熟悉。可以说阻力和升力是形影不离的。模型飞机在空中飞行，除了产生升力以外，也产生阻力，这种阻力和飞行方向相反，阻碍模型前进。飞行阻力越大，飞机飞得越慢，因此我们要了解阻力产生的原因，再想办法去克服它或减小它。

按照阻力产生的原因，可以把它分为4类，即：摩擦阻力、压差阻力、诱导阻力和干扰阻力。这4类阻力中，前面3种是主要的，摩擦阻力占整个阻力的35%~40%，压差阻力占15%~20%，诱导阻力占30%~40%。因为各种阻力的产生会随着模型飞机的大小、速度的快慢、装配的位置、迎角的改变等条件而变化。这些数字，只是大体上表明各种阻力在模型飞机的阻力中所占的比例。下面就分别讨论各种阻力。

摩擦阻力

模型飞机的周围都是空气，模型飞机飞行时和空气发生相对运动，就会产生摩擦阻力。事实上，在最靠近物体表面的一层薄空气是流动较慢的，这是空气分子被物体表面粘住的缘故。

摩擦阻力的大小，决定于空气的黏性、模型飞机表面光滑程度和与空气接触面积的大小。要改变空气的黏性，实际是办不到的。一般，减少摩擦阻力主要从表面光滑着手。对模型的表面要仔细加工，苫纸要平整，不能有皱纹，在苫纸后，刷上透布油，可以使表面更光滑；苫纸的地方，不能透气，以减少摩擦阻力。

压差阻力

将一块平板垂直地放在水平流动的气流之中，如图2-8，平板的前面正对着迎面吹来的气流，气流受到平板的阻碍，速度急剧的减慢，压强大大增加。而被平板分开的气流，绕过平板后，来不及聚拢，形成一个很大的涡流区，涡流区的压强很小，这样平板的前后就产生了压强差，形成了压差阻力。

（1）压差阻力的大小，主要取决于物体的正面面积（即物体正对着风的最大截面积）、物体的形状以及物体相对气流的位置。正面面积越大，压差阻力也越大。

（2）如果物体的正面面积相同，而形状不同，它们的阻力是有很大差别的，一块圆柱体在空气中运动的压差阻力假

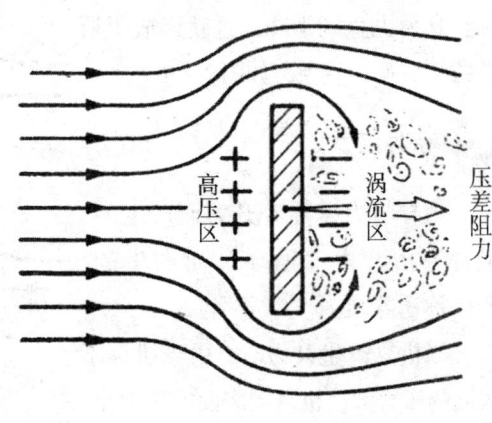

图2-8　气流流过垂直平板的流线

设等于1的话，那么，截面积和它相等的流线型物体的压差阻力是它的1/25，如图2-9。这是因为气流流过流线型物体时，可以逐步地减低速度，汇拢成原来的流线，减少了物体后部的涡流区。机翼弧形翼型就是类似的流线型，所以压差阻力就比较小。

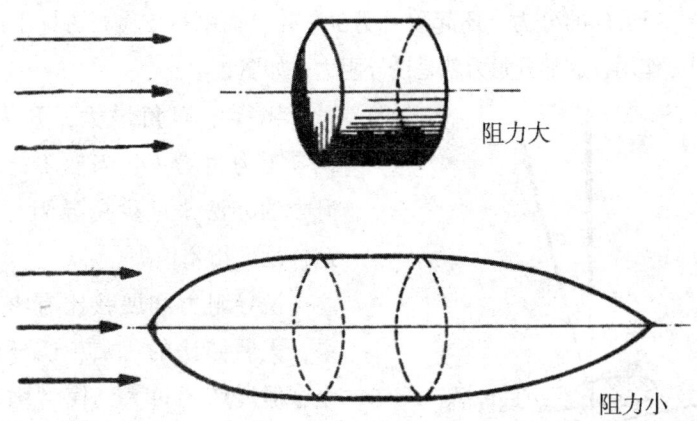

图2-9　不同形状的阻力

（3）压差阻力还跟物体与相对气流的位置有关。如果把机翼平行地放在气流中（即迎角等于零，气流流过机翼时，后部形成的涡流区比较小，因此压差阻力也小。当机翼有个迎角时，机翼后部的涡流区也稍有增加。当机翼迎角增大到某一角度时，气流很早就分离形成很大的涡流区，这样压差阻力就急剧增

加，升力也急剧下降，这就形成了所谓的"失速"现象，如图2－10。

诱导阻力

诱导阻力是随着升力而产生的，或者说由升力"诱导"而产生的，所以称诱导阻力。

当机翼产生升力时，由于机翼下表面的压力大，机翼上表面的压力小，所以机翼下表面的气流，力图通过翼尖外面向上表面流动，于是，翼尖部分的气流发生扭转，形成翼尖涡流。翼尖涡流，使流过机翼的空气向下倾斜的方向流去。垂直于倾斜方向的升力，按照力的平行四边形分解法，只有垂直于飞行方向的分力，还起着升力的作用，而平行于飞行方向上的分力，则起着阻力作用，这部分阻力就是诱导阻力，如图2－11。

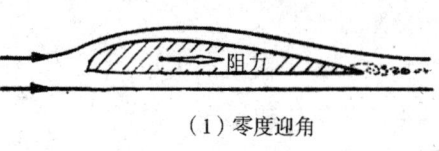

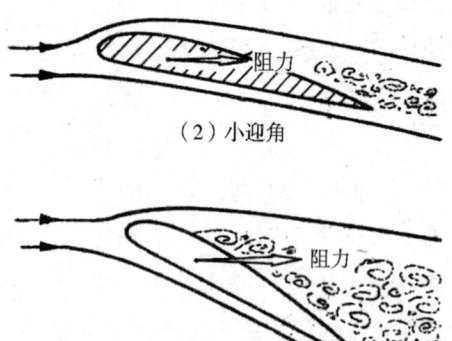

图2－10 不同迎角的阻力

飞行中迎角增大，升力增大，诱导阻力也增大，当然不能用减少升力的办法来减少诱导阻力，因为这样反而得不偿失。

诱导阻力和展弦比有密切的关系，大展弦比的机翼，诱导阻力较小，但展弦比过大，模型强度和结构也就很难保证。牵引模型滑翔机的展弦比一般在12～15之间。

诱导阻力和机翼的平面形状也有关系。长方形机翼的诱导阻力大，

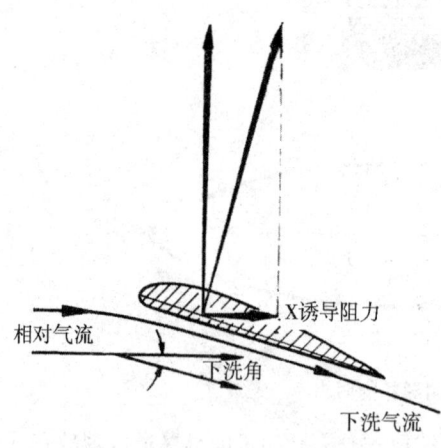

图2－11 诱导阻力的产生

梯形次之，椭圆形机翼诱导阻力最小，由于椭圆形机翼制作极不方便，一般很少使用。为了减少诱导阻力，便于制作，翼尖一般都做成梯形的。

干扰阻力

物体与物体靠近时，它们的阻力就比原来单个物体的阻力大。比如，机翼和机身，尾翼和机身结合处的阻力就比机翼、尾翼和机身单独存在的阻力大。这是因为气流流过物体结合处时，气流被扰动而成为不稳定的气流了。这种因物体相互靠近，产生的阻力叫干扰阻力。在制作模型飞机时，把沿结合处的地方做成圆弧形，这样，减少了干扰阻力，又能增强结合处的强度。干扰阻力，一般只占整个阻力的5%～10%。

飞机的平衡与稳定性

无论是真飞机还是模型飞机，我们都希望它飞得很平稳，这个平稳包含着2个意思：

（1）飞机受到的各种力，包括升力、阻力、重力以及发动机的拉力互相平衡，使飞机在一定的状态下匀速前进，这个意思我们叫平衡。如果飞机的平衡不好，就会产生波状飞行、翻筋斗、螺旋下降或者俯冲落地等现象。

（2）在平衡很好的情况下，忽然受到气流的影响，比如进入了上升气流，或者从侧面吹来一股风，使原来的平衡遭到破坏，飞机产生抬头、低头、侧滑、螺旋等现象时，能够自动地恢复平衡。这种在原有平衡受到气流破坏后，自动恢复平衡的能力叫做稳定性。

因为在大气的低层，任何地方的空气都不会是平静的，飞机的平衡随时可能遭到破坏，所以安定性对于飞机的正常飞行，具有重要意义。有人驾驶的飞机，驾驶员可以操纵它，而模型飞机靠自己保持平衡，所以模型飞机的安定性比真飞机要求更高，这就是模型飞机的外形与真飞机有些不同的一个原因。

模型飞机的平衡

模型飞机在发动机的带动下飞行时受到4个力：发动机的拉力和空气的阻力、重力和升力，如图2-12。

同学们在物理课中学到过：物体在平衡力的作用下，保持匀速直线运动或静止状态。作用在一个物体上的2个力,能够平衡的条件是:大小相等,方向相反,并且在同一直线上。因此,模型飞机匀速直线平飞的条件是:拉力和阻力的平衡,升力和重力平衡。

也就是说,升力也要与重力相等。模型飞机的升力是由机翼和尾翼的配合产生的,它们的合力一定要作用在重心上,才能与重力平衡,如图2-13甲。如果机翼的升力太大,尾翼的升力太小,或者重心太靠后,模型飞机就会抬头,如图2-13乙,这种现象叫"头轻"。如果机翼升力太小,尾翼升力太大或者重心太靠前,模型飞机就会低头俯冲,这种现象叫"头重",如图2-13丙。

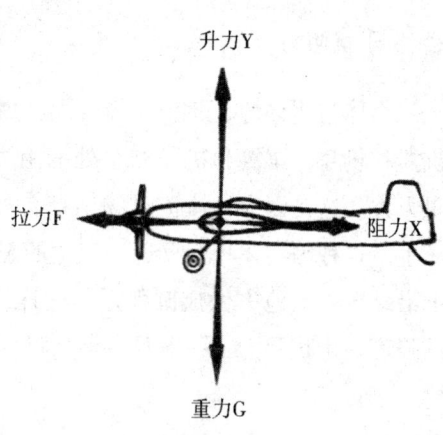

图2-12 模型飞机上的力

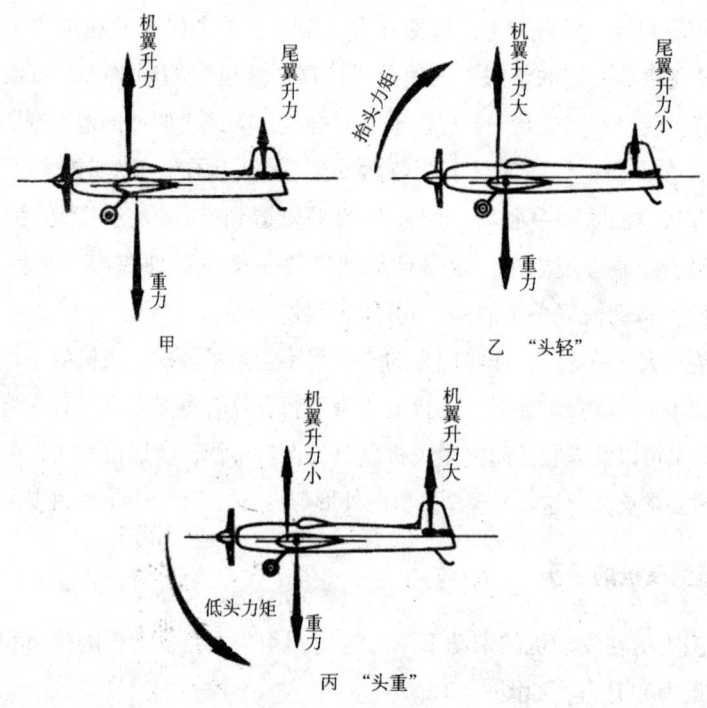

图2-13 机翼水平尾翼的升力和重力的关系

这里要注意：①所说的"头重"并不一定是机头部分太重，而是指由于机翼升力太小，尾翼升力过大，或是头部太重这3个因素引起的现象。②"头轻"并不一定是机头部分太轻，而是指由于机翼升力过大，尾翼升力过小，或者头部太轻这3个因素引起的现象。

模型飞机滑翔时，只受到升力、重力和阻力3个力，那么是什么力量与阻力平衡保持前进速度呢？我们骑自行车时，如果遇到下坡路，就可以双脚一停，让车子轻轻松松滑下去，因为这时车子的重力分解成2个力：一个与斜面垂直的力，它与斜面对车子的支撑力平衡；一个是与斜面平行的力，正是这个力使车子向前进。模型飞机滑翔也是这个道理，因为模型飞机的滑翔路线

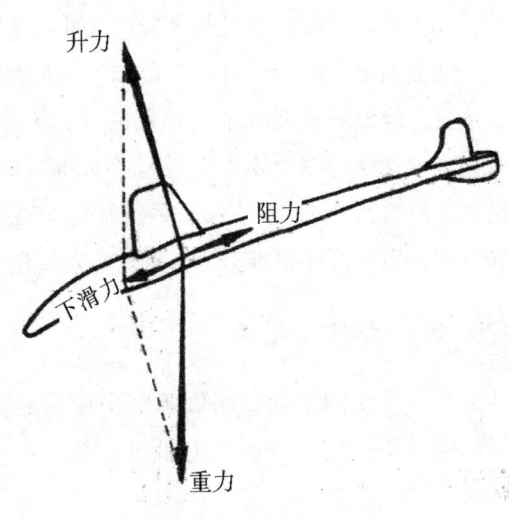

图2-14 滑翔力的分解

与地面成一定的夹角（称为下滑角），所以重力或升力产生的一个分力是向前的，这个分力刚好与阻力平衡，使模型飞机做匀速直线运动。如果模型飞机受到的阻力较大，它就要以较大的下滑角滑翔，重力或升力产生的一个分力也就大一些，才能平衡较大的阻力，如图2-14。

模型飞机遇到前面所说的"头重"现象，也会以较大的下滑角下滑，使它们的分力增大，这时模型飞机的滑翔速度就可以增加，机翼的升力就增大了，使机头不至于栽得更厉害。由于下滑角增大，速度也增大，模型飞机的留空时间就缩短了，这对竞时模型飞机是十分不利的，所以，应该尽量减小模型飞机的阻力，并且避免"头重"现象发生。

模型飞机滑翔时，如果"头轻"就会抬头向上飞行，速度越来越慢，这时升力小了，它只有再低头下滑，使速度增加，速度增加后，又会抬头，这样反复进行下去，飞行路线像波浪一样，叫做波状飞行。波状飞行损失高度较快，是我们不希望发生的。

严重的"头轻"会发生什么现象呢？模型飞机会猛烈抬头向上，就像骑自行车上陡坡不蹬一样，很快停下来。模型飞机一停，没有相对运动，升力也没有，就会向下掉，损失一段高度以后，进入俯冲，继续损失很多高度，这种现象称为"失速"。经过一段俯冲又获得了速度，再来第二次失速，几十米的高度，经过几次失速就可以掉到地上来。

从上面分析的情况看，要使留空时间增加，必须调整好模型飞机的重心位置，调整好机翼和水平尾翼的升力大小，使升力与重力平衡。如果飞机重心位置符合图纸要求，遇到"头重"时，可以增大机翼的升力（增大机翼安装角），或者减小水平尾翼升力（减小水平尾翼安装角），遇到"头轻"时，可以减小机翼升力或者增大水平尾翼升力。

俯仰稳定性

上面所说的平衡，叫做俯仰平衡。是不是俯仰平衡了，就可以飞得平稳呢？不一定，还需要有抵抗干扰，恢复平衡的能力，那就是俯仰稳定性。

俯仰稳定是通过水平尾翼的作用来实现的。当模型飞机遇到一股气流，使它突然抬头时，平衡被破坏了，但是，模型飞机抬头时，尾部向下运动，这时水平尾翼的迎角增大了，升力也增加，就把尾部抬起来，把机头压下去，飞机又重新恢复了平衡。

如果飞机突然低头，水平尾翼又产生了一个抬头力矩，使它恢复平衡。

俯仰稳定性的好坏，取决于2个因素：①重心相对于机翼翼弦的位置；②水平尾翼的面积和水平尾翼到重心位置的距离。只强调一个而又不考虑另一个因素，是不对的。

重心位置对俯仰安定性有重要的影响，竞时模型飞机的重心，一般是在离机翼前缘50%~80%翼弦长之间，太前太后都不好。

机翼与水平尾翼安装角，也是保证俯仰安定性的重要因素。机翼安装角应大于水平尾翼安装角。根据不同的模型飞机、不同的重心位置及翼型，机翼和水平尾翼的安装角差是不同的，比如弹射模型滑翔机的机翼与水平尾翼就不能有安装角差。

一般说来，水平尾翼面积越大，尾力臂越长，俯仰安定性就越好。但是水平尾翼面积太大，就减小了机翼面积。尾力臂太长，会使尾部过重，重心位置后移。所以，必须全面照顾，选择适当的水平尾翼面积和尾力臂。好的设计图纸，水平尾翼面积和尾力臂不会有太大的问题，可以照图制作。

横侧安定性

模型飞机在倾斜以后，能自动恢复过来的能力叫横侧安定性。保证模型横侧安定性，主要是依靠上反角。重心位置的高低及机翼后退角的大小也影响到横侧安定性。

上反角的作用，只有在模型飞机发生侧滑时才产生。

当模型飞机受到气流的影响，发生倾斜时，升力或重力的分力促使模型飞机向内侧滑，左右机翼上的相对气流方向也不同。从图2-15中可以看到具有上反角的机翼，向下侧滑的那一面迎角增加，而另一半机翼迎角减少。由于左右机翼迎角的不同，而产生的升力的大小也不同，便形成了一种恢复力矩，使模型飞机自动从倾斜中恢复过来。

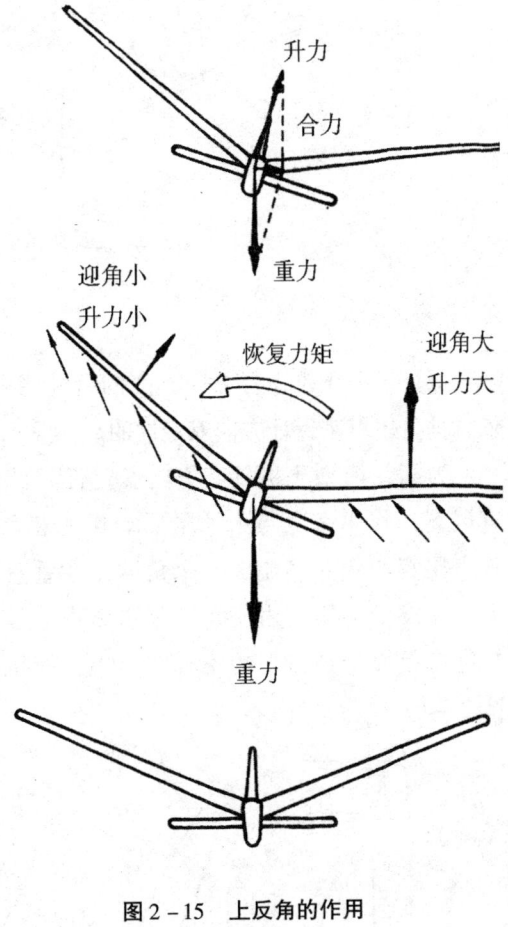

图2-15 上反角的作用

一般说来，上反角越大，横侧安定性越好。但是上反角过大，机翼的有效升力就会减小，如图2-16。此外，如果上反角过大，没有和垂直尾翼大小配合好，模型会发生飘荡现象。相反，如果上反角太小了，又不能保证有足够的横侧安定性，而且还会螺旋下降。

注意，在制作模型飞机的时候，必须使机翼两边的重量一样，机翼两边的迎角也一样，模型飞机左右才会平衡。

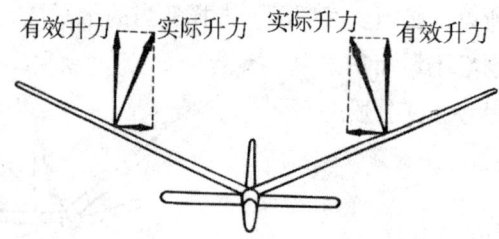

图 2-16　上反角减小有效升力

 方向安定性

保证模型飞机飞行方向不变的特性叫做方向安定性。模型飞机主要是依靠垂直尾翼来保证方向安定性的。

为了使模型飞机具有方向安定性，就在机身尾部装上垂直尾翼。垂直尾翼的作用完全与水平尾翼的作用相似，当气流从斜角方向吹来时，垂直尾翼与相对气流成一个角度，在垂直尾翼上，就会产生一个与偏转方向相反的力矩，由于垂直尾翼离重心较远，力臂很长，产生的恢复力矩完全足以抵消机身的不安定力矩，使机身恢复到原来的飞行方向，如图 2-17。

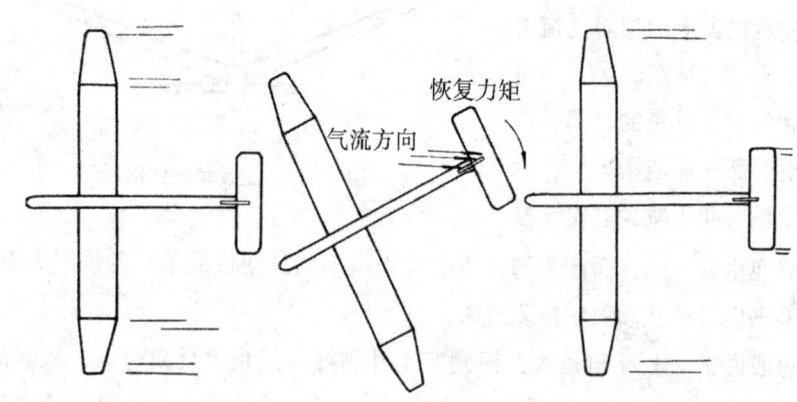

图 2-17　垂直尾翼的作用

盘旋安定性

竞时模型飞机应该作盘旋飞行,因为作盘旋飞行的模型飞机不容易飞出视线,不容易丢失飞机,同时作盘旋飞行的模型飞机容易"吃"到上升气流,也容易保持在上升气流之中,飞行时间可以大为增加。

盘旋飞行时,飞行方向是不断改变的,而且模型必须倾斜飞行。因为要使任何一个物体由直线运动改为曲线运动,必须要有向心力作用在物体上,对于模型飞机来说也是同样的。向心力的产生是由于模型飞机倾斜的结果。盘旋飞行时,可以把升力分为2个力,一个是垂直方向的分力,它支持模型滑翔机的重力平衡;另一个是水平方向的分力,就是使模型飞机不断改变方向作盘旋飞行的向心力,如图2-18。

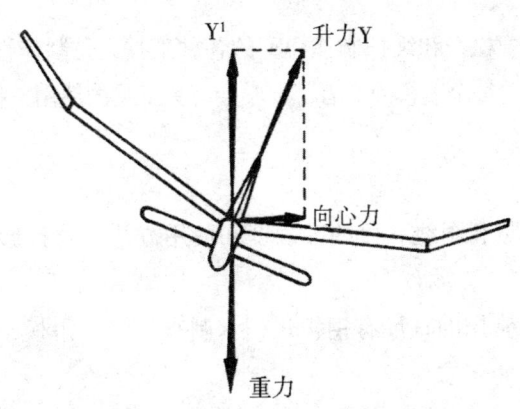

图2-18　盘旋飞行时各种力作用情况

盘旋安定性与方向安定性和横侧安定性是密切联系的,也就是说与垂直尾翼大小和机翼上反角大小是密切相关的。如果配合不好,上反角太小,垂直尾翼太大时,模型飞机会进入盘旋下坠;相反,如果上反角太大,垂直尾翼太小时,模型飞机会出现左右摇摆的现象,不断损失高度,飞行的时间很短。这都是盘旋安定性不好。

一般按照设计好的模型飞机图纸尺寸制作,垂直尾翼面积和上反角的配合较好,盘旋安定性基本上不会有什么大问题。

航模制作基本工艺与技能

常用工具的选择和使用

正确的使用、检查和维护制作模型的各种工具,是制作性能良好的模型飞机的重要保证。每个航模爱好者都要学会有关工具的使用、检查和维护。

 尺

尺可用来测量和画线。尺的准确度和使用方法会直接影响模型的制作质量。

(1) 直尺:常用的直尺有钢板尺、木制直尺、三角板、丁字尺、钢卷尺等。

(2) 直角尺(俗称角尺或方尺):是画直角或检查直角用的尺。分木工角尺和钳工角尺。

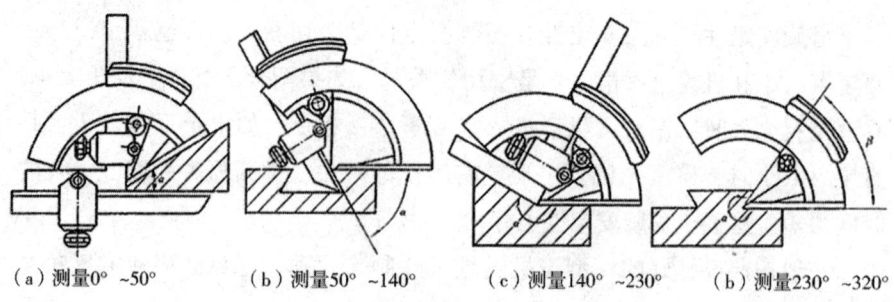

(a) 测量0°~50°　　(b) 测量50°~140°　　(c) 测量140°~230°　　(b) 测量230°~320°

图3-1　万能角度尺及不同角度的测量

（3）万能角度尺：是用来画或检查各种角度的尺。图3-1所示的即为万能角度尺。

（4）游标卡尺和千分尺：是较为精确的测量工具。使用方法如图3-2和图3-3所示。使用前应注意零度的检查，游标上的零度刻线应与固定刻度上的零度刻线对齐。

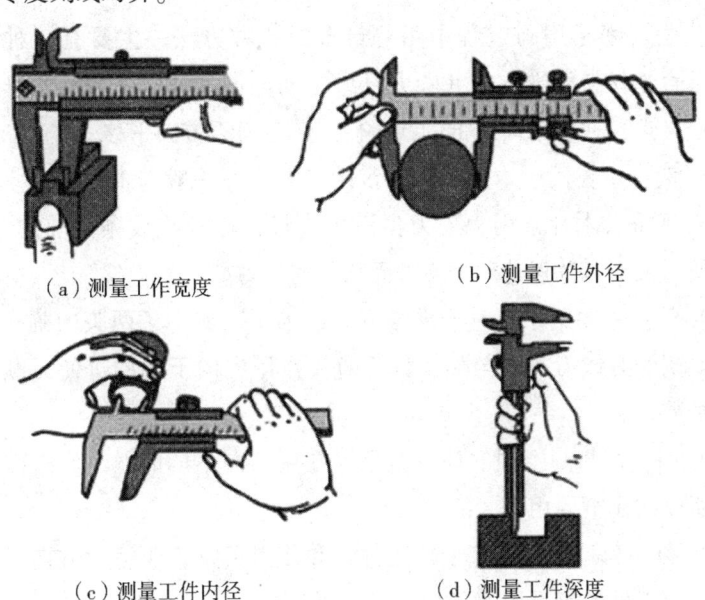

图3-2　游标卡尺的使用

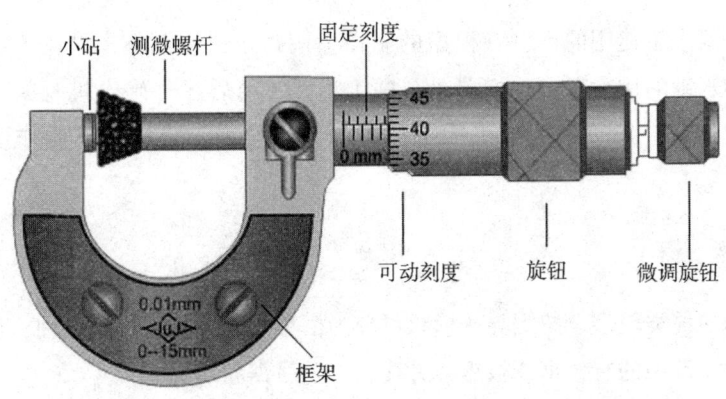

图3-3　千分尺的使用

刀

制作模型飞机，用得最多的工具是刀。刀的种类较多，可根据需要自制各种不同的刀。使用合适的快刀有利于提高制作效率和质量。刀的使用如下：

（1）削：削是用刀过程中用得最多的一种方法。主要有 2 种削法：①刀刃垂直于材料纤维方向并顺着纤维方向向前推动；②刀刃与纤维方向保持一个夹角，在用力向前推的同时使刀顺着刀刃方向平移。

（2）裁：主要用于木片加工。裁的时候，刀一般与木片接近垂直，用刀刃的尖部插入木片，用力使刀尖沿着直尺、样板或线条由前向后移动，要始终使刀尖对木片保持一个不大而均匀的压力。

（3）割：主要用于垂直于纤维方向的加工。如木条两头的割齐、后缘开槽等。割的时候刀一般与加工件垂直，在用力向下的同进使刀顺着刀刃的方向平移。

（4）切：切与割不同的地方就是刀在用力向下的时候，不沿刀刃方向平移，所以切比割要用更大的力。

（5）刮：刮是将刀垂直于加工件，并使刀刃垂直于运动方向，顺着纤维方向在加工件的表面用刀刃刮削。

木 刨

一般木工使用的木刨在模型的制作中用得不多，制作模型的木刨都很小。小木刨的用途很大，如翼梁、拼接断面、前后缘和硬壳机身的整形等都用刨加工。经过木刨加工的工件表面平直整齐，可以提高制作质量和效率。

木 锯

锯的种类较多。按锯齿的形状可分为横锯、纵锯和多用锯 3 种。在模型制作中，常用的有架锯、板锯、夹背锯、手弓锯和线锯。

（1）架锯：用于割断和割开木料，由于锯架的限制，加工件的宽度不能过大。

（2）板锯：用于割断和剖开木料，它呈片状，没有锯架的限制，可锯任意宽度的木料。由于没有锯架的支持，锯片宽度较大，而增加了摩擦力，使用起来比较笨重费力。

（3）刀锯：用途与板锯相似，有一面是细齿，可用于锯割薄板。

（4）手弓锯和线锯：主要用于锯形状复杂的薄板和封闭孔。线锯又称钢丝锯。

①手弓锯的使用——手弓锯在制作模型时用得最多。持锯的手在工件下方，用左手将工件压在托板上。安装锯条时应将齿尖向内，向下拉动时进行锯割，要快而有力。手弓锯的锯条很细，成线状，锯时可以自由地偏转，使用熟练后可以锯出各种曲线。按一定的曲线偏转锯路可用2种方法：a. 用右手转动锯架来改变锯割方向；b. 用左手相应地转动工件，也可同时转动。

手弓锯的加工件一般都是薄而软的，如没有托板的支持，锯割时工件容易抖动甚至断裂，所以一般都做一托板，固定在工作台的右侧边缘。使用手弓锯时，人可以坐着，要坐得低些，胸部约与托板相平。如在手弓锯上换装锯割金属的特种锯条，就可用来锯割金属、塑料等。

②线锯的使用——线锯的作用与手弓锯相似，但其使用的方法却不同，持锯的手在工件的上方，齿尖向外，向下推动时进行锯割。由于锯架仅是竹片弯成的弓，靠竹片的弹力将线锯条张紧。使用时，向下推动速度不能太快，用力也不能过猛，应均匀柔和地推动。如推动力量超过竹弓弹力，锯条就要弯曲，影响加工质量甚至造成锯条折断。使用线锯时，加工件也可按在托板上，人应站在工作台前进行操作。

锉

锉有木锉和钢锉。细木锉用得较多，木锉常用于不易用刀加工的复杂曲面，如螺旋桨或整流罩等。铁削的表面非常粗糙，加工平面时应当用刨而不用锉。

常用的钢锉种类较多，按剖面形状分有板锉、方锉、圆锉、三角锉、半圆锉等。如按锉纹可分为粗锉、细锉和油光锉。粗锉用于毛坯和加工余量大的工件，以提高效率。细锉用于精加工，以保证加工件的准确度。油光锉用于需要表面光洁度较高的精细工件。

什锦锉是制作模型时最常用的锉，每套内有很多把各种剖面形状的小锉。它主要用于小件的加工和表面处理、整形。

钻

钻主要用于圆孔的加工。制作模型时需加工的圆孔很多，所以钻也是必备工具之一。

其他的常用工具

制作模型时常用的工具还有很多，如桌虎钳、手虎钳、钢丝钳、尖嘴钳、圆嘴钳、平口钳、桃钳、锤子、剪子、螺丝刀、扳手等，还有焊接用的电烙铁，加工螺纹的丝攻搬牙，打磨用的砂纸板，紧固用的弓形夹，上涂料用的水纹笔、毛笔、毛刷等，这里就不一一列举，可在制作中逐步熟悉。

常用材料的性质和选择

制作模型飞机所需的材料很多，它们的性质和特点各不相同，就是同一种材料也会有差异。要想制作强度大、重量轻、不变形、性能优良的模型，就要熟悉各种材料的性质和特点，并善于在已有的材料中选择适合制作需要的材料。

木　材

适合制作模型飞机的木材并不很多。目前我国常用的木材有桐木、松木、椴木、桦木、水松、轻木及层板。

选择木材时，首先要根据加工件强度的要求，选择合适的材料。如翼梁是细长的，又是主要受力件，就要选择强度较大、纹理平直的松木。

翼肋主要是保持翼型形状，受力不大，可选重量轻、有一定强度的桐木或轻木。翼根、翼尖等整形填充件，受力很小，做得越轻越好，可选择比重最轻的桐木、轻木或水松。

在保证强度的前提下，应选择材质均匀、纹理平直、无疤节、比重轻的材料，以达到保证强度和减轻重量的要求。

（1）桐木

制作模型飞机的桐木，应是经过干燥的泡桐。其他的桐树如梧桐、油桐等很少采用。泡桐成材的特点是比重轻、相对强度大、变形小、容易加工，所以是制作模型的良好材料。

（2）松木

制作模型飞机的松木主要有东北红松和白松，再经干燥脱脂后加工成材。其他松木往往比重较大、树脂多、纹理粗、容易变形，很少采用。东北松的特点是纹理均匀、木质细密、比重较轻、不易变形、易于加工并富有一定的弹性，是做模型中细长受力件的好材料。

（3）桦木

它的材质坚硬、纹理均匀紧密、比重较大，是做螺旋桨的好材料。它还可用作发动机架等受力件。生长年限较短的桦木，坚硬度较差、比重也稍轻、具有韧性、加工也较容易，适合作发动机架或供初学者加工螺旋桨。

（4）椴木

它的坚硬度比桦木差。纹理非常均匀细腻平直、具有较大的韧性、容易加工，是制作实体像真模型的好材料，也可用于硬壳机身（如竞速模型机身）、螺旋桨、发动机架等。

（5）水松

它的材质松软、纹理较乱、容易变形、比重很轻、易于加工，可用作整形和填充。

（6）轻木

它的材质很松软、纹理均匀、不易变形、比重很轻、易于加工，是制作模型的好材料，可以用来制作很多受力不大的部件。如用在尾部和翼尖部，既符合强度要求，又可减轻重量，提高模型的运动安定性。用轻木制作模型飞机能提高飞行性能，它是广大航模爱好者喜欢用的材料。

蒙　皮

对模型飞机蒙皮的要求是薄而轻、纤维长、强度大、能张紧，常用的有绵纸和尼龙绢。

(1) 绵纸

我国生产的绵纸质量很好，薄而轻、纤维细长、强度较好、收缩力适中、密度均匀。

绵纸可以浸染各种颜色，但浸染后绵纸已收缩过一次，其收缩力就与白棉纸不一样。使用时要注意，不宜与白绵纸交替分段蒙机翼和尾翼，否则易造成机翼变形，并很难校正。

在普及活动中，可利用蜡纸毛坯、电容器纸、卷烟纸等作蒙皮。

(2) 尼龙绢

尼龙绢的强度很大，又有韧性、不易拉断，是高强度的模型飞机蒙皮，常用于线操纵和遥控模型上。它的最大优点是上涂料后不易破裂，但它的重量较大而不宜用于竞时模型。

尼龙绢的品种很多，纤维密度和厚薄的差异很大，选用时应注意。纤维密度大小将影响到它的收缩力。纤维密度越小的尼龙绢，需涂较多的涂料才能填满绢上的小孔，所以收缩力大。纤维密度大的则相反。所以，纤维密度过小的尼龙绢因收缩力过大，易使模型变形，不宜使用；纤维密度过大将会因收缩力不足、蒙皮张得不够紧而影响强度，并且重量又大，也不宜使用。一般选用最薄的纤维密度适中的品种。如没有合适的尼龙绢，合适的丝绢如乔奇纱等也可代用。

胶合剂

模型飞机上各个零件的结合，几乎都依靠胶合。因为胶合结构重量轻、强度大、应力分布均匀、外形光滑整剂、工艺简单。所以制作模型飞机离不开胶合剂。制作模型飞机常用的胶合剂有快干胶（硝化纤维溶剂）、白乳胶、酪素胶、501和502胶、树脂胶等。各种胶合剂的性能和成分差异很大，必须很好地了解才能根据需要，选择最合适的胶合剂。

(1) 快干胶

快干胶是我国航模爱好者用得最广泛的一种胶合剂。但市面上极少出售，大都是自己动手炮制。方法很简单，将赛璐珞碎片放到香蕉水溶液里，几个小时后，赛璐珞碎片就溶化于香蕉水中，搅匀后就成为糊状的快干胶。

胶的浓度取决于赛璐珞与香蕉水的比例,可对到和文具胶水相仿的浓度即可。

(2) 聚醋酸乙烯乳液(俗称白乳胶)

白乳胶的主要成分是聚醋酸乙烯酯和蒸馏水,以及少量的乳化剂、过硫酸铵及苯二甲酸二丁酯。使用时如胶液太稠,可用水稀释。这种胶干固得较慢,较大面积的胶合约需12小时后才能基本干固。在构架等小面积的胶合处,由于通风好,水分挥发较快,干固较快。

(3) 酪素胶

酪素就是脱脂的乳渣,它是从牛乳中制取的,所以酪素胶也叫干酪胶。酪素原不溶于水,但在加入适量附加剂(如苛性纳或氢氧化钾)后,就可溶于水而成胶液。如再适当地加入少量的熟石灰,其干涸物就不再溶于水。买来的酪素胶已在酪素中调配入适量的附加剂,将其溶于1.5~2.5倍的水中,就可取得浓度不同的胶液。胶液使用的时间长短不同,根据配制的成分不同,可使用的时间为2~6小时,超过时间后的胶液不可使用。

酪素胶胶合时需要用夹子、台钳或橡筋捆绑等方法加以适当的压力,直至胶液干固,方可取得较好的胶合效果。由于以上原因,给酪素胶的使用带来了一些不便。但如能正确使用,其胶合效果很好,强度很大。

(4) 树脂胶

树脂胶的种类很多,胶合的工艺过程和性能也不相同。

凡在常温下可以固化的树脂胶都可用于模型上。这类胶合剂一般由以下几个部分组成:树脂、固化剂、增塑剂、填料和溶剂。

①树脂——是胶合剂的基体。它决定了胶合剂的黏附或黏合特性。树脂的种类不同,胶合效果也不同。

②固化剂——与树脂发生化学反应,使其固化。

③增塑剂——提高树脂胶的柔韧性,增加抗冲击强度。

④填料——提高胶合剂的内聚力、硬度和耐磨性,降低热膨胀系数、收缩率等。

⑤溶剂——调节胶合剂的黏度以便于使用。

这类胶合剂在使用时都有一定的工艺要求,如要求胶合件的表面无尘土、疏松氧化层、油污、水分以及盐结晶在配制时有一定的比例和配制程

序。胶合时还有一定的技术要求，如有时要求涂敷后晾置一段时间，要给予一定的温度或压力等。只有严格地按照要求去做，才能取得良好的胶合效果。所以，给使用者带来了一些不便。

由于这类胶合剂的固化剂有不少对人体有毒害作用，使用时要特别注意。

(5) 501和502胶

这两种胶都是液态的快速胶合剂。使用这类胶合剂时，除了以上说的表面处理要求外，还要求粘接面互相吻合，间隙要很小，否则胶合效果很差。由于它是液态，容易渗透到很小的缝隙中去，宜于胶合裂缝。它干固得非常快，可用于快速抢修。如果使用不慎，碰上手指，甚至能将皮肤粘住。

涂 料

模型飞机上涂覆涂料的作用是防护、美化、形成薄膜，张紧蒙皮，并增加蒙皮强度。不同的涂料有不同的作用。常用的涂料有透布油、硝基漆、有机玻璃溶剂等。

(1) 透布油（又名涂布油、皮尺清漆）

硝基清漆的一种，但与一般硝基清漆不同。透布油的收缩率大，形成的薄膜柔韧性好，不易开裂。涂刷时用香蕉水稀释。主要用在蒙皮上以形成薄膜，张紧蒙皮。也可用于无需美化或已蒙彩色纸的模型上作为防护层。

彩色纸可用酸性染料，红蓝色墨水或碳素墨水等浸染绵纸而成，蜡纸毛坯染出的彩纸更好。在没有透布油的情况下，硝基清漆也可代用，但蒙皮张紧的程度较差，并且薄膜较脆，容易产生龟裂。可在清漆中加几滴蓖麻油，增加薄膜的韧性。

(2) 硝基漆（又名喷漆）

硝基漆的漆膜坚固耐磨，强度较好，色泽鲜艳，并可打磨抛光，获得光彩夺目的表面。硝基漆不怕水和一般油类，但遇到电热式发动机燃料中的甲醇就会软化逐渐脱落。硝基甲烷等则能溶化硝基漆。用电热式发动机的模型飞机，要在硝基漆的外面再涂敷防护层。

(3) 有机玻璃溶剂

有机玻璃溶于丙酮、三氯甲烷、三氯乙烯或苯等有机溶剂中而得到的一种涂料。涂刷后，能形成一层有机玻璃薄膜，主要用来防止电热式发动机燃料对模型的侵蚀。但其效果并非很好，特别是当含有硝基甲烷的燃料与它直接接触后，仍会被溶化侵蚀。目前有比较理想的涂料出现，如脂肪族聚氨酯涂料，特点是颜色鲜艳、表面光滑、强度大，干后不怕任何溶剂或油料，但其售价也较高。

认识简单的制作图

图纸是一种技术语言，它比文字叙述能更加简单明了而又准确地表达技术要求。常用的模型图纸有立体示意图、三面投影图、工作图。

认识立体示意制作图

立体示意图能具体直观地表达模型的形状、构造、尺寸和各部件之间的关系，没有专门图纸知识的人也能看懂。但是它不能很精确地表达出部件的形状和尺寸，因此在很多情况下往往是平面图与立体图配合使用。

认识投影图

立体示意图的优点是直观，缺点是不能精确地表达出一些部件的形状和尺寸。投影图就可较好地解决这一问题。

（1）什么是投影图

把一架处于水平状态的模型飞机，放在相互垂直的三个平面中间，并使机身纵轴与其中一个平面垂直，同另外两个平面平行。

分别从3个方向在足够远的地方观察飞机，并把所看到的形状画在每个平面上。从顶部观察模型，把图绘在底下的平面上，叫"俯视图"；从前面观察模型，把图绘在后面的平面上，叫"正视图"；从侧面观察模型，把图绘在另一侧的平面上，叫"侧视图"。这些图都是投影图。

把几个投影图联系在一起看就能确切地表达一个模型飞机（或其他零件）的形状和尺寸。在模型飞机图纸上，最常用的就是"三面图"，即由俯视图、侧视图和正视图组成的三面图。

(2) 模型飞机的工作图

为了制作模型飞机的需要，除了表达整个模型飞机的总体三面图以外，还要有制作模型飞机零部件的图纸，如机翼图纸、尾翼图纸、机身图纸等。从原则上讲，这些图纸也都要按投影图的原理绘制，但有时为了使用方便，在绘制原则上略有改变，常见的改变有：

①凡对称的零部件（如机翼、尾翼等），往往只画一半，另一半省略。

②凡有一定角度的部件（如机翼一般都有上反角），在工作图的俯视图中就把它展平了，如机翼的俯视图就没有绘出上反角。

(3) 模型飞机图纸的比例

模型飞机的图纸比例一般有3类：

①原尺寸图，即图纸上所绘模型的大小与实物相同。一般制作零部件的工作图都应是原大的，用 M = 1/1 表示。

②缩小图，由于原尺寸图的面积太大有时把图缩小几个倍数绘出。这些倍数应是整数，如 1/2、1/5、1/10，用 M = 1/2、M = 1/5、M = 1/10 表示。

③放大图。为了清楚地表示微小的零件，可以把零件放大数倍绘出，如2倍、5倍、10倍等，用 M = 2/1、M = 5/1、M = 10/1 表示。

(4) 模型飞机图纸的尺寸表示

模型飞机图纸上的尺寸应该用尺寸线标注出来，尺寸单位一般用毫米。图上只标数字，不标单位。

不论图纸的比例为多少，图纸上所标出的尺寸都是实物原大的尺寸。例如 M = 5/1 的图纸，机翼的标注尺寸如是 200 毫米，就不能把它再放大5倍，认为机翼长为 5×200 = 1000 毫米。

在有些模型飞机的图纸上为了简单地表示尺寸，使用比例尺的方法。即模型图上没有尺寸，只是在图角上有一个比例尺。使用这种图纸时，只要用两脚规把模型某一部分的长度取下来，然后移到标尺上去量就可知道它的实际尺寸了。这种方法的优点是简单，缺点是不够精确。它往往出现在小开本图书的缩小图纸上。

在了解了立体图、投影图和工作图以后，基本上可以把简单的模型图纸看懂了。

手掷模型滑翔机

手掷模型滑翔机是一种用手臂的力量投掷放飞的模型滑翔机。它是由机翼、机身、水平尾翼和垂直尾翼四部分组成的,如图4-1所示。放飞时,将机头向上,用手捏住机身,手臂用力掷出使模型升空。模型上升到一定的高度后便转入滑翔状态,这时,它就可以在空中平稳地飞行了。要使一架手掷模型滑翔机具备良好的飞行性能,不是一件容易做到的事。

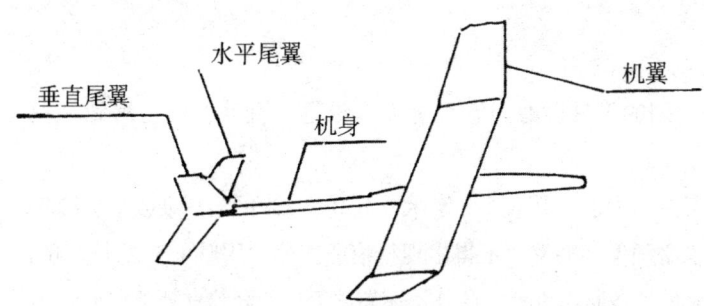

图4-1　手掷模型滑翔机

手掷模型滑翔机的制作

在这里,我们要学习制作简易手掷模型滑翔机和竞赛用手掷模型滑翔机。

简易手掷模型滑翔机

这是一种最简易的手掷模型滑翔机,主要由由机翼、水平尾翼、垂直尾翼、机身四部分组成,如图4-2。

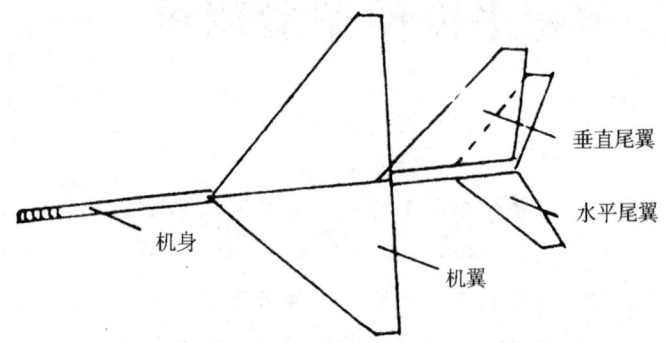

图4-2 简易手掷模型滑翔机的主要组成部分

(1) 制作方法

①需要用的工具:剪刀、小竖刀、铅笔、直尺、三角尺和一块工作板,橡皮泥少许。

②需要用的材料:用长130毫米、宽100毫米的绘图纸或书皮纸制作机翼和尾翼,纸面必须保持平整,不得出现折痕或扭曲。用厚1.5毫米、宽1.5毫米、长180毫米的竹条制作机身。此外,还需要少量的乳胶(或万能胶)。

准备好所需的工具和材料后,还有一件非常重要的事情是,要学会看图、用图。因为每一架模型飞机都是根据图纸做出来的。所以,必须把图纸的尺寸和结构弄清楚再动手制作。我们要制作的简易手掷模型滑翔机的工作图如图4-3所示,标明的是模型的实际尺寸(单位:毫米)。

③具体制作方法和步骤:

a. 制作机翼、水平尾翼和垂直尾翼——

在130毫米×130毫米的书皮纸上,由纸的短边截取96毫米作为机翼翼展(机翼左右翼尖之间的直线距离)的长度开始画起,画出布局合理、尺寸准确的机翼、水平尾翼和垂直尾翼平面图。用剪刀沿外轮廓实线将以上部件剪下来。

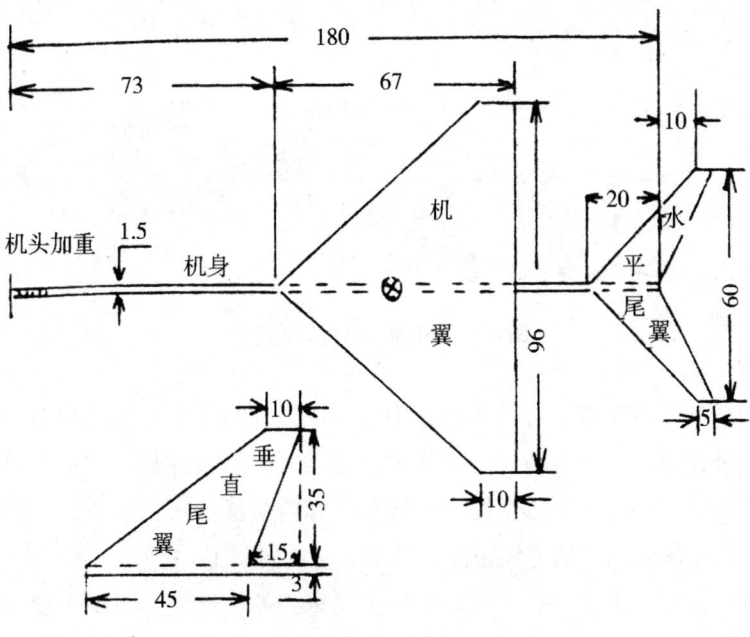

图4-3 简易手掷模型滑翔机工作图

b. 制作机身——

把准备好的竹条放在工作板上，使竹瓢面朝上，用右手按住竹条，右手持小竖刀，从竹条顶端切一开口，这时不要将刀子拔出来。然后，左手用力慢慢向前推动竹条，将和竹条劈成两半。按工作图的要求量出机身尺寸，将多余部分切掉。

c. 组装方法——

按图4-2、图4-3所示位置将各种部件粘到机身上，要将乳胶抹在竹瓢面上才能粘得牢。先粘机翼，再粘水平尾翼，最后粘垂直尾翼。

d. 检查模型的方法和步骤——

一架模型组装后，需要立即进行检查，发现问题要及时纠正。a) 要认真看图，进一步弄明白图中各部件之间的距离、尺寸和角度的要求。b) 具体的检查方法是用右手举起模型飞机，用眼睛从机头处水平向机尾进行目测，看各种部件的位置粘合的是否正确，角度是否准确。组装时容易发生的问题是：机翼不正、尾翼不对称、水平尾翼倾斜，如图4-4。

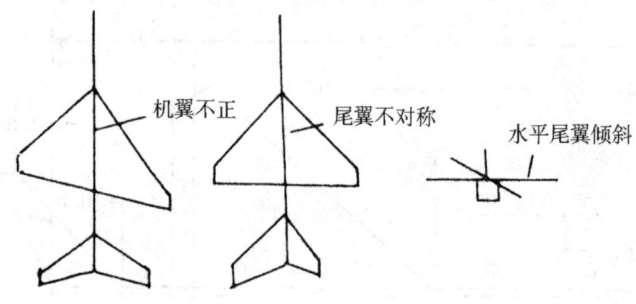

图 4-4　模型飞机的安装检查

(2) 试飞与调整

①检查模型飞机重心（模型重力的作用点）的位置。因为模型飞机重心位置是否准确，是影响飞行性能的重要因素，所以在放飞之前，首先要进行认真检查和调整。制作的这架简易手掷模型滑翔机的重心约在翼根翼弦（翼型前缘到后缘的直线距离）的 1/2 处，如图 4-3。

检查、调整的方法是，用铅笔尖顶住重心处，使模型飞机平稳地停放在铅笔尖上。这时，重心的位置是准确的。如果模型飞机的机头向上扬起，说明机头轻，调整的方法是用原有下脚料的纸或橡皮泥等将机头加重。若机头向下，说明机头重，调整的方法是减轻机头重量，用小刀稍稍削下一点竹条即可。

②手投试飞与调整。用右手拇指与食指捏住机翼后边的机身处，机头略向下将模型掷出，观察它的飞行状态，你会发现有以下几种情况：

如果模型出手后，一起一伏地波浪飞行，则说明模型头轻，如图 4-5 (b)。

如果模型出手后向前滑行不久机头就向下坠

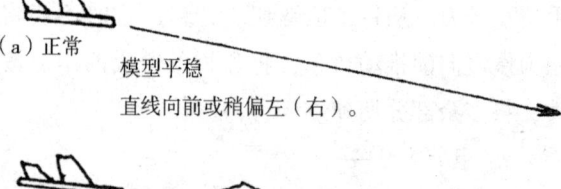

图 4-5　手掷试飞调整检查

地,则说明模型头重,如图4-5(c)。

出现上述两种情况时,用调整重心位置的方法,即加重或减轻机头的重量进行调整即可。

模型出手后,向左向右偏转转圈飞行,这是机翼或尾翼向左或向右倾斜造成的。调整的方法是,用手轻轻把机翼、尾翼摆正,再把机翼的上反角(从机翼正面看,机翼向上折的角度,可以看作是机翼前缘和水平面的夹角)调整为15度左右,使模型达到正常飞行状态就可以了。

模型出手后,平稳地直线向前滑翔,这是模型飞行的正常状态,如图4-5(a)这架简易手掷模型滑翔机,若能严格按照要求进行制作,掌握好放飞技术,经调整后,可飞行约10米。

竞赛用手掷模型滑翔机

"竞赛规则"把手掷模型滑翔机分为留空时间和直线距离2个竞赛科目,这2个竞赛科目分别对所用模型的主要飞行性能提出了不同的要求。竞赛留空时间用的手掷模型滑翔机,要求它升空后在空中滑翔的时间越长越好;竞赛直线距离用的手掷模型滑翔机,则要求模型滑翔的直线距离越远越好。这里重点介绍竞赛留空时间用的手掷模型滑翔机的制作、试飞、调整等问题。

(1)制作方法

①材料

可以用来制作手掷模型滑翔机的材料很多,例如泡桐木、松木、椴木、木棉木、白杨木、轻木、吹塑纸等等。选用泡桐木制作机翼、水平尾翼、垂直尾翼和机身,因为泡桐木重量轻、韧性好、木纹平直、木质软。这种木材好加工,做出的模型也不易被摔碎。在我国河南、江苏等地产的泡桐木颜色白、重量轻、木纹细,是较好的模型材料。制作机身,还可以选用松木,因为松木木纹较密、强度好,可使机身坚固、挺直。

②工具

制作一架桐木的手掷模型滑翔机需要准备的工具有木锉、尖嘴钳、小锤子、斜口刀、三角尺、直尺(最好用钢板尺)、2号砂纸、0号砂纸和自制的砂纸板、工作板(用长450毫米、宽200毫米的三合板或五合板均

可)。此外，还需胶水，用乳胶、万能胶、快干胶均可。

③制作方法和要求

在动手制作之前，同学们还需把图纸看明白。我们选用的竞赛用手掷模型滑翔机三面图如图4-6所示，这是一张按实际缩小的比例图。包括侧视图、俯视图和前视图三部分。在图的右下角标有比例1：4字样，它的意思是说，你做成的模型飞机要比图上画的大4倍。图上各部分标出的阿拉伯数字，是各部分的实际尺寸，单位是毫米。以下我们分别进行机翼、尾翼（水平尾翼、垂直尾翼）和机身的制作。

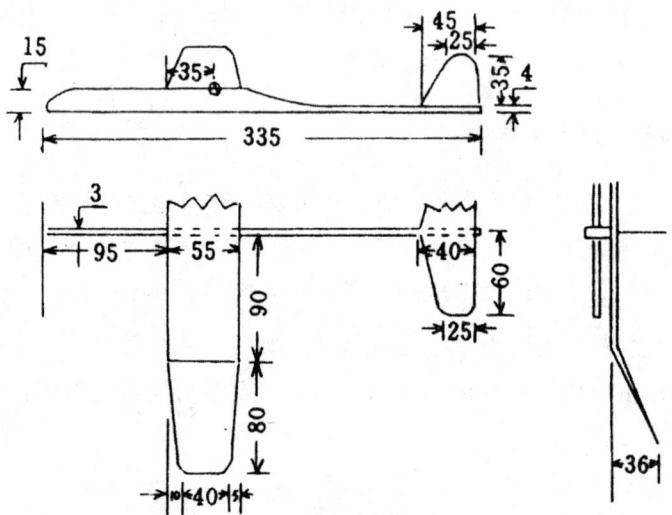

图4-6 竞赛用手掷模型滑翔机三面图

a. 机翼的制作方法和要求

机翼是产生升力的部件，直接影响模型的飞行性能。其制作要求是，机翼图形的尺寸要准确，机翼剖面形状要一致，表面要光滑。制作具体步骤如下：

a) 用一块厚2毫米、长340毫米、宽55毫米的桐木片做机翼。先在桐木片的粗面上画出中线，再把机翼图形画上去，如图4-7（a）选择一个较直的木边用做机翼的前缘。再量出机翼中段的长度（由中线向左右各量出90毫米），最后画出翼尖翼弦。

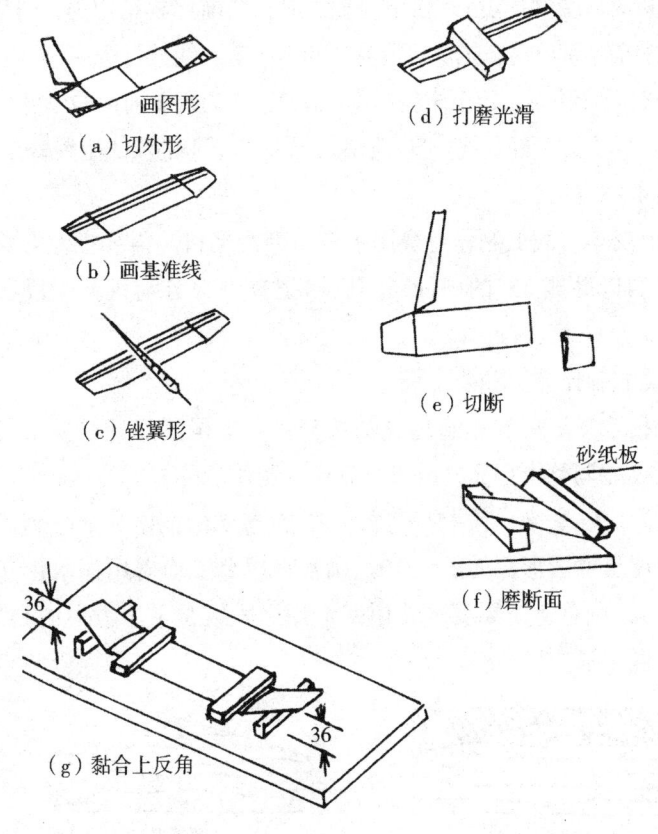

图4-7 机翼的制作方法

b) 画机翼翼型的基准线，如图4-7（b）、图4-8（a）。

c) 切割机翼的外形，把图中多余的部分切掉，如图4-7（a）。

d) 制作机翼翼型（机翼的剖面形状）。把切割下来的机翼外形，用木锉或2号粗砂纸板打磨成机翼翼型，如图4-7（c）。先打磨机翼后半部分，即把机翼1/3以后到后缘的部分打磨成一个斜面（注意，要留出0.5毫米

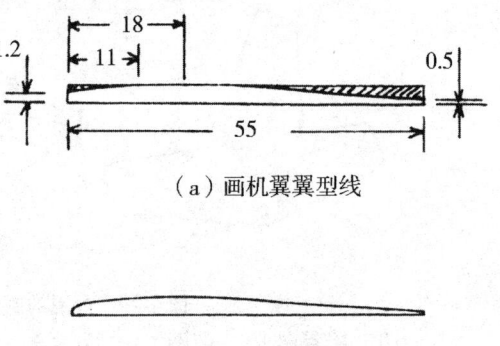

图4-8 机翼翼型图

厚度，作为机翼后缘的厚度）。在用锉加工时，向前锉要稍用力，向后撤锉要轻。打磨机翼前半部分时，把由机翼前缘到 1/5 基准线处打磨成一个如图 4-8 (a) 所示的斜面（注意，留下木料厚度的 1/2，作为机翼前缘的厚度）。再用 0 号细砂纸板，将上述两部分进一步打磨加工成上凸下平的流线型翼型，如图 4-7 (d) 和图 4-8 (b)。

e) 折上反角。我们制作竞赛用手掷模型滑翔机，需要把左右翼尖部分切下来，将切口磨成 25°的斜面，用胶水把翼尖部分与机翼中段黏合在一起。如图 4-7 (e)、(f)、(g)。

b. 尾翼的制作方法和要求

尾翼包括水平尾翼和垂直尾翼两部分。水平尾翼能调整模型飞机的升降，垂直尾翼能调整模型飞机的飞行方向。制作步骤如下：

a) 在厚 0.75 毫米、长 155 毫米、宽 45 毫米的桐木片上分别画出水平尾翼和垂直尾翼的图形，如图 4-9。画水平尾翼要横着用桐木片（木纹是左右方向的），画垂直尾翼要竖着用桐木片（木纹是上下方向的），这样作出的尾翼平展不易变形。

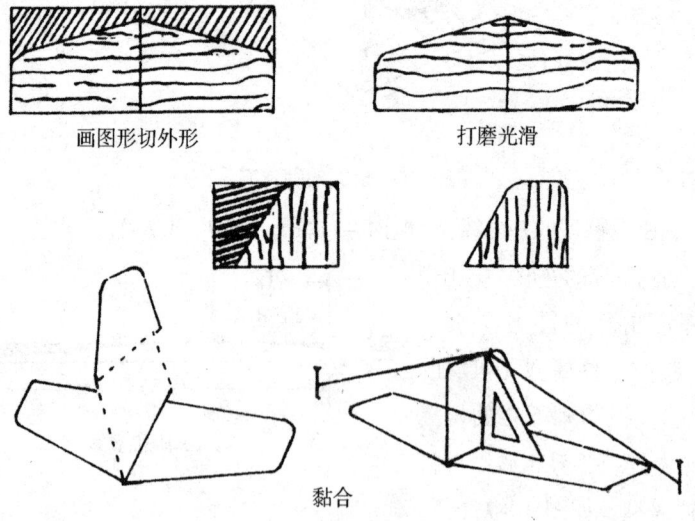

图 4-9 尾翼的制作方法

b) 切割尾翼外形。把图 4-9 中多余的部分切掉。用 0 号细砂纸板把棱角磨去。然后，用胶水将水平尾翼和垂直尾翼粘在一起。用一小木片把垂直尾翼斜压住，防止它向左右倾斜。

c. 机身的制作方法和要求

机身把模型各部件连接起来，组成一个整体。用厚3毫米、长335毫米、宽15毫米的桐木条做机身。先将机身按图纸画到桐木条上，用小刀切去多余的部分，如图4-10。再用0号细砂纸板轻轻将机身打磨光滑。要保持安装机翼和尾翼部位的平直。

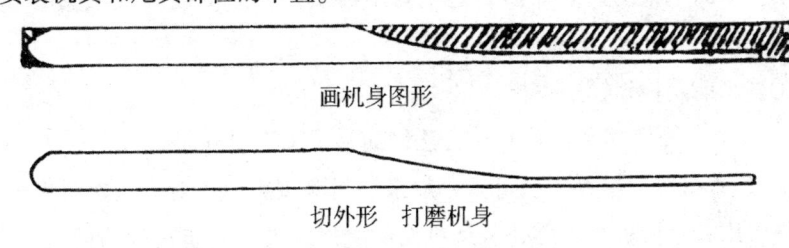

图4-10 机身的制作方法

d. 组装

现在，把做好的机身、机翼、尾翼连接起来，组装成一架完整的手掷模型滑翔机。组装时应注意，必须保持机身的平直，不得向一侧倾斜，要把机翼端端正正地安装到机身上，要使水平尾翼左右翼尖距离工作板的高度相等。

具体操作步骤是：首先，用四枚大头针将机身垂直固定在工作板上，接着在安装机翼的部位抹上胶水，把机翼粘在机身上。要求做到机翼左右翼尖与工作板距离相等。调整好距离后，立即用小木块垫好，在胶水未干透之前不要移动，最后黏合尾翼。要求做到垂直尾翼与机身的中线重合。在机身上安装尾翼的部分抹上胶水，将尾翼粘上。用尺子量一下水平尾翼左右翼尖至工作板的距离是否相等，经调整无误后，用小木片把垂直尾翼斜压住，以避免它左右倾斜，如图4-11。

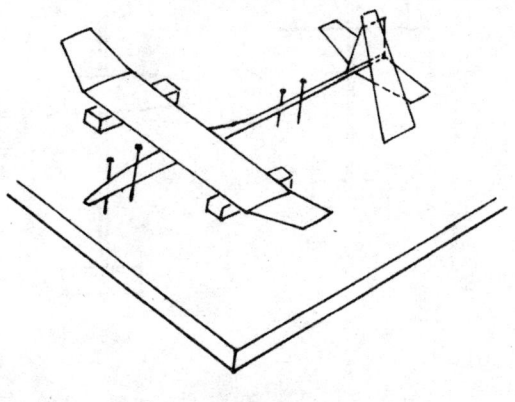

图4-11 竞赛用手掷模型滑翔机的组装方法

到此，手掷模型滑翔机的制作过程全部结束了。

（2）手掷模型滑翔机的调整试飞

通过调整试飞，同学们能了解模型飞机的性能，学习相关的航模知识，掌握放飞技术，学会观察模型飞行状态，分析模型产生异常飞行的原因，找到解决的途径。从而提高观察、分析判断、解决实际问题的能力，锻炼百折不挠不断求索的意志品质。这里要学习手掷模型滑翔调整试飞的有关知识和技术。

①试飞前要检查模型飞机

a. 检查模型飞机重心位置。方法同简易手掷模型滑翔机。

b. 检查机翼、尾翼、机身。一般采用目测观察法，对模型整机做全面的检查。用右手持机身重心处，从机头向机尾察看。安装正确的模型飞机，垂直尾翼前缘与机身中线重合，水平尾翼与垂直尾翼成90度角，以水平尾翼前缘为基线机翼左右上反角相等。安装不正确出现的各种问题，如图4-12。机翼或尾翼与机身黏合不正确时，会产生正安装角或负安装角（翼弦与机身基准线的夹角），它们将影响模型的正常飞行。

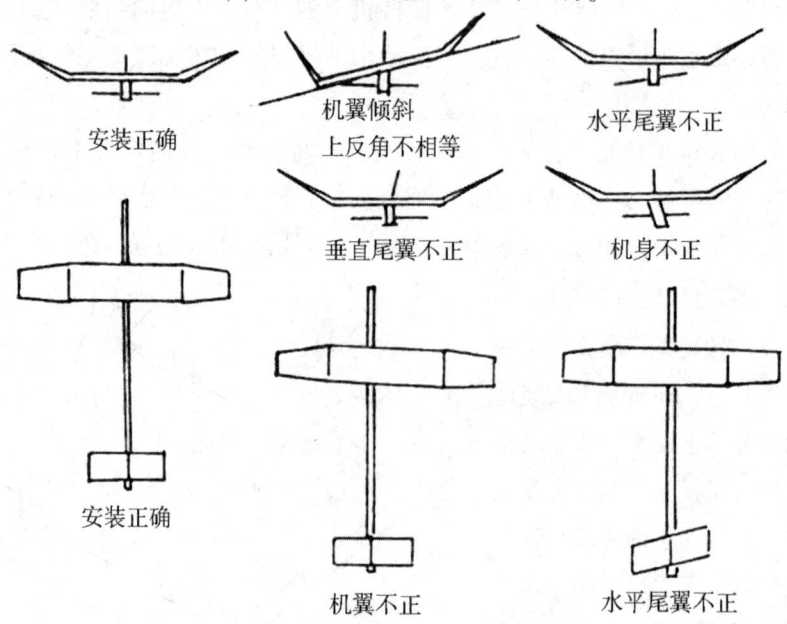

图4-12 机翼、机身、尾翼的检查

②试飞要领

a. 手投试飞。这是在模型做好后进行的第一步试飞,方法与简易手掷模型滑翔机相同。试飞的目的是观察模型能否正常滑翔。将模型迎风出手后,它能徐徐滑向地面,着地时略有一些向左或向右偏转,即为正常滑翔。向左偏转的称左盘旋飞行的模型,向右偏转的称右盘旋飞行的模型。

b. 手掷试飞(以竞时型手掷模型滑翔机为例)。这是对模型做进一步的试飞。试飞的要领是,左盘旋的模型试飞时,你要用右手拿住模型机身重心处,机头向前,将模型向右倾斜一些,同时将右脚和右臂撤到身体右后方。然后,右脚用力蹬地,转身扭腰,全身用力,手臂迅速将模型向斜上方掷出(右盘旋的模型试飞时,则方向相反)。这样做才能使模型瞬时获得最大的速度,升向空中,达到最高点后,转为左盘旋滑翔,才能使它获得较长的留空时间,取得较好的飞行成绩。

手掷试飞要掌握恰当的出手角度、投掷速度和准确的姿势。这些,只有经过多次的练习才能做到,如图4-13。

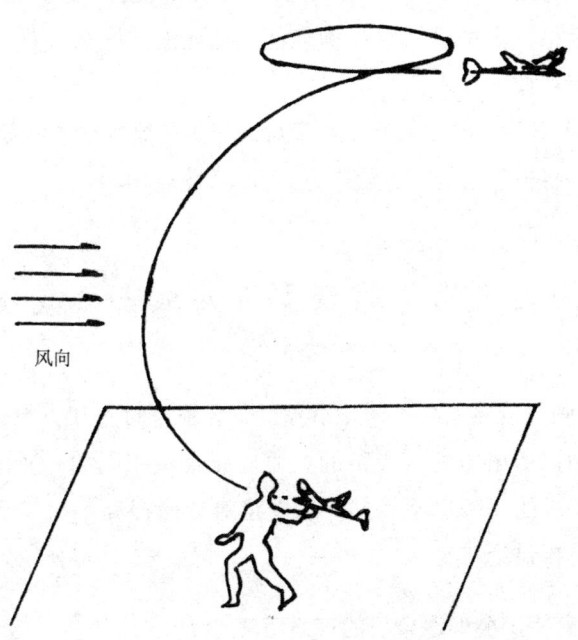

图4-13 竞赛用手掷模型滑翔机的投掷方法

③模型各种异常飞行状态产生的原因及调整方法

a. 模型直线上升后即进入波浪式飞行。产生的原因：a) 出手力量不足，模型没有飞到最高点；b) 模型向右倾斜不够。调整的方法是加大模型出手的力量，增加模型向右倾斜的角度。模型头轻也会出现波状飞行，可用细铁丝等加重机头。

b. 模型出手后翻个筋斗即摔向地面。产生的原因：a) 出手时角度过大；b) 模型向右倾斜不够。调整的方法是减小模型出手角度，增加模型向右倾斜的角度。

c. 模型直线上升后俯冲落地。产生的原因是出手时投掷力量不足，模型没飞到最高点。调整的方法是加大出手力量。模型头重也会出现俯冲落地，可用小刀将机头部分略下一点。

d. 模型向右急盘旋下坠。产生的原因：a) 出手时模型向右倾斜过多；b) 模型本身是右盘旋飞行。调整的方法：a) 减小模型向右倾斜的角度；b) 出手时将模型向左倾斜。还可以把模型改为左盘旋飞行。具体做法是在垂直尾翼后缘粘一个用卡片纸做的舵面，把舵面向左扳一扳，也可在左翼尖下弧处贴上点橡皮泥。

e. 模型上升后，直线飞行，不盘旋。产生的原因是模型盘旋半径太大。调整的方法是将模型改为左盘旋飞行。具体做法同上。

如何提高手掷模型滑翔机飞行成绩

"竞赛规则"规定了手掷模型滑翔机分为留空时间和直线距离两种比赛方法。这两种比赛用的模型飞机的主要性能是不相同的。所以，为提高飞行成绩，要解决的问题也不相同。以下将对如何提高手掷模型滑翔机飞行成绩的问题进行讨论。

如何提高手掷模型滑翔机的直线距离

(1) 要提高模型的方向安定性能和滑翔性能

具体做法是：选用薄平凸翼型或双凸不对称翼型来提高模型飞行速度。

在"竞赛规则"允许的范围内,增加模型重量,适当减小机翼升力面积,以增大翼载荷。用加长尾力臂长度的方法来增大模型的方向安定性。采用后掠式机翼,将翼尖磨成椭圆形,机身等部件要打磨光滑的办法来减小阻力,提高模型的滑翔性能。

(2)努力掌握模型的调整试飞技能

直线距离手掷模型滑翔机调整试飞的目的是:使模型飞得直,飞得平稳,飞得远。在竞赛中,由于模型要在顺风和逆风中飞行,所以试飞调整也要在不同风向中进行练习。

①在逆风中试飞调整的方法是:用较大的速度,沿水平方向逆风掷出模型。这时,模型与空气相对速度比较大,它的升力也将大为增加。在掷出后的一段距离中模型可保持平飞或以小角度爬升,并在后期平稳地转为下滑飞行。若出现头轻现象,可加重机头。若偏航,可调整垂直尾翼后缘,还可以在转弯时处于外侧的机翼翼尖下弧处放点橡皮泥。

经调整好的模型正常的飞行过程应该是:水平起飞、徐徐上升、平飞、小角度下滑、轻轻着陆、航线基本是直的。

②在顺风中试飞调整的方法是:模型在顺风中飞行时,由于前进的方向与风向是一致的,所以空气对模型的相对速度减小了,模型的升力也小了。因此,与逆风飞行相比,要适当减轻机头重量,增大出手角度。投掷时,要用力将模型向斜上方掷出。这样,可使模型迅速爬升至最高点后,平稳改出,以最小的下滑角向前滑行,于是它就具有了较好的滑翔性能和较远的飞行距离。

二、如何提高竞时型手掷模型滑翔机的飞行成绩

(1)减小模型的下沉速度,提高滑翔性能以增加留空时间。因为,模型下沉速度越慢,留空时间就越长。

影响模型下沉速度的因素很多,其中主要是模型重量大、机翼面积小、翼载荷大、制作工艺粗糙、部件表面不光滑、组装不正确等。存在上述问题之一,便会增大模型下沉速度,减少留空时间。解决的办法是:机身要选用桐木来做,机翼、尾翼要选择最轻的材料(如桐木、轻木等)来做。即使是在同样的材料中,也要经天平称重后,挑出最轻的再用,这样就减

轻了模型的重量。采用挖空式或构架式的机翼，如图4-14，可增大机翼的面积，减小翼载荷。同时要将机翼、尾翼的翼尖做成椭圆形，以减小诱导阻力。特别要做到的是提高制作工艺水平，要把各部件打磨光滑，以减小模型飞行中与空气的摩擦阻力。

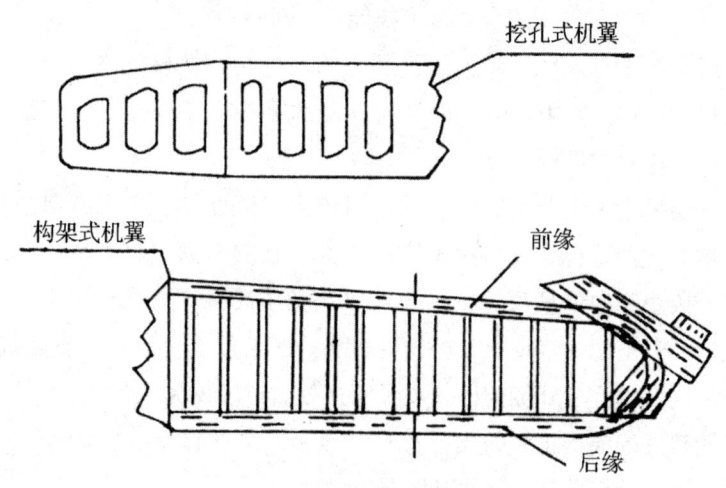

图4-14　机翼结构示意图

（2）具备良好的投掷技巧，高超的调整试飞水平，千方百计地争取模型的爬升高度，是提高竞时型手掷模型滑翔机飞行成绩的关键。

没有高度，就不会有较长的留空时间。模型出手后爬升高度达20米左右，能平稳飞出，是检查投掷技巧的客观标准。要达到这个标准，必须做到试飞前观测风向、风力，熟练地掌握模型出手的角度、速度、高度和倾斜角度。每做一次试飞都要认真观察模型的飞行状况，做好"飞行记录"，详细记载模型的上升轨迹、盘旋半径、留空时间等情况，以便对模型出现的问题进行全面的分析，找到调整的最佳办法，灵活地运用前边学到的"调整试飞"知识对模型做出适当的调整。

弹射模型滑翔机

弹射模型滑翔机是模型飞机中比较简单的一种，最为广大青少年所喜爱。它的最大特点就是简单易做，材料来源宽广，容易取材，不受场地限制，便于活动的广泛开展。

弹射模型滑翔机简介

如图5-1所示，弹射模型滑翔机共分为5个部分：机身、机翼、水平尾翼、垂直尾翼、弹射钩。其材质有用纸折叠的、纸木混合式的、全木质3种。在这里纸质的、纸木混合式的不作介绍，着重介绍全木质的弹射式模型滑翔机。

木质的能用较大力量来弹，可以弹得更高、飞得更好，它是用橡筋作动力，将模型弹入空中，然后转入滑翔。调整好了的弹射模型，升空越高，滑翔时间就越长。如何使模型弹得更高，这与弹的方法、橡筋的弹性和橡筋长度等有关系。

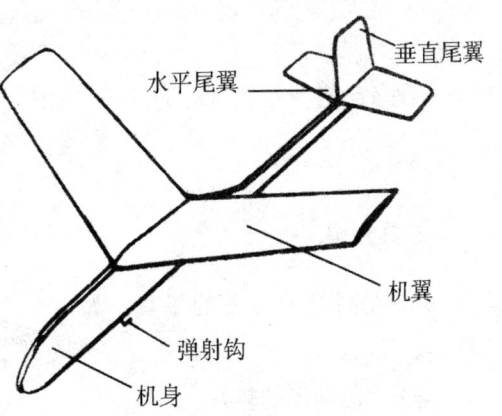

图5-1 弹射模型滑翔机的组成部分

初学航模的人，由于没有掌握要领，在飞行时，模型弹出后，容易翻筋斗、弹不高。为了克服此种现象，在模型尾翼上装有自动控制调节装置。

弹射模型滑翔机的飞行情况，可分为2个阶段：①模型弹上去时，飞得很快，急速上升，称为高速阶段；②以后模型便依靠惯性上冲，逐渐由于重力和阻力影响，速度越来越慢，最后不再上升而改为滑翔，称为低速滑翔阶段。所以弹射模型滑翔机必须使它适合于高速上升和低速滑翔。

因此要求在制作过程中，一定要按规定的尺寸和步骤来做，重心位置要准、飞机各部件安装要正，不能有偏斜，机身做得平直，机翼和水平尾翼不能有正负安装角，在保证强度的前提下，尽量减轻模型的重量，要求做得结实坚固，不然就难以飞好。

制作材料和方法

工具介绍

我们在制作中必要的工具，如图5-2所示：

锉子，用细齿的较好。

刀子，图中的两种式样，任选一种都可以。

尺子，最好是钢尺。

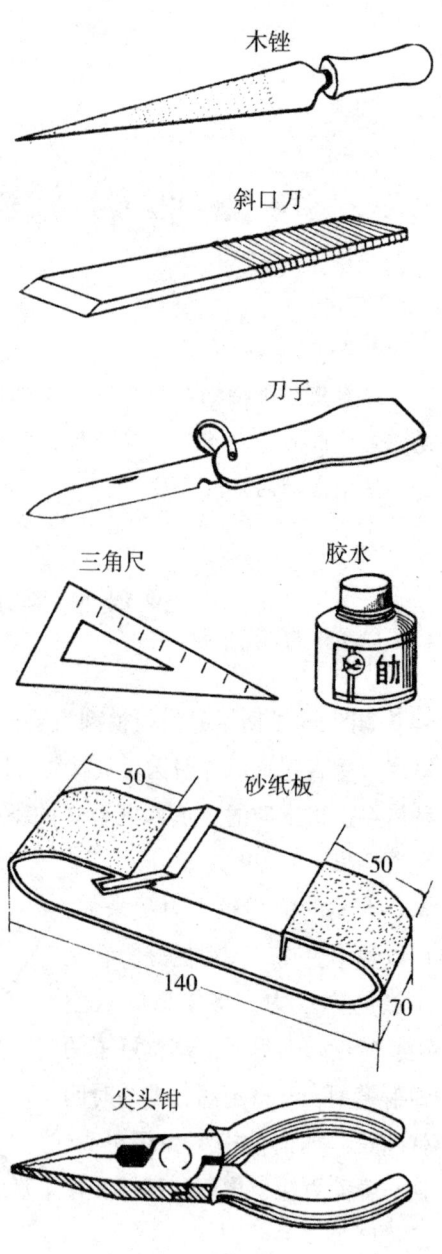

图5-2 必要的工具

胶水，有快干胶、乳胶等。

快干胶，可以自己配制，用香蕉水泡溶硝化棉或电影胶片（是硝酸性的，用火可以点燃），将表面一层药膜用热水加纯碱泡洗干净，晾干放入香蕉水溶化即可。现在市面上有种万能胶也可以用。

另外还有砂纸板（自做）、砂纸、直角三角板、尖嘴钳等。

材料选择

制作各种模型飞机的木料都要求较轻，韧性较好，木纹较直，木质较软。木料太脆，做出来的模型很容易摔坏；木质较软，也比较容易加工。做机翼和尾翼，最好用桐木，它的颜色较白，重量较轻，木纹细而松，容易加工制作，是制作模型飞机的好材料，另外有广东出产的一种木棉木，材质也比较好。机身可用红松，它的木纹较密，强度较好。也可以因地制宜，找白杨木、桦木、椴木和其他木质较硬的杂木或楠竹来做机身。

制作方法和要求

工具和材料准备好以后，可以开始制作了。在开始动手制作以前，先仔细看一看设计好的图样，注意这种模型滑翔机每一部分的形状大小和它的结构，如图5-3，特别还应注意那些需要胶合的接触面，如果这些部分做得不平，就不能很好地结合起来，也就不容易胶合牢固。

对机翼的要求——机翼是用来产生升力的，升力的大小与机翼的形状光滑程度，尤其是机翼翼型有很大的关系，因此机翼制作的好坏，直接影响到飞行性能，必须认真做好机翼。

（1）机翼的具体制作

机翼的木料是4毫米×78毫米×448毫米（厚×宽×

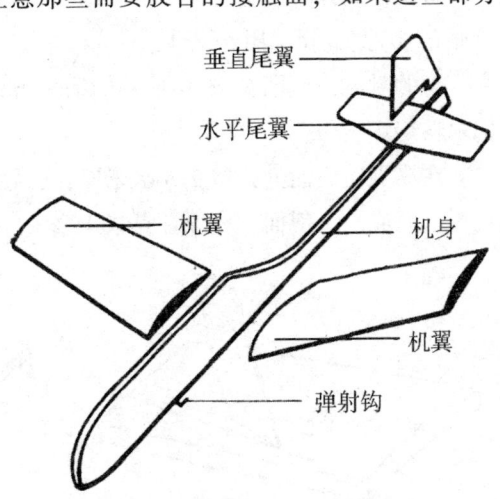

图5-3 弹射模型滑翔机的结构和胶合面

长）的木片。

①拼木片：要领是拼材两边都要平直，结合都要紧密，保持与木片的垂直度。模型在飞行时，会经常发生碰撞现象，结果会把飞机机翼前缘碰坏，如果在机翼前缘拼上一根4毫米×4毫米的松木条，那就不容易撞坏，延长了寿命，如图5-4。

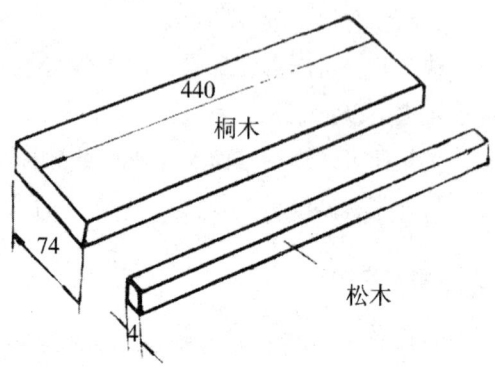

图5-4　机翼前缘上拼上一根松木条

②画图：用复写纸把机翼平面形状复写到木板上，注意木纹方向要和前后缘平行。如果没有复写纸的话，可用一根大头针把图样扎到木片上，再用铅笔把针孔连接起来，也可以把图样画好，如图5-5。

③制作机翼外形：把图中所画的多余部分，用小刀切去，切的时候，照图5-6中所画的箭头方向，即顺着木纹去切，否则容易把木料切坏。

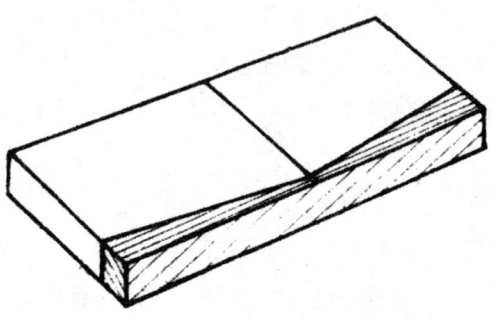

图5-5　画机翼平面形状

在翼尖横切面处，留2.5毫米厚，画好线。顺着木纹用刀逐渐铲薄，使机翼上面成一个斜面。要保证翼根4毫米厚，翼尖2.5毫米厚，如图5-7。

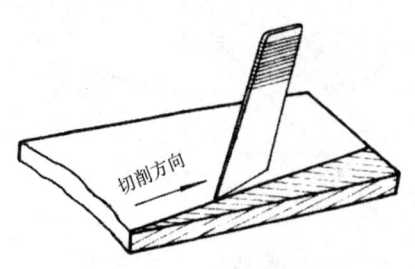

图5-6　顺木纹削制机翼平面毛坯

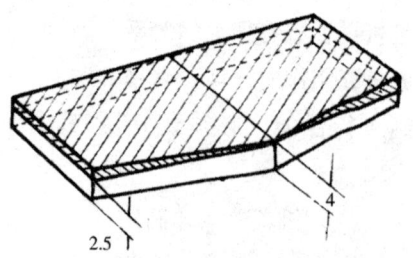

图5-7　向两翼尖削制斜面

机翼翼根部分和两翼尖,在离前缘 1/3 和 1/5 弦长的地方,各取 2 点,分别连成直线。如图 5-8 中所示,再在机翼前缘取厚度的 1/2,画一根平分线。

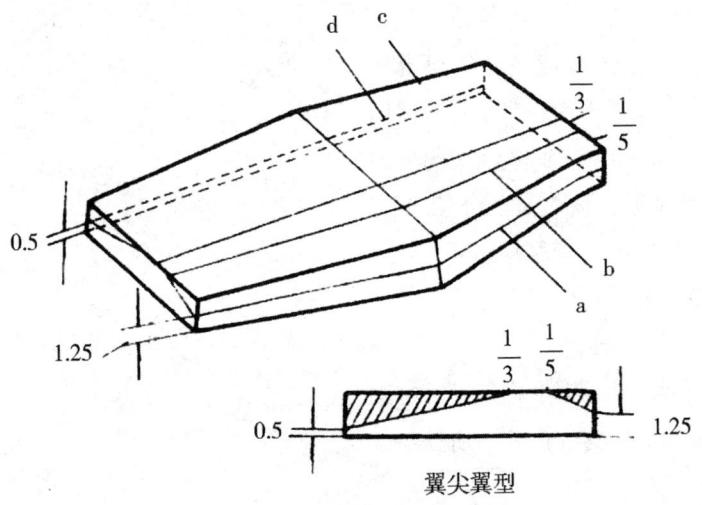

图 5-8　机翼翼型的画线

④加工机翼翼型——

a. 把切好的机翼木料锉成翼型,其步骤如下:锉机翼后部,把机翼后面 2/3 部分全部锉斜,后缘留 0.5 毫米的厚度就够了。锉时应注意,向前锉要用力,向后锉时不要用力,并与木纹成一角度,这样,才不会把后缘锉坏,如图 5-9。

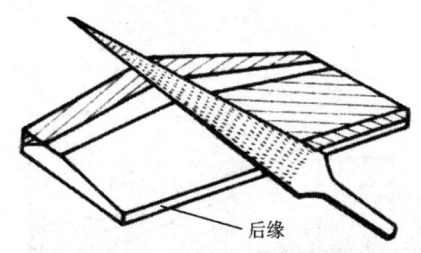

图 5-9　锉机翼后部斜面

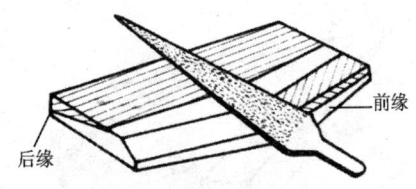

图 5-10　锉机翼前部斜面

b. 锉机翼前弧:把机翼前面 1/5 的部分锉斜,锉至原来厚度的 1/2,如图 5-10。厚度留得太薄、太厚都不好。翼根处应当厚一些,翼尖处要薄一些。

c. 流线型加工：把前缘及原先画的两条铅笔线的棱角，用比较粗的砂纸（1号）包在砂纸板上，细心地打磨掉棱角，使机翼成流线面，然后再用细砂（0号或00号）打磨光滑，并将前缘部分打磨成圆弧形，使之成为上凸下平的平凸型翼型。机翼打磨要光滑平整，可以减少阻力而且美观，如图5-11。

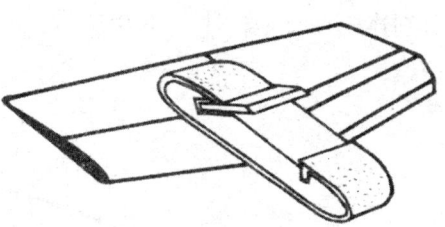

图 5-11　打磨机翼翼型

⑤切断机翼：因为弹射模型滑翔机的机翼有上反角，所以要在机翼中间画一条中线，把尺子比好，用刀子顺着中线把机翼切断（注意：刀片应从前后缘向中间切，否则前后缘容易破裂），如图5-12。切断机翼后再检查它两边的厚薄、重量是否相等，两边的平面面积是否一样大（可以把机翼重叠起来检查）。

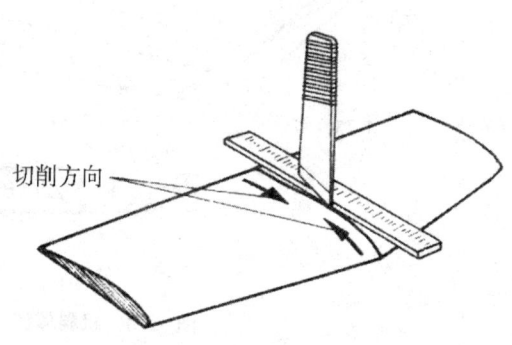

图 5-12　切断机翼

⑥磨机翼断面：按照上反角20°的要求，把每一边机翼定好位，打磨翼根的断面，左右两边要打磨得很吻合，如图5-13。这样才能保证胶合面的强度。

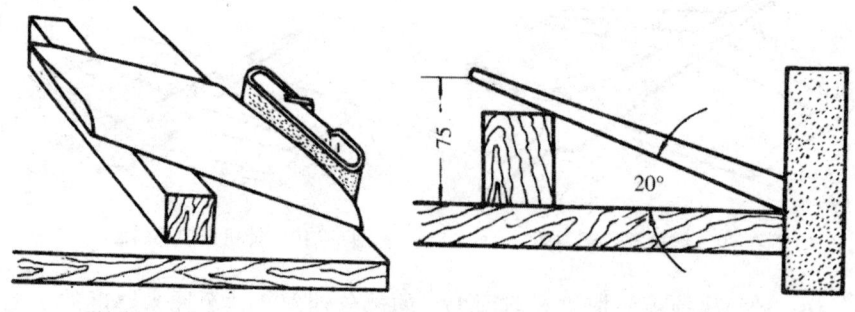

图 5-13　打磨机翼上反角的结合面

⑦机翼上反角的接合方法：从工作图中可以看到，机翼的上反角为20°，也就是说，一边机翼对另一边机翼来说是40°的角度胶合。先把一片机翼固定在桌面上，底下垫一块蜡纸，再把第二片机翼和第一片机翼胶合起来，垫上一块木板，使它的翼尖离开桌面150毫米高，也就成了40°角，接合的地方，一定要胶接得很密合，如图5-14。

(2) 尾翼（包括水平尾翼和垂直尾翼）的做法

用1毫米厚的木片，将尾翼平面图样复写在木片上。水平尾翼的木纹是左右方向，即和机翼相似。垂直尾翼要特别注意，它的木纹是垂直方向的。用刀子切去不必要的部分，不能用木锉去锉，用砂纸打磨光滑。然后在水平尾翼上画一条中线（不要切开），顺着中线涂上胶水，平放在桌面上，把垂直尾翼顺着中线垂直地放在水平尾翼上，并用橡筋扣住，用三角板左右量一量，看一看是不是垂直了，如图5-15。

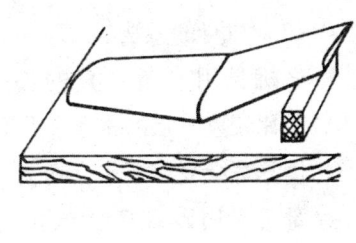
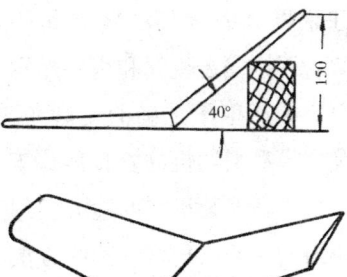

图5-14　胶合机翼上反角

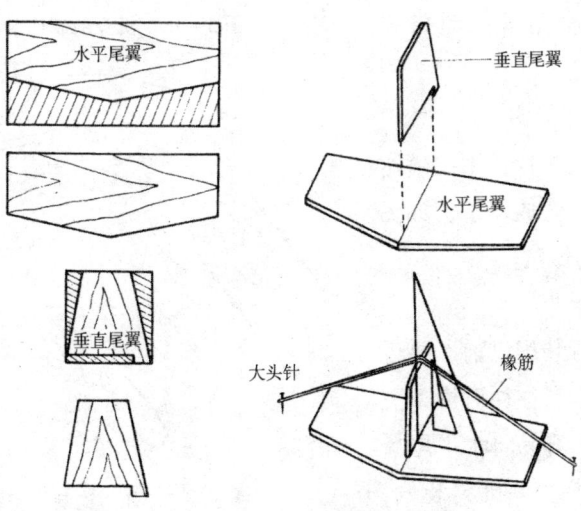

图5-15　水平尾翼和垂直尾翼的制作与胶合

(3) 机身的做法

做机身用一条很直的松木，或比较重一点的木条，将图样用复写纸复印下来，切去多余部分，用砂纸打磨光滑。注意机身的背部一定要很平直，否则安装机翼和水平尾翼时，会产生不正确的安装角，弹射模型滑翔机的安装角等于零度。在安装机翼的地方，用小刀刻一条三角槽，刻的方法如图5-16，即先用刀子在机身背面的规定位置切一道缝，再用刀子从外边斜着向里面开槽，就成了一条三角形的槽（V形槽），刻槽时要注意木纹方向，以免裂开。槽口的深度和宽度都要和机翼的上反角吻合，否则会给装配时带来麻烦。

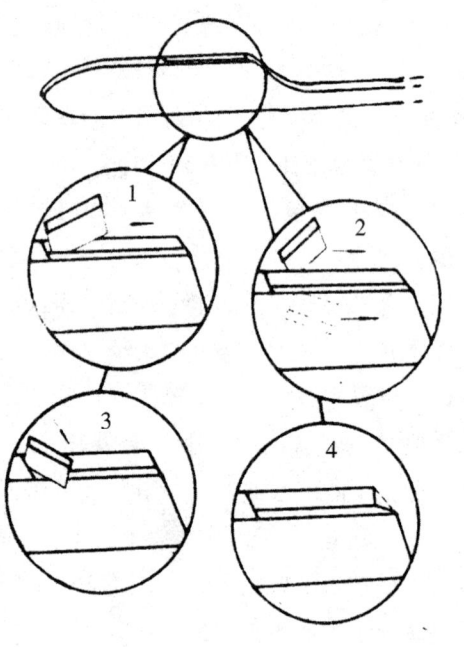

图5-16 机身的制作步骤

(4) 做弹射钩

用一个大头针，用尖嘴钳将大头剪去，弯成钩子，如图5-17所示的做法。

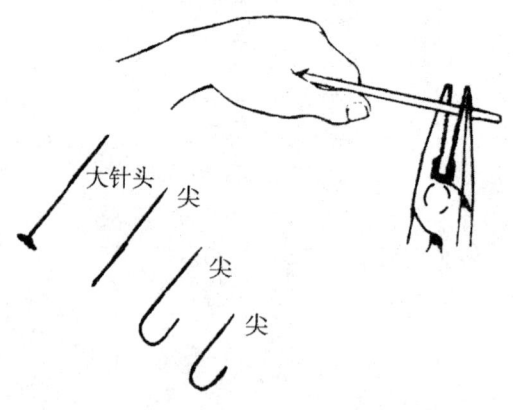

图5-17 弹射钩制作步骤

(5) 总装配

在未进行装配以前，要说明一点，初学者往往对模型飞机了解不够，容易将水平尾翼和垂直尾翼装歪，机翼装偏，或者某些部分发生扭曲。如果不重视这些问题，模型将会产生奇形怪状的飞行状态，甚至在试飞时，就会把模型飞机摔坏。一架模型滑翔机应该具有很好的对称性，两边的上反角应该相等，水平尾翼应该保持水平的位置，垂直尾翼应保持和水平尾翼垂直。虽然是微小的偏差都会带来不良的后果。

①装配：主要把模型飞机的几个部分，如机身、机翼、尾翼和弹射钩连成一个整体。工作顺序是把机身用几个大头针垂直地固定在桌面上，在机身的尾部上面，画一条中心线，涂上胶水，把水平尾翼胶上，量一量两边是否一样高，如图5–18。

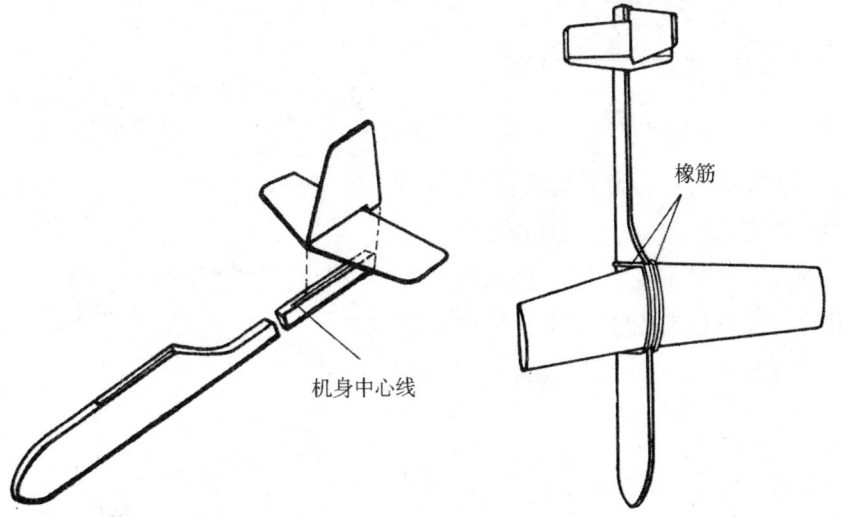

图5–18 尾翼与机身的安装胶合　　图5–19 机翼和机身装配方法一

尾翼装好以后（胶水要干），为了使装配机翼不打返工，以免损坏机翼和机身V形槽，要在没有上胶水前，先把机翼安装角调整好，以后再涂胶水。其方法是：先把机翼放在将要装配的机身V形槽位置上，用橡筋把它捆紧，如图5–19，用吊线检查的方法，把它检查调整好，安装角等于零度。再涂上胶水，取下橡筋，即成。

另一种装配方法，把机翼上反角部分放入机身的V形槽内，涂上胶水胶接起来，马上把模型"倒放"，注意要把机翼两边垫平，防止有正负安装角产生，如图5–20，把机翼和机身压紧，并多加些胶水。采用这种方法装配，在机翼下面可以不垫放东西，并容易得到正确的安装。

②做加强条：把2根正方形的木条削成三角形的加强条，胶在机身和机翼的结合处，同时在水平尾翼下部胶上加强片，如图5–21，可以保持水平

尾翼和机身结合得更牢固。这样,弹射模型滑翔机也就装配好了。

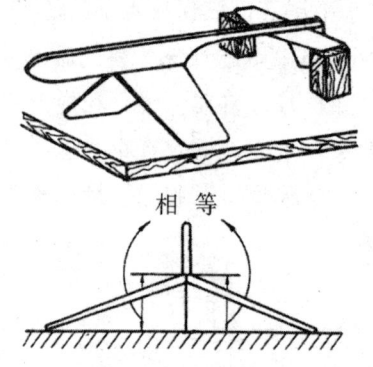

图 5-20 机翼和机身装配方法二

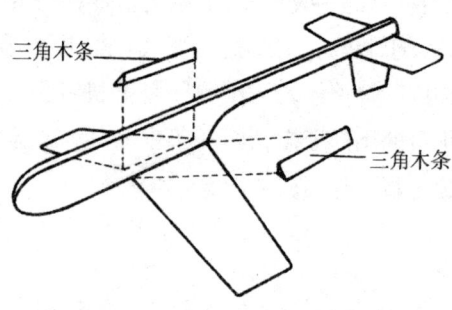

图 5-21 三角木条的加强

③装弹射钩:弹射钩的位置,应装在离机翼前缘 10~20 毫米机身的下方,装好后,用一块布或胶片,把它胶住加强,这样可以保证弹射钩不会左右转动,如图 5-22。

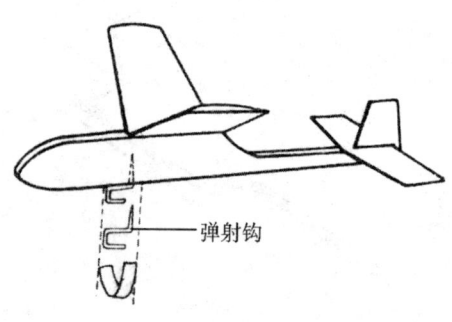

图 5-22 弹射钩的安装

调整和试飞

任何模型飞机做好后,都要对模型飞机的重心位置及各个部位的安装进行检查,如机翼和尾翼是否变形,胶水是否干透,机翼尾翼的安装角是否正确,等等。

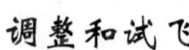 飞行前的检查

(1)中心位置的检查

重心位置检查是用铅笔尖

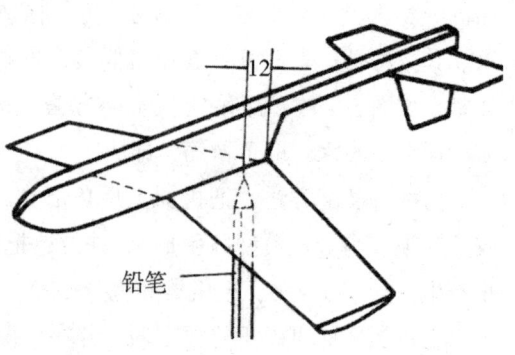

图 5-23 重心位置的检查

顶住模型的重心处，如图 5-23，弹射模型滑翔机的重心位置约在离机翼前缘 80/100 处。如果机翼和水平尾翼安装角都等于零度，重心位置太前或太后对模型都有很大的影响。重心太后，产生抬头力矩，使模型翻筋斗；重心太前，产生低头力矩，使模型下降很快。如果重心位置不对时，可以在机头配重或减轻机头重量来调整。

（2）检查机翼和尾翼

检查机翼和尾翼的方法，如图 5-24 所示，一般是用观察法，从正面看，模型的机翼两边上反角应该相等，水平尾翼应该成水平面，垂直尾翼应该与水平面垂直，没有扭曲现象。除了目测法还有 2 种检查方法：

①将模型飞机侧放，用一条直尺紧贴水平尾翼下部，这条直尺代表机身的基准线，再在机翼前后缘两处，用直角三角板分别量出它的高度，看它是否相等，如果高度不等，就说明有正或负的安装角，如图 5-25。

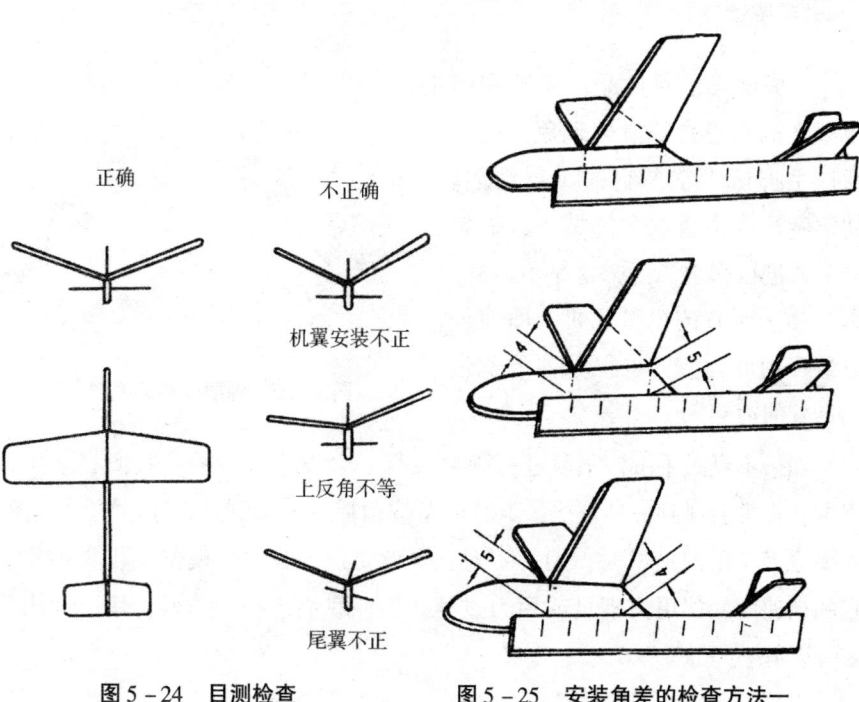

图 5-24　目测检查　　　　图 5-25　安装角差的检查方法一

②将机头朝下，使其与水平面垂直，在模型的机翼、水平尾翼翼尖处，分别吊一重垂线，观察翼型的翼弦线与重垂线是否重合，不重合就有正或负的安装角，如图 5 – 26。

（3）编制橡筋

橡筋的编制法：把回形针做成一个 8 字形圈子，做法如图 5 – 27 中所示，橡皮圈用两个一组套起来，组成一个橡筋条。另一种是航模用的橡筋，最为理想。其次也可以把自行车的废内胎用刀切成条代用。

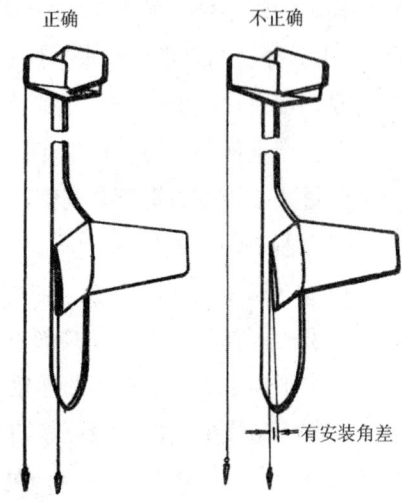

图 5 – 26　安装角差的检查方法二

手掷试飞

手掷试飞的目的是：发现和纠正模型飞机不正常的滑翔现象，同时通过手掷试飞掌握它的飞行性能。初学者往往不喜欢手掷试飞，很想立刻就进行弹射飞行，这是不对的。因为几乎所有的模型飞机，即使经过最仔细的检查，也很难一下就达到良好的滑翔。

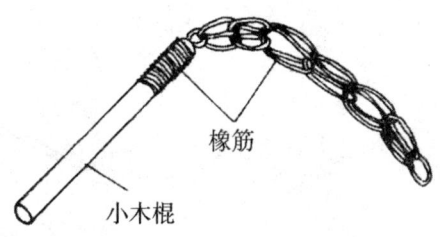

图 5 – 27　弹射橡筋的编制

如果不经过手掷试飞就进行弹射飞行是会发生危险的。我们在手掷试飞中，常常会碰到一种情况，就是模型掷出后，就摔到地上了。这种现象，主要原因是手掷模型时，用力不对，也就是说，我们的模型飞机得不到一定的初速度，如用力不足或用力过猛。因此我们手掷的时候，用力和出手要配合好。

手掷试飞方法是：用右手拿着模型重心位置处，高于头顶，机头稍微向下（大约20°），正对着风，用小臂带动大臂的力量，将模型向前下方掷出去，如图 5 – 28。要熟练地掌握手掷方法，是不容易的，一般容易用力过大使模型失速；反之，用力过小，模型得不到一定的速度而升力不足，模型很快就落到地面。在试飞时，如果发现不正常的飞行现象，就要找出原因进行调整，一直到能很平稳地滑翔为止。在手掷试飞中，通常发现的不正常现象有波状飞行、俯冲、盘旋下坠等。

图5-28　手掷姿势

小动力试飞

手掷试飞感到满意以后，就进行小动力试飞。其目的是为大动力弹射打下基础，掌握模型飞机的飞行状态和滑翔性能。因为，手掷试飞只能试出它在低空、低速下的大体情况，而不能试出在高速下的飞行性能。小动力试飞，首先看模型在弹射时的飞行路线和转为滑翔时是否正常。第一次弹射的时候，一般是正对风放飞，如图5-29，同时，不要把橡筋拉得过长，因为不知道模型飞机是不是有毛病，如果模型有毛病，橡筋拉得过长，弹力太大，很容易把模型摔坏。

图5-29　小动力试飞　　　　图5-30　模型翻了一个大筋斗落地

在一般情况下，通常有如下几种现象出现：

（1）模型没有弹高，却翻了一个大筋斗落地，如图5-30，产生这种现象的原因，一般是水平尾翼或机翼在安装后，有了安装角。出现的3种情况：①机翼有正的安装角。②水平尾翼有负的安装角。③机翼和水平尾翼有了正安装角差。因此在制作模型时，要尽量避免上面所说的现象。另一种可能就是调整时，把水平尾翼的后面部分向上弯得太多了，所以要尽量避免，用水平尾翼后面部分向上弯的办法来调整"头重"。

（2）模型直线上升，急速下降，如图5-31。这种现象，恰好和上面讲的情况相反。就是机翼与机身有负安装角，或是水平尾翼有正安装角，或是机翼和水平尾翼有负的安装角差。另有一种情况，也就是调整时，把水平尾翼后面部分向下弯得太多了。

图5-31　模型直线上升，急速下降

（3）模型在弹射出去后，总是容易翻筋斗，主要原因是：弹射时，速度大，机翼升力过大。要减少机翼的升力，在一般情况下，可以用3种方法来调整：①改变弹射角，或减少橡筋的弹力。②加大弹射时的倾斜角，倾斜后的模型飞机，在垂直尾翼的配合下，可以使模型飞机成螺旋路线上升。注意模型飞机放飞时，倾斜方向和滑翔转弯方向相反。如右转弯的模型弹射时，一定要往左边倾斜一些。③用自动控制水平尾翼安装角的装置，来减少弹射时机翼的升力，这是一种比较有利的措施。

下面再分析一下，比较容易出现的3种飞行现象：

（1）模型飞机弹得很高，但又很快地螺旋下来，我们称它为"螺旋"，如图5-32。

图 5-32　模型螺旋下降

其原因是：垂直尾翼的后面部分向右弯得太多了（指向右螺旋下来的模型），或机翼两边的迎角不等，因而升力不等，使模型飞机向一边倾斜得特别厉害，使之成螺旋形下降。调整方法：将垂直尾翼向左扳一些或把机翼两边的迎角调整相等。

（2）当模型飞机弹出去以后，螺旋上升又螺旋下来，如图 5-33，这是因为机翼两边的迎角相差太大了。调整方法：把右边机翼后缘向下弯一些（指右螺旋的模型），增大右边升力，使之平衡。

图 5-33　模型螺旋上升又螺旋下来

（3）模型飞机弹出后转一个小弯，很快地摔到地面，如图 5-34。前面已经说过，左转弯的模型飞机，在弹射时，应该把它向右倾斜。如果把模型向左倾斜的话，就会发生这种毛病。

图 5-34 模型转个小弯很快接地

模型经过以上的调整,就可以加大橡筋力弹射。这时如果发现模型飞机弹到最高点,又降下一段高度后,才开始转为正常滑翔。那么再弹时,应该把橡筋弹力减小一些。总之,弹射模型滑翔机,要想飞出理想的成绩,必须掌握弹射技术,需要经过不断的试飞练习。而且每架模型飞机都不完全一样,只有熟悉了自己模型飞机的特点,才能充分发挥它的性能。

弹射模型滑翔机的自动控制装置介绍

弹射模型滑翔讥,要想弹得很高,达到预期的高度,获得理想的效果,除了上面介绍的几种调整方法以外,下面介绍一种自动控制水平尾翼和垂直尾翼的装置,装置图如 5-35 所示。

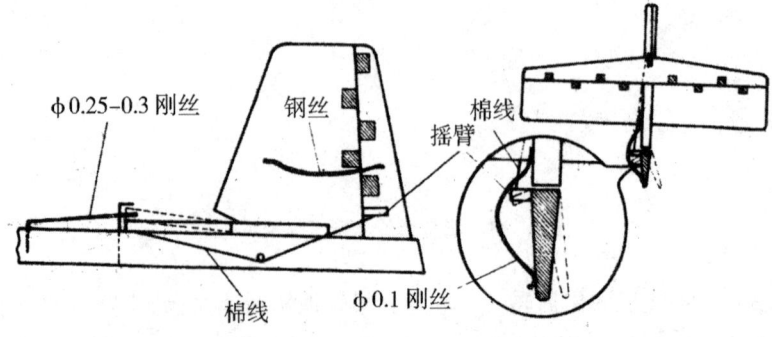

图 5-35 弹射模型滑翔机自控制水平尾翼和垂直尾翼的装置

工作原理：模型刚出手时，以大弹力、大角度弹射时，因它的速度极大，水平尾翼升力增加，水平尾翼前缘部分的活动面在空气动力的作用下，自动往上翘，形成正安装角，产生一个低头力矩，抵消机翼一部分升力，使模型大角度直线上升。这时，垂直尾翼活动舵面在水平尾翼活动面的带动下，方向舵回中，保持模型直线上升。以后，模型便依靠惯性向上冲，逐渐由于重力和阻力的影响下，飞行速度愈来愈慢。水平尾翼活动面由于钢丝的弹力作用，将它恢复到正常安装角，逐渐回到正常滑翔位置。方向舵在钢丝的弹力作用下，将垂直活动舵面打偏，使模型由直线上升转为盘旋，进入平稳的滑翔。

采用这种装置，在一般情况下，可弹 50～60 米高，留空时间可达 90～110 秒。

一级牵引模型滑翔机

牵引模型滑翔机,按照"航空模型竞赛规则"的规定,分为一级牵引模型滑翔机、二级牵引模型滑翔机和三级牵引模型滑翔机(简称牵引模型)。规则又规定了一级牵引模型的总升力面积在0.12平方米以下,飞行重量不限制;二级牵引模型的总升力面积应在0.16~0.18平方米之间,模型的飞行重量不得少于150克;三级牵引模型的总升力面积应在0.32~0.34平方米之间,模型的飞行重量不得少于410克。

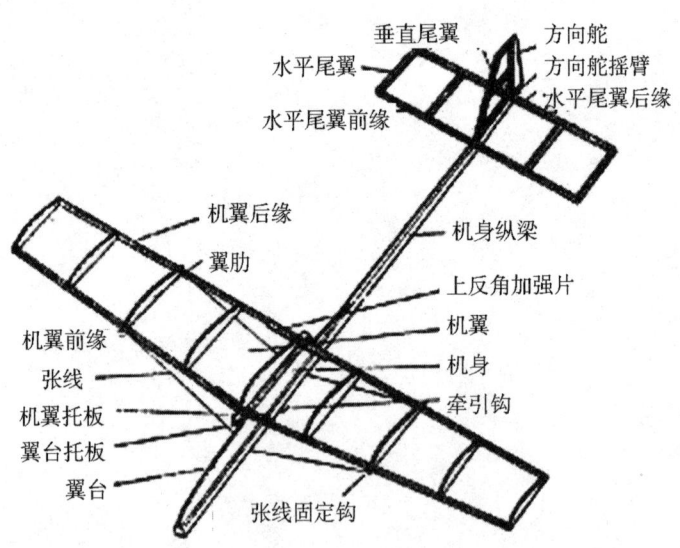

图6-1 一级牵引模型滑翔机的立体结构图

一级牵引模型滑翔机的制作

🌱 机翼的制作

图6-2所示的模型是初级牵引模型滑翔机和初级橡筋动力模型飞机共用的,所以在工作图上同时有橡筋螺旋桨等部件图,在制作牵引模型时不需要螺旋桨。

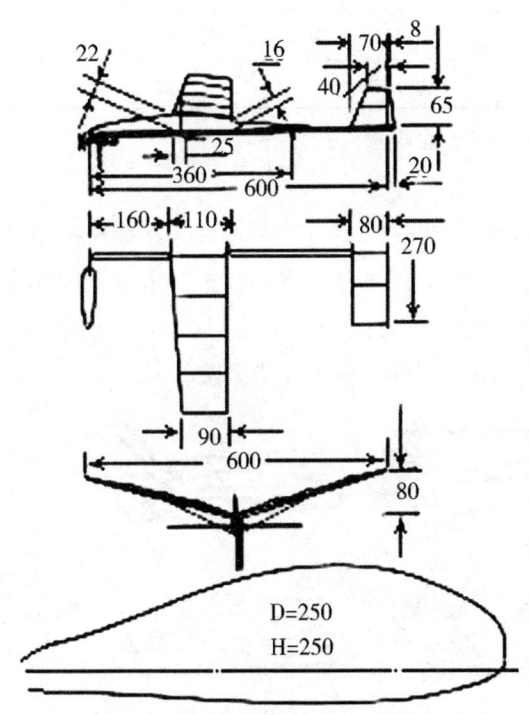

图6-2 一级牵引模型滑翔机工作图

在动手制作之前要做2项准备工作:①把制作机翼的材料整理出来,材料规格见表6-1。②按工作图上机翼尺寸放大在一张白纸上,以便在装配机翼时用。

表 6-1 机翼材料表

名　称	规格（单位：毫米）	数　量
前缘	2×3 或 3×3×315 松木	2 根
后缘	2×3 或 3×3×315 松木	2 根
翼肋	1×10×110 桐木	9 片
上反角加强片	1 毫米层板或松木少许	
张线固定钩	大头针	4 根
翼托板	2×5×130 松木	1 根
棉纱线		少许
蒙皮	650×115 电容纸、拷贝纸	1 张
	或油光纸	

准备好材料，按下面步骤进行制作：

(1) 翼肋

按图 6-3 所示，先将一片 1 毫米桐木片垫在图 6-2 上的翼肋图下，用大头针沿曲线扎孔；然后把工作图拿掉，把桐木片上的小孔用铅笔连成翼肋样板图，再用刀片刻下，打磨光洁成为翼肋。从工作图可知，翼肋共有 5 种大小，如图 6-4，每种都要按上述步骤做。

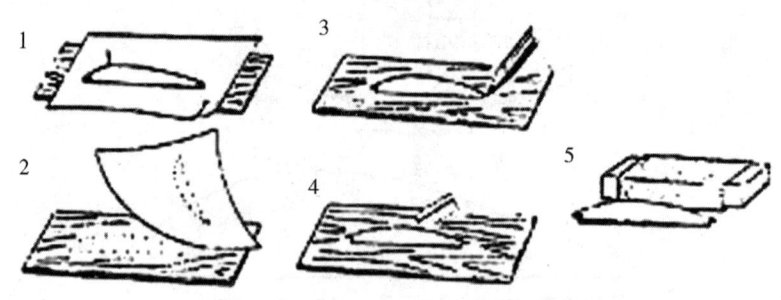

图 6-3 翼肋的制作

(2) 前后缘

前后缘按图纸长度切下即可。

(3) 机翼装配

先将从图 6-2 放大的机翼工作图用图钉钉在工作板上，再把前后缘用大头针固定在规定位置上,然后把翼肋按次序胶合在前后缘上。

这里要说明2个问题:①在翼肋和前后缘胶合之前先要把翼肋在对应位置上试放一下,看看是否正好,如果太紧或太松则要修正,待修正后再胶合,否则会引起机翼变形。②翼肋应和工作板平面相垂直。图6-5所画的是左机翼的情况,右机翼的制作方法相同(但做右机翼时要用右机翼的工作图,不能搞错)。

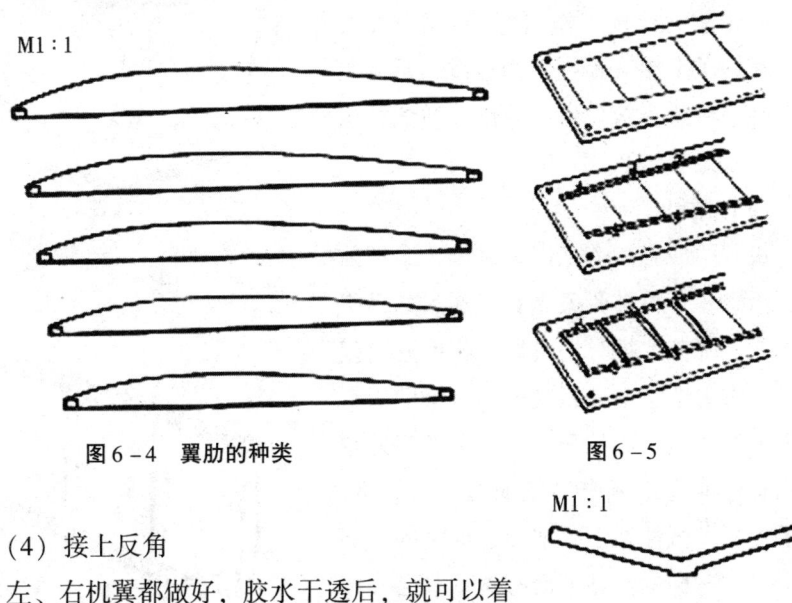

图6-4 翼肋的种类

图6-5

(4)接上反角

左、右机翼都做好,胶水干透后,就可以着手接上反角。接上反角是一项很细致的工作,一定要胶接得很密合,才能保证机翼的强度。具体制作是,先按图6-6刻下上反角加强片(注意木纹不要搞错,也可用薄铝皮或铁皮制作)。再把它微微弯曲使之与前后缘相吻合。这时,可将上反角加强片分别与机翼前后缘胶合起来,并用棉纱线整齐地扎紧加强(如图6-7)。检查一下上反角上翘高度是否准确(如图6-8),待胶干后把最大的翼肋胶上。

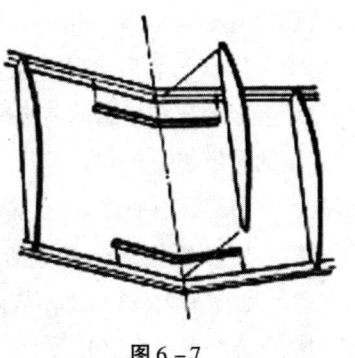

图6-6

图6-7

(5) 胶翼托板

切出一根长 130 毫米的 2 毫米×5 毫米松木条，按工作图尺寸胶合在机翼中间翼肋正下方，并用棉纱线整齐地将翼托板与机翼前后缘扎紧加强。接上反角及胶翼托板情况如图 6-9。

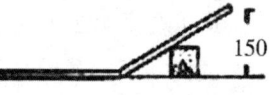

图 6-8

(6) 安装张线固定钩

先将大头针按工作图弯好 4 只钩子，然后在钩子上整齐地绕上棉纱线，再分别胶合在前后缘指定位置，并用棉纱线扎紧即可（如图 6-10）。

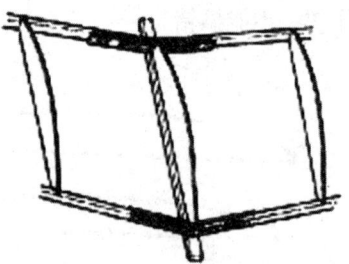

图 6-9

(7) 蒙纸

机翼的最后一道工序是蒙纸。蒙纸前先要检查一下机翼骨架是否扭曲。如果机翼扭曲，则在蒙纸时把机翼向相反方向扭过来，再把纸蒙上去，这样可以借助于纸的张力来纠正机翼的扭曲。这架模型的蒙纸用彩色油光纸或电容绝缘纸、拷贝纸。为了提高飞行性能，要把油光纸毛的一面向上（这方面的原理下面有关章节会介绍到）。蒙纸时左翼、右翼分别进行。把纸裁得比机翼稍大一些。先在机翼骨架上均匀地涂上糨糊，然后将纸轻轻放上，用手指将纸轻轻地压在机翼的前缘翼肋和后缘上。

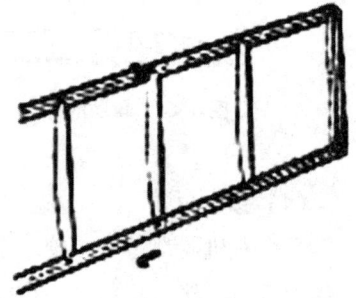

图 6-10

压的次序如图 6-11 所示，反复多次，直到蒙得很平整为止。待糨糊干燥后，用砂纸把多余的蒙纸砂去（注意：蒙纸前和蒙纸后都不要喷水，否则机翼会严重扭曲变形）。

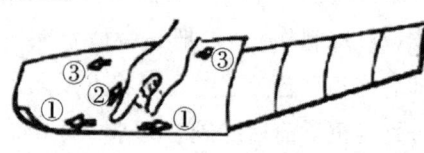

图 6-11

机身和尾翼的制作

机身和尾翼的材料规格见表6-2。

表6-2 机身、尾翼材料表

名 称	规格（毫米）	数 量
纵身纵梁	4×4×660 松木	1 根
翼台	3×23×280 松木	1 片
机身加强片	1×13×185 松木	1 片
机翼托板	2×5×130 松木	10 根
牵引钩	φ0.8×22 铜丝	1 根
水平尾翼前缘	2×2×270 铜木	1 根
水平尾翼后缘	2×2×270 桐木	1 根
中间撑条	2×2×80 桐木	1 根
水平尾翼斜撑条	2×2×100 桐木	4 根
水平尾翼尖部撑条	2×2×80 桐木	2 根
垂直尾翼缘条	2×2×70 桐木	2 根
垂直尾翼撑条	2×2×60 桐木	3 根
方向舵	1×10×65 桐木	1 根
方向舵摇臂	1×7×20 桐木	1 根
牵引钩与舵面连线	缝纫机用线	若干
机翼张线	φ0.5 漆包线	若干
机翼张线梢子	大头根	2 根

（1）机身的制作

先把机身各个零件按三面图尺寸要求切好。翼台和机身加强片的接合角度要正确，否则要引起机身的弯曲。做机身纵梁要选择最直的木条。因为它们是决定机翼安装角的。

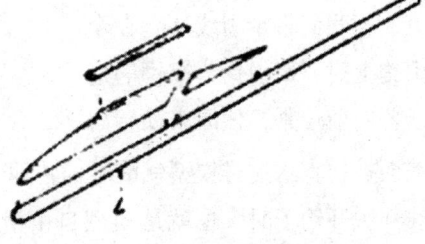

图 6-12

机身的装配如图6-12。

（2）尾翼的制作

按三面图尺寸放好尾翼工作图，并按要求尺寸将尾翼的各缘条、撑条切好，按图纸拼好即可（注意胶水不要用得太多，撑条和缘条的结合要紧密，否则容易使尾翼变形）。垂直尾翼和水平尾翼与机身的胶合同弹射飞机要求一样。

方向舵与垂直尾翼是用缝纫机线绕"8"字形做成的铰链连接的。方向舵摇臂胶于方向舵的下部，如图 6-13。

(3) 自动盘旋装置

牵引模型滑翔机，是用人力通过一根长线套在牵引钩上把模型牵引上天的，当牵引到高空后将牵引线脱钩，模型就自由地滑翔了。在牵引上升时，要求模型左右力矩平衡，这样才牵得直、牵得高，同时又要模型能够盘旋滑翔，即让方向舵有一个偏角。这两个要求是矛盾的，怎样来解决呢？我们采用了一种自动盘旋装置。它的原理如图 6-14 所示。

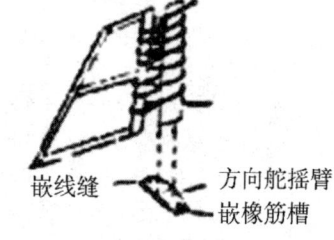

图 6-13

为了看得清楚起见，图中省略了机翼和水平尾翼，并将机身翻过来从底部来看。在牵引钩和方向舵摇臂一端连一根线，摇臂的另一端嵌一根 1 毫米×1 毫米橡筋固定到机身上。当我们将牵引线环套在牵引钩上时，牵引钩与摇臂的连线要向前拉紧，使原来偏转的

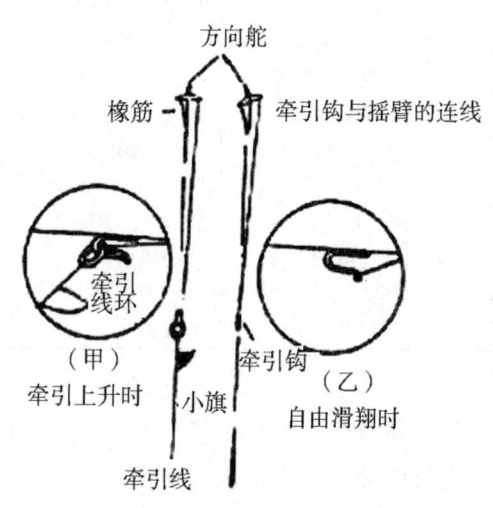

图 6-14

舵面被拉直，这样模型就能不偏转地上升（如图 6-14 甲的情况）。在牵引线环脱开钩子时，也就是模型自由滑翔时，由于橡筋的拉力使舵面偏于一边，因此，模型就能盘旋滑翔（如图 6-14 乙的情况）。了解了这个装置的原理，我们就不难知道，牵引钩到摇臂连线的长度，应调节到牵引线环套上拉紧时使舵面正巧在中间为好。

(4) 张线

张线的主要作用是改变机翼受力的分布，借此大大增强机翼的强度。

普通机翼是根部受力最大（如图6-15），加了张线之后受力最大处就移到张线接头处（如图6-16）。用了张线的模型飞机不容易出现空中解体（即机翼折断）的事故；同时调节前后张线的长度又可以起到调节机翼扭曲状况的作用。因此，在初级牵引模型飞机中张线的使用是较好地解决机翼结构弱、容易变形的有力措施。

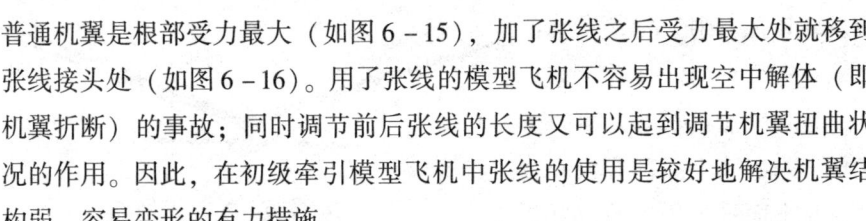

图6-15　　　　　　　　　　图6-16

张线制作过程如下：先把全机装配起来，即用橡筋圈把翼台和翼托板扎起来，将2根 φ0.5毫米的漆包线的中部固定在机身底部的2只梢子上，然后将4个接头按工作图注明长度分别打好圈挂入机翼上的张线固定钩即可（如图6-17）。

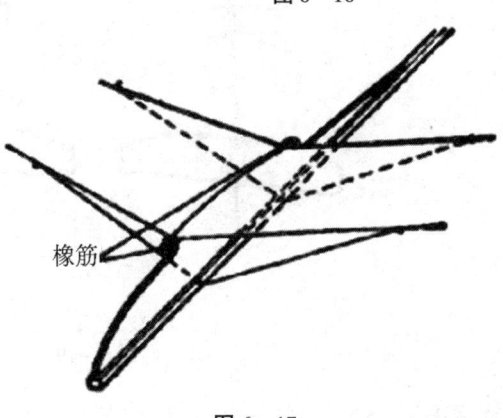

图6-17

一级牵引模型滑翔机的调整试飞

这架模型的调整试飞分3个步骤。

试飞前检查

模型总装后像检查弹射模型一样，检查垂直尾翼与水平尾翼是否垂直；机翼上反角两边是否相同；机翼、尾翼是否扭曲，并加以纠正。

机翼扭曲的纠正办法是调节张线的长度。例如，左机翼安装角大，即左机翼后缘向下，则把左翼前缘张线收缩一些就行（如图6-18）。

这架模型的机翼是可以拆装的，每次装上后都要检查一下，从上面看去机翼的位置是

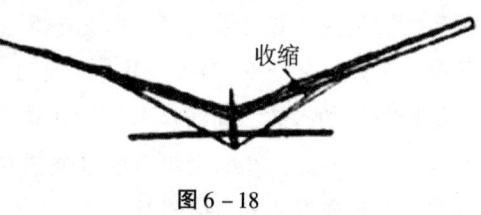

图6-18

否正（如图6-19）。又因这架模型的设计是与初级橡筋模型共用的，所以在作牵引模型时，头部不装螺旋桨，必须加配重。

方法是用拇指和食指轻轻地拿住机身的重心位置（工作图上已有标出)，然后在头部加橡皮泥，直至机身俯仰平衡为止。

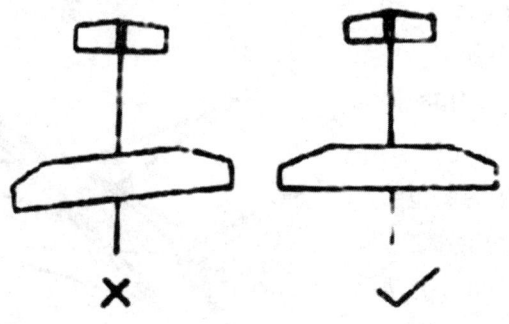

图6-19

手掷试飞

这架模型的手掷试飞和弹射模型一样。但因为牵引模型的翼荷重比弹射模型小，所以滑翔速度也小，因而在手掷时也要轻一点，更要保持平稳一些。模型掷出以后如果出现波状飞行或下滑角太大，首先检查模型的重心位置是否正确。如果重心位置已配对，仍有上述情况，则对于波状飞行可在机翼后缘和机身的机翼托架之间加几片纸片；对于下滑角太大，可以在机翼前缘与机身的机翼托架之间加几片纸片，直到调到模型平稳滑翔。

另外，这架模型是有自动盘旋装置的，所以在手掷试飞时要看一看盘旋半径大小。如果盘旋半径太小，即所谓转弯太急，则将舵面摇臂一端的橡筋放松一点。反之，则将橡筋收紧一点，直到手掷滑翔时模型稍有些转弯即可。

牵引试飞

在牵引试飞前，先准备一根15米长的缝纫机线，将它绕在一块板上。线的一端系一个牵引线环和一面三角形的小红旗（如图6-20），将牵引线环套在牵引钩里向前拉，检查一下方向舵是否被拉到中舵位置，如果不是，则调整牵引钩到方向舵摇臂连线的长度，使其达到中舵位置。但要注意，由于我们在制作模型时难免有误差，模型不对称，因此并不一定将舵面调在中间时牵引上升最直，出现例外情况，我们就要在牵引试飞中去按实际情况调整。

牵引试飞的方法是，放出15米牵引线，将牵引线环套在牵引钩上，助手手持模型的重心位置，朝着正迎风的方向，使机头微微抬起。牵引者手拉牵引线，站在机头方向前15米处，如图6-21。准备好以后，牵引者发出信号，开始

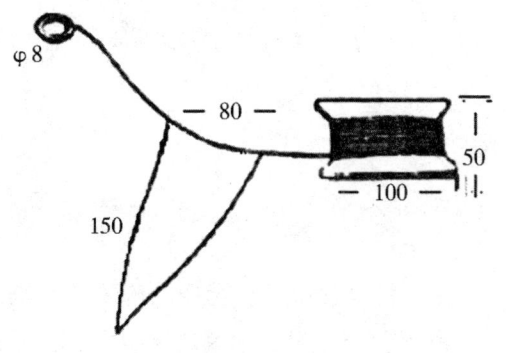

图6-20

迎风跑。助手随牵引者一起向前走几步，感到模型已有向前和微微向上运动的趋势，就可松手（助手在把模型送出时要保持机头正对风，并且使模型不要左、右倾侧）。这时模型就在牵引者的牵引下徐徐上升。

图6-21

模型在开始上升时，迎角比较小。为了使模型有足够的升力上升，牵引者要跑得快一点。模型得到了较大的速度迎角也增大，升力大大增加，开始抬头迅速上升，这时牵引线受到很大的张力，模型的机翼也承受很大负荷，牵引者就要放慢跑的速度。但到了后阶段，模型的迎角又

逐渐减小。为了使模型争取较大的高度,牵引者又要跑得快些,直到模型已接近自己的头顶,牵引线张得比较直。这时,在一定长度牵引线的条件下,模型已基本上达到了最大高度,牵引者可以放慢速度,将牵引线向机尾方向甩动,使牵引线环脱钩,模型就进入自由滑翔了,如图6-22。

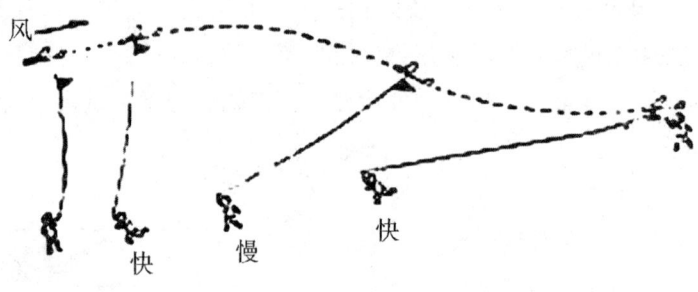

图6-22

在牵引过程中,还会碰到侧风的影响,或模型本身有左力矩、右力矩,模型就会在牵引中偏离牵引方向,这时就要牵引者一面向前跑,一面注意飞机的状态,如有方向偏移随时间相反方向纠正。但如果模型本身存在严重的左力矩或右力矩,牵引时是纠正不过来的。这时,我们要把牵引线放松(停止向前跑或甩掉牵引线),让模型自行滑翔到地,调整方向舵的偏角,然后再次试飞,直到能够顺利地牵到头顶为止。还要注意一点,模型飞机的环境是在变化的,有时风大,有时风小。在风小的情况下,牵引速度就要大一些,风大的时候牵引速度就要慢一些,甚至在风很大时还要倒退。究竟怎样来掌握牵引速度,这要靠我们在实践中去摸索。

模型牵到头顶脱钩以后,我们就要密切注意滑翔的情况。如有波状飞行、下滑角度太大或转弯半径太小等情况,可按照手掷试飞时的调整方法进行调整。通过试飞和调整,模型的牵引上升和自由滑翔都比较正常以后,我们就可以根据场地的大小,把线放长进行正式飞行。

我们将试飞中可能出现的情况以及调整方法归纳如表6-3所示。

表6-3 试飞调整表

情　　况	原　　因	纠正方法
一起飞就脱钩	1. 牵引速度太慢。 2. 助手配合不好，出手太早	1. 加快牵引速度。 2. 出手慢一点，助手将机头抬高一点
一起飞就猛抬头脱钩，模型失速	1. 助手出手太慢，以致牵引线张紧而将模型弹出。 2. 出手时模型头抬得太高。 3. 牵引钩位置装得比图纸上标出的靠后	1. 及时出手。 2. 出手时机头压低一些。 3. 按图纸重装牵引钩
起飞后机翼抖振	牵引速度太快	减慢牵引速度
起飞后模型向一边严重偏转	1. 出手时模型是倾侧的。 2. 偏转力矩太大	1. 出手时将模型扶正。 2. 调整方向舵偏角。纠正机翼、尾翼，使其平整
起飞初期有严重偏转，以后逐步正常	1. 出手时对风不准。 2. 出手时模型倾侧	1. 对准风向。 2. 出手时将模型扶正
起飞时有轻度向左（右）偏转。或前阶段正常，后阶段有轻度左偏转	牵引线拉紧时方向舵不在中舵或不够右（左）偏	增加牵引线拉紧时方向舵右（左）偏角度
模型牵到头顶后不易脱钩	牵引钩的形状弯得不好	根据图纸纠正钩子形状
滑翔时不会盘旋	自动盘旋装置卡死	修复
滑翔时波状飞行	1. 重心太后。 2. 安装角太大。 3. 脱钩时模型姿态不好，机头抬得太高	1. 配准重心。 2. 机翼后缘与机身间垫纸片。 3. 改正脱钩时的姿态
滑翔时下滑角太大	1. 重心太前。 2. 安装角太小	1. 配准重心。 2. 在机翼前缘与机身间垫纸片
盘旋半径太小	1. 模型自由状态下方向舵偏角太大。 2. 模型本身有严重扭曲变形	1. 减小方向舵偏角。 2. 校正

二级牵引模型滑翔机

一级牵引模型已经介绍过了,现在着重介绍一下二级牵引模型的制作和调整试飞方法。

牵引模型本身没有动力装置,全部飞行时间是靠滑翔,它上升时,依靠人力,用线把模型牵引到一定的高度,脱钩以后,再开始以一定的角度向下自由滑翔。我们都想使自己做出来的牵引模型,在空中飞行的时间更长些,那么,必须从增加牵引上升高度和减小下沉速度(每秒钟下降的垂直高度)去想办法。大体说来,提高牵引模型飞行性能的办法有5个:

(1)增加模型飞机的升阻比(即升力与阻力的比值);

(2)选择好模型飞机的机翼和水平尾翼的翼型;

(3)在保证模型有足够强度的情况下,尽量地做得轻一些,表面要流线、光滑一些;

(4)根据图纸的要求,把模型的重心和牵引钩的位置确定好;

(5)经常地去练习牵引的基本技术,选择飞行场地,达到提高飞行时间的目的。

二级牵引模型滑翔机的制作

 **材料表**

表 7-1 材料表

部 位	名 称	规格（毫米）	数量	材 料
机身	翼肋	1×20×120	34	桐木
	翼尖肋	1×20×120	16	桐木
	翼梁	3×4×1000	4	松木
	前缘	4×4×1000	2	桐木
	中段蒙板	0.7×50×1000	1	桐木
	上反角加强片	3×12×30	2	桐木
	翼尖	1.5×15×150	2	桐木
	三角加强片	1×15×15	6	桐木
	安装角垫木	4×4×120	2	桐木
水平尾翼	翼肋	1×12×90	18	桐木
	翼梁	2×4×360	2	桐木
	前缘	3×3×360	1	桐木
	中前蒙板	0.7×50×150	1	桐木
	三角加强片	1×15×15	1	桐木
	翼尖	1×12×90	2	桐木
垂直尾翼	上垂尾翼	2×60×120	1	桐木
	下垂尾翼	2×40×130	1	桐木
	机身侧板	3×30×910	2	桐木
	上下纵梁	3×3×910	2	桐木
	机头木	3×20×30	1	杂木
	机翼插销	φ3×160	1	弹簧钢丝
	机翼插销	φ2×160	1	弹簧钢丝
	迫降钢丝	φ0.5×110	2	

其他还有胶水、铅块、砂纸、大头针，根据实际需要的数量准备。

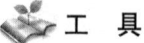 **工　具**

（1）小刻刀：可以用废钢锯条自己做成的。把报废的手工钢锯条的齿磨去，取一头磨斜开刀口，固牢，涂上胶水，或者用铆钉铆好，做成刀柄，小刻刀就做成了。另一端用两片木片夹起来，用线缠好。

（2）斜口刀：它是制作模型飞机的常用工具。可利用报废的锋钢锯条，按小刻刀的方法自制，如图7－1。

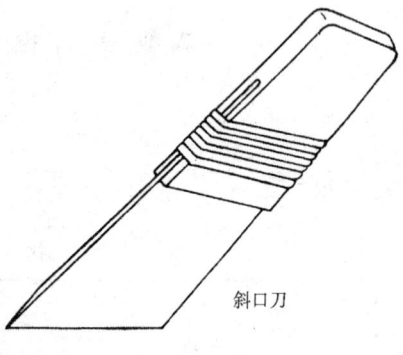

斜口刀

图7－1

（3）小钉锤：用来钉大头针等。

（4）木刨。用来刨削木料，使木料表面光滑。木刨种类很多，常见的平刨（如图7－2)由刨身、刨铁、压铁、压杆、三角尖、推柄组成。

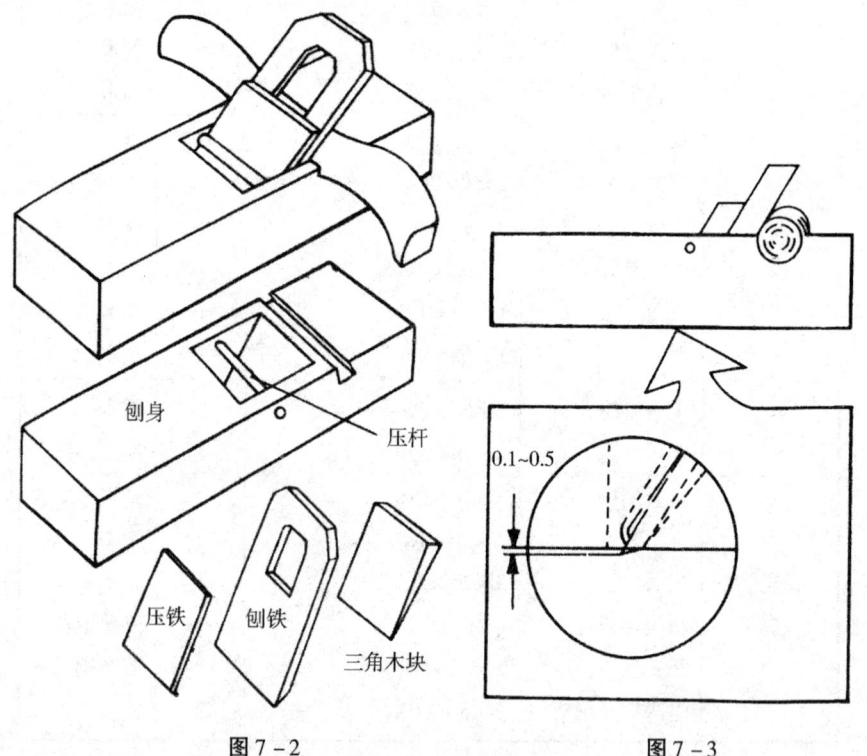

图7－2　　　　　　　　　　图7－3

使用时，将刨铁磨锋利，放入刨槽内，用压铁压在刨铁上，背面用三角尖尖紧，刨铁的刀锋应露出多刨底 0.1~0.5 毫米左右，如图 7-3，调节时用锤子敲击刨尾，刨锋就退出。

(5) 锯子：锯的种类很多，制作模型飞机，可备木锯（如图 7-4）和手工锯两种（如图 7-5）。

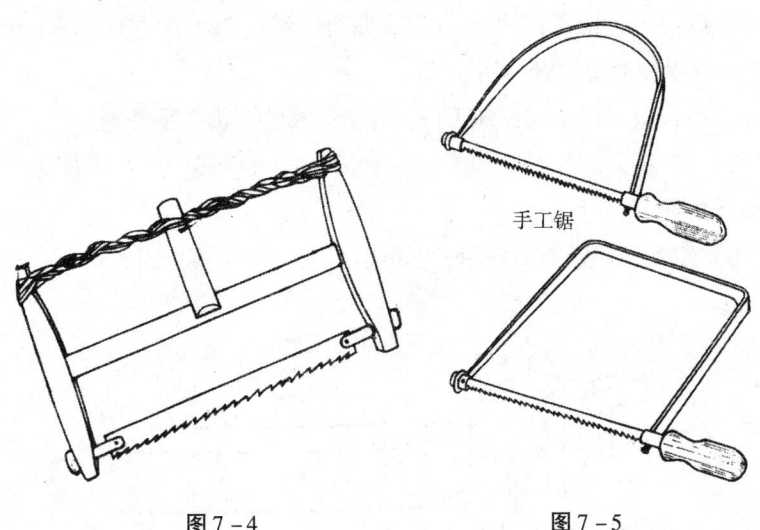

图 7-4　　　　　　　图 7-5

框锯是锯解直料用的。锯上有锯齿，锯齿密的叫细锯，可用来锯细料和较硬的木料，使用时，将木撬卷紧棕绳，使两端木柄拉紧锯条。锯解时，锯条和锯柄所成角度以 30°~40°较为适宜（如图 7-6）。

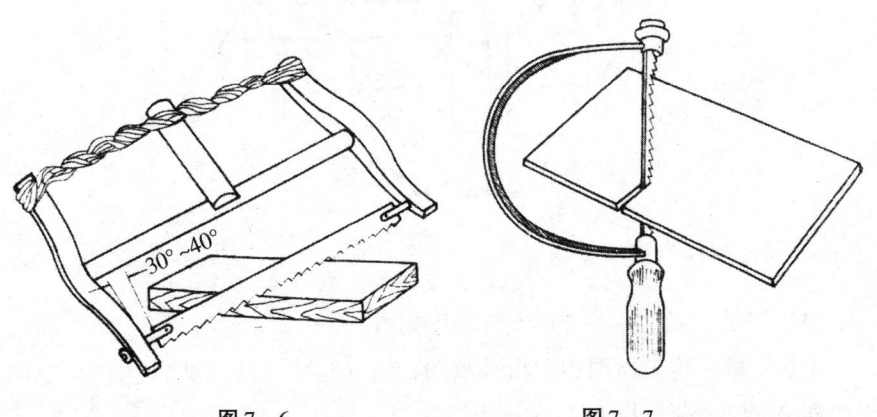

图 7-6　　　　　　　图 7-7

初学锯解者，为了避免锯条左右摇摆，使锯槽歪曲，应该注意右脚踏着锯件，成一定的角度，推拉锯时，手和腰要同时上下运动，并使手和锯柄大体上对准自己的鼻子，这样锯出来的锯件，才会基本上线条平直两边一致。

（6）手工锯：是制作模型飞机使用最广的工具之一，因为它的锯条细，锯齿齐，可以锯解弧线，如图7-7。使用时要上下用力，以避免锯条折断。

（7）磨刀石：用市面出售的双面油石（80～320粒度）和青石两种。废砂轮也可以作磨刀时开口用。

（8）小台钳：用来夹住加工件，如重叠翼肋、机头零件等。

（9）平口铲刀：就是木模工用的铲刀。用来削翼肋、削螺旋桨，做机头等都很方便。

（10）切条刀：割切木条用。它包括刀柄、调距板、固定销、刀片，如图7-8。

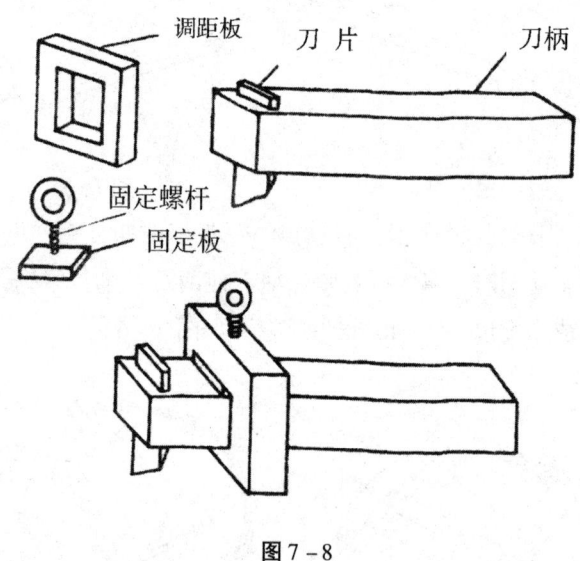

图7-8

🌱 机翼的制作方法和步骤

（1）翼肋的做法——它的制作顺序如图7-9。

①脱样板：将工作图中的机翼翼肋，用复写纸（或大头针扎孔）准确地绘在坐标纸或薄层板上。

②做样板：样板脱出来后，用剪刀剪下来，贴在薄层板或硬纸上，做

出两片翼肋来，称为标准翼肋。既是标准的翼肋，就要求做得仔细、准确，不要走样。标准翼肋做好以后，将这两片翼肋重叠在一起，根据翼型的宽窄，确定2处穿孔的位置，钻上2个针孔，如图7-9甲。

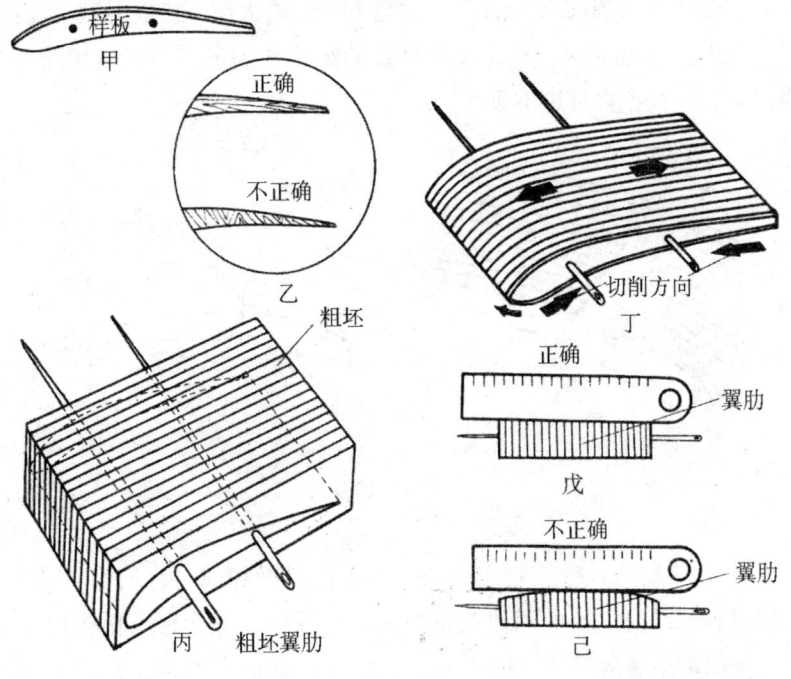

图7-9

③切取粗坯翼肋：把样板钉在1毫米厚的桐木片上，再把粗坯切出来，注意切粗坯时，应比样板略大一点；翼肋尾部木纹应与翼肋尾部形状平行，如图7-9乙。

④加工粗坯：粗坯翼肋，按木纹顺序取出来后，用钢丝或缝衣针把粗坯翼肋一片一片的串在一起，样板翼肋夹在粗坯的两边，如图7-9丙。成为一个整块，再把它夹在台虎钳上，按照样板的大小，把多余的部分小心地切除打磨，切削、打磨时注意木纹的方向。如图7-9丁，是切削、打磨时的用力方向。

⑤检查：用砂纸打磨光滑，使翼肋上下弧线，基本上和样板上下弧线重合（不能磨掉样板的弧线），用直尺在翼肋上下弧各处检查，应使尺和翼肋间不透光，如图7-9戊。然后，在翼肋上下弧上，刷几次透布油。

⑥开槽：在安装前、后缘和翼梁的地方，用细手工锯或钢锯条切出槽口，如图7-10甲。切槽时，应该将要用的木条规格量一量，以防木条不规矩，造成安装时，卡不紧或卡不进去（如图7-10乙）的现象。翼梁开槽的位置一般在离机翼前缘30%左右的地方，开槽太前，机翼翼型不能保证；太后，又因为翼型太薄，不能保证机翼的结构和强度。当翼肋切槽的工作完成以后，才能把样板取下来。

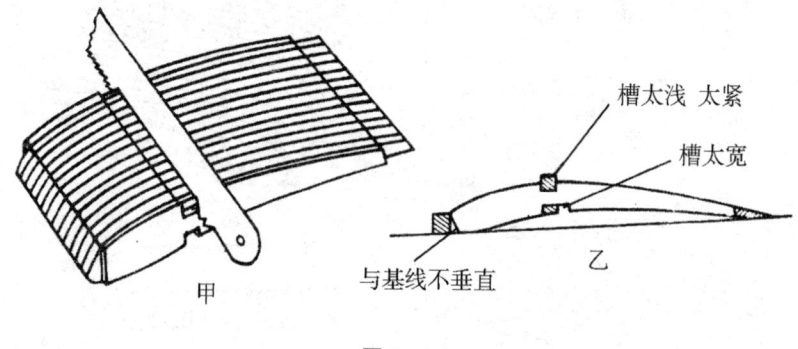

图7-10

（2）翼梁及前后缘的制作——找出适合翼梁和前后缘所需要的木条，然后将机翼前缘要去掉的两边棱角锉去；后缘锉成三角形。比较理想的办法是，按照前后缘的形状，做成卡板，在磨去前后缘的多余部分时，用卡板去卡前后缘的各处检查前后缘是否保持了翼型的形状，如图7-11。

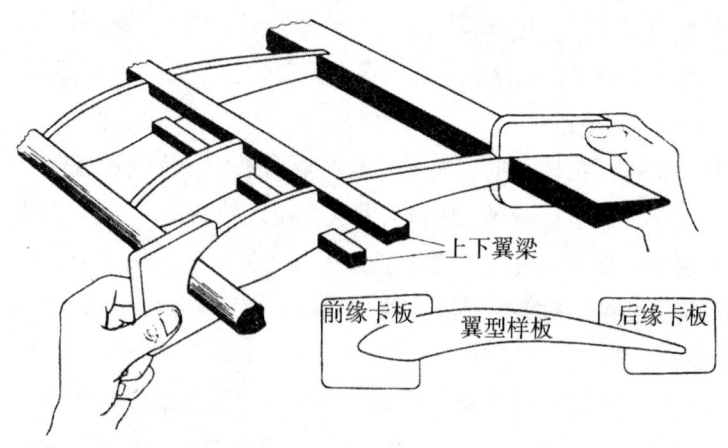

图7-11

（3）梯形翼肋的制作方法——

①画出梯形翼尖1∶1的工作图。算出一共需要多少翼肋。然后在计算纸上，画出翼尖两端的两个翼型，如图7－12中的A、B和C两个翼肋，把这两个翼肋做成样板，再在这两个样板的适当位置开两个小孔，以便用细钢丝穿过。

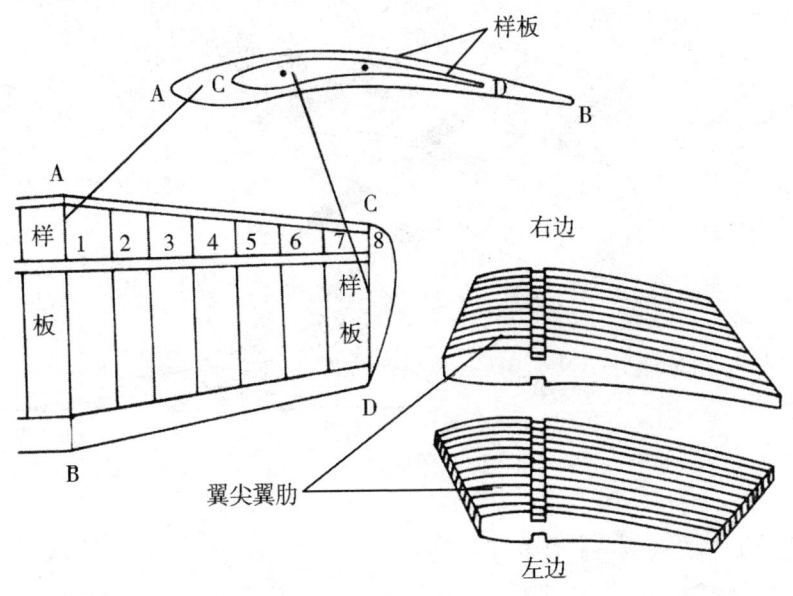

图7－12

②用细钢丝把桐木片，一片一片地穿在两个标准翼肋中间，片数应与翼尖上所需要的翼肋数相等，如图7－12。用平口刀削去多余部分，再用锉刀和砂纸打磨光，刷上一层透布油，再进行开槽，切去前后缘胶接部分，这套翼肋就基本上做完了。

（4）装配机翼——

①画出工作图。

②固定前后缘的位置。

③在后缘前下方处，用薄木片垫起。

④中梁下部垫起，与翼型下弧线适当位置一样平。

⑤上反部分到翼尖处适当垫低一点，因翼尖翼型小些，下弧线低些，

所以垫薄些。

⑥将翼肋与前后缘试装、胶合。

⑦上下梁试装胶合。上述试装的目的是修正翼肋与前后缘、翼梁的配合，减少机翼构件的内应力，如图7-13。

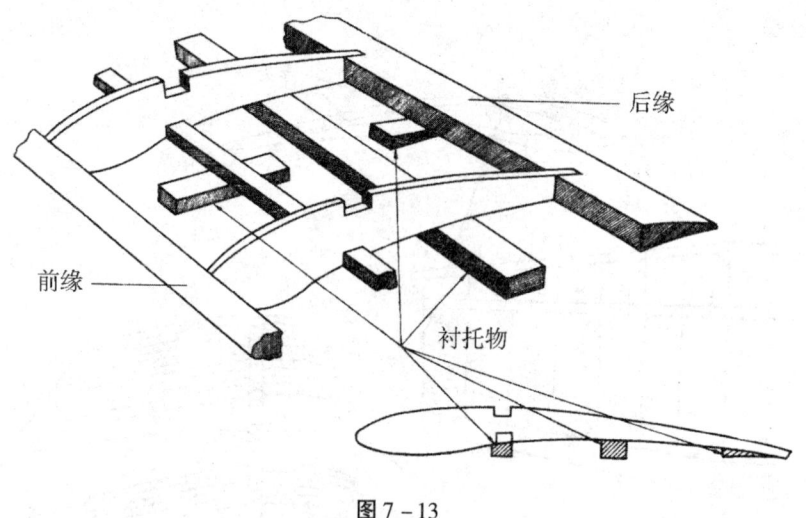

图7-13

（5）弹性机翼的制作和安装——

机翼根部的制作和安装方法有几种，一种是机翼中段整块连接式，这种结构简单，制作安装都较容易，只要翼根部分加强一些就行了。这架二级牵引模型滑翔机，是钢丝插销弹性机翼，如图7-14。其制作安装步骤如下：

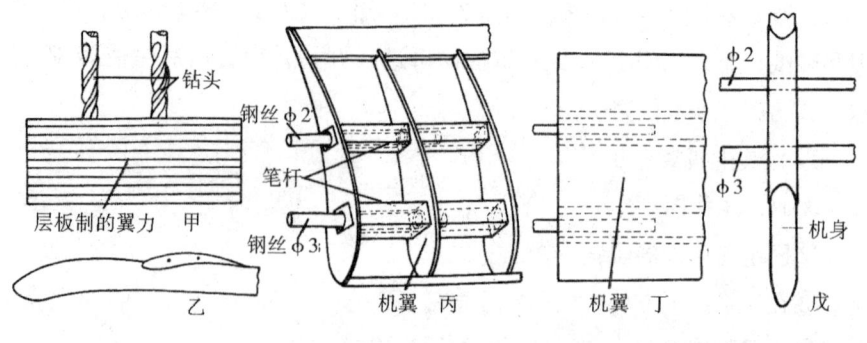

图7-14

①准备直径分别为 3 毫米和 2 毫米、长为 200 毫米的弹簧钢丝各 1 根，再找内径分别为 3 毫米和 2 毫米的毛笔杆各 2 根。

②用薄层板制作 8～10 片翼肋（与机翼翼型相同），用钻花（大小根据钢丝外径而定）在层板翼肋适当的 2 处和机身翼台 2 处钻孔，如图 7－14 甲、乙。

③将毛笔杆外径削成正方形状，再把层板翼肋钻的孔，用锉锉成正方形（大小和毛笔杆外径正方形相同），然后把方形毛笔杆，插入机翼根部层板翼肋的方孔中，如图 7－14 丙，用胶水胶合。而把 2 根弹簧钢丝插入翼台 2 孔中，并使钢丝两边的长度相等，如图 7－14 丁、戊。在装配模型飞机时，只需将机身上的钢丝插入机翼的毛笔孔中就行了。

（6）装上反角——

装上反角的前后缘结合处，在平放时，用刀切成 V 型的缺口，使翼尖端上折到三面工作图指定的高度，用木块垫好（如图 7－15），将机翼上梁长出的一段切掉。再将已切好的翼梁连接加强片（如图 7－16），胶在上下两根翼梁的两边，待胶干后，把多余的部分削掉。再把交接处的翼肋装上胶合起来。上反角胶接处的翼肋最好用 2 片或 1 片薄层板胶接为宜，不然的话，这里蒙纸以后，因绵纸的收缩力很大，容易把翼肋拉弯，使机翼变形。

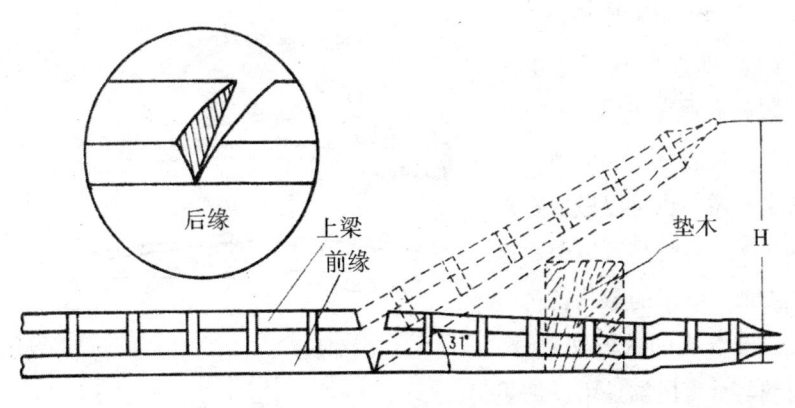

图 7－15

装上反角，初学者容易出现的毛病是：①不按工作图，把机翼前后缘和上反角的前后缘平放接不吻合；②容易把上梁切得过多，接不上接口；

③把前缘磨成V形时容易急躁，造成不是前后缘接口不密合就是上反高度不够。这些都是要在制作中非常仔细，反复切、量几次才能做好的。

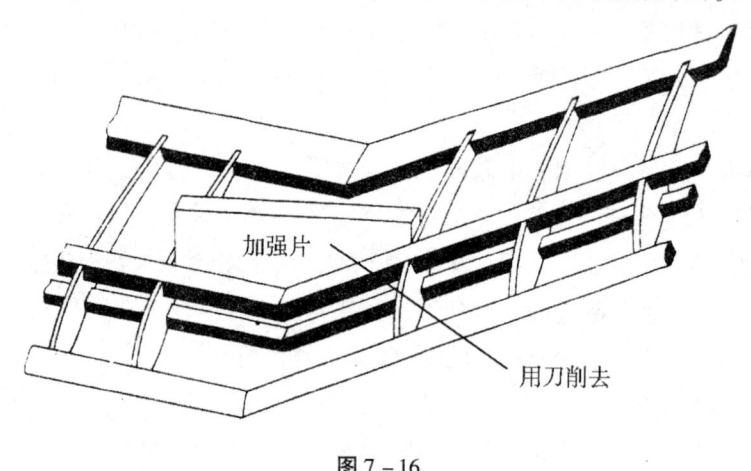

图 7-16

尾翼的制作方法

（1）水平尾翼：制作方法与机翼制作相同，做梯形尾翼与制作机翼梯形翼尖相同。尾翼中间的迫降钢丝弯成如图7-17的形式，用棉纱线缠在尾翼翼肋处，再用木片胶合。

（2）垂直尾翼：分上垂直尾翼和下垂直尾翼，上下垂直尾翼，可以用2~3毫米的整块木片做，也可以做成有翼型的构架式，翼型可以由自己画成类似对称形的形状，再按照做机翼翼尖肋的方法制作。方向舵与垂直尾翼是用缝纫机线绕"8"字形做成胶链连接的。方向舵摇臂胶在方向舵的下部，如图7-18，也可以用细钢丝绕制弹簧做交链，使舵面转动更灵活。

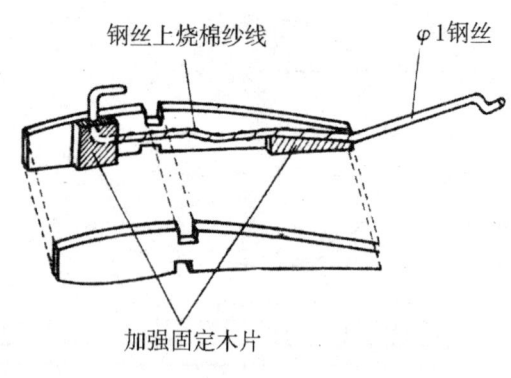

图 7-17

制作尾翼的原则是：在保证不变形的情况下，使尾翼各部分尽量做得轻一些。

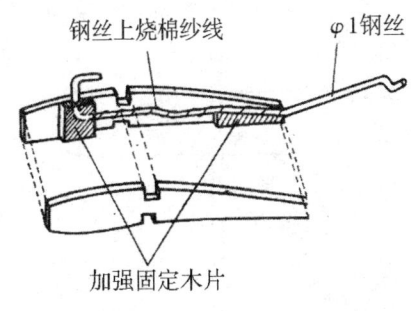
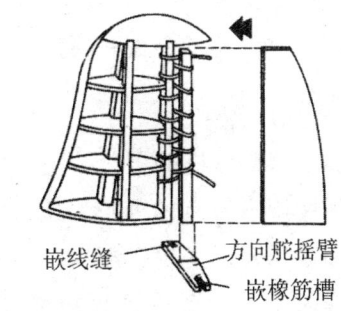

图 7-18

五、机身的制作方法和步骤

机身的制作有构架式和硬壳式 2 种。这里主要介绍硬壳式机身的制作，即用 2 块 3 毫米×30 毫米×1000 毫米的桐木片胶合成长方形的机身，机舱中间是空的，方向舵引出线从机身里面穿过连到牵引钩上，迫降钢丝如图 7-19 装在机身尾部。

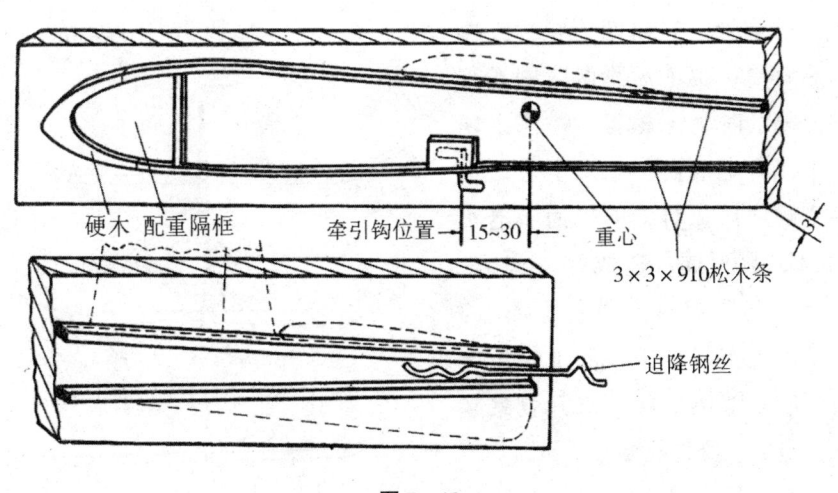

图 7-19

机头用硬质木或有机玻璃加工，做出配重的隔框，牵引钩也按图纸要求，安在规定的位置上，再将另一块机身木片胶上，打磨光。

六、蒙纸装配和检查

（1）蒙纸

模型飞机的蒙纸，是要完整地保持它原有的外形，这对机翼和尾翼来说是更重要的。蒙纸工作做不好，会使机翼扭曲变形。蒙纸前，要把机翼和尾翼仔细打磨一次，检查机翼两边的重量是否相等，不相等时则应加配重来调整。

机翼蒙纸时，要把中段和上反角两部分分开蒙。工作顺序是：把机翼固定在平板上，将绵纸裁成机翼中段和上反部分大小（稍宽一点），用透布油先固定机翼中梁处的绵纸，并向四周拉撑，再沿翼肋向机翼前后缘两边刷透布油。蒙纸时由于疏忽，往往出现以下几种毛病：①蒙上下表面不讲究顺序；②对上下表面涂透布油的次数不同，造成往一边翘；③上反角交接处的蒙纸蒙不好，或错误地把机翼中段和上反角部分，用一整块绵纸不裁开就蒙起来，造成上反处拉绷。

纠正的办法是：一般先蒙机翼的下表面，再蒙机翼的上表面；刷透布油时，如发现上表面有点上翘，可在下表面多刷几次透布油，慢慢

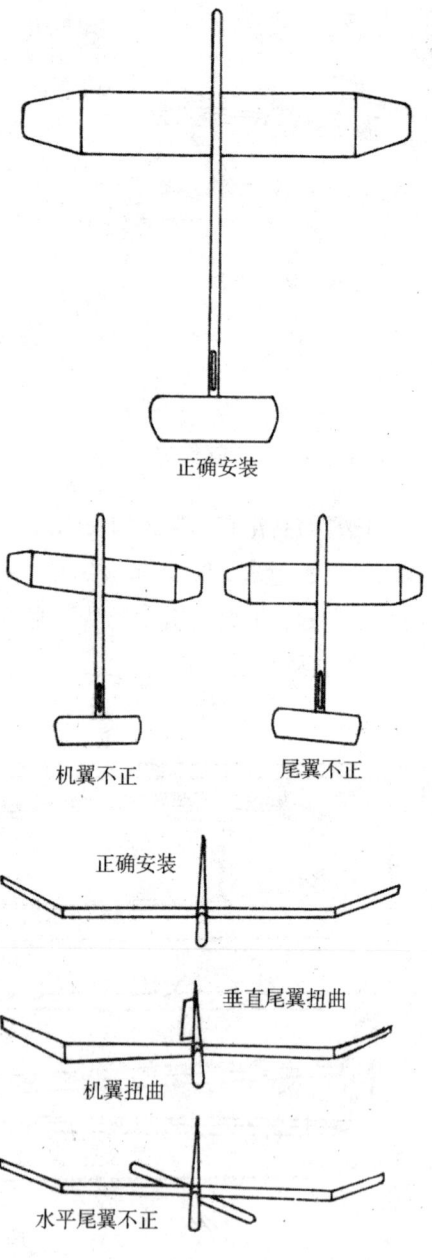

图 7-20

就纠正过来了；机翼中段和上反角部分一定要把绵纸裁脱，先蒙中段，后蒙翼尖部分。尾翼和机翼的蒙纸方法大体相同。

（2）装配和检查

蒙纸工作完成以后，将机翼尾翼固定在机身上，从模型的前面和顶面来看，是否有如图 7-20 的毛病。如果从正面看，机翼安装是正确的，水平尾翼装偏了的话，应该将水平尾翼垫平；垂直尾翼有小小的扭曲也要纠正，扭曲得太多了应该重做。从模型顶面看，如果发现水平尾翼和机翼有不正的现象，纠正后，在机翼和水平尾翼下面，靠机身处画上 2 条黑线，防止下次重装时再装歪。

对于牵引模型的重心位置，一般在离机翼前缘 50%～70% 处为宜，个别的在 70% 以后的也有。

牵引钩的位置一般在重心以前约 15～30 毫米之间，太前了，模型难以牵到头顶；太后了，模型又容易左右摇摆或滑钩。

安装角的检查，参考弹射模型滑翔机的有关章节。

 牵引线盘的制作方法

（1）所需材料

表 7-2　牵引线盘制作材料

名　称	规　格	数　量
三合板	130 毫米×130 毫米	2 块
木板	10 毫米×110 毫米×110 毫米	1 块
木棒	15 毫米×20 毫米×180 毫米	1 根
螺杆	M3×50 毫米	1 个
螺母，垫片	M3（与螺杆配套）	3 套
铜管	内径 3 毫米，长 16 毫米	1 根
小钉		若干
穿线环		1 个
毛笔杆		一小段

（2）制作方法

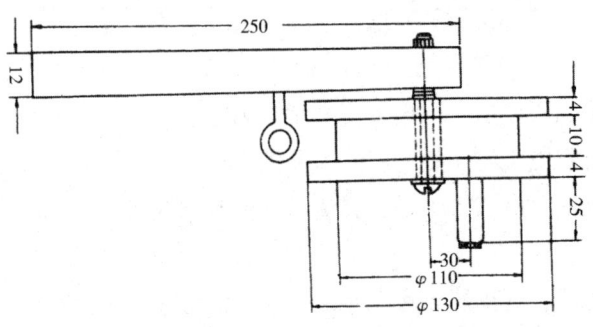

图 7－21

①做线盘。先将三合板和木板按图 7－21 尺寸加工成圆形，再将木板夹在 2 块三合板之间（3 个圆的中心需要重合，并用小钉子钉牢（或用胶水胶牢）；再在圆心处用直径与铜管外径相同的钻头钻 1 个孔，然后将铜管嵌入其内。

②做手柄。在木棒一端适当位置处，用 3 毫米钻头钻孔，然后将一个螺母牢固地嵌入孔的一端。

③按图 7－22 所示，把线盘装起来；检查是否灵活，并找出装穿线环的位置。

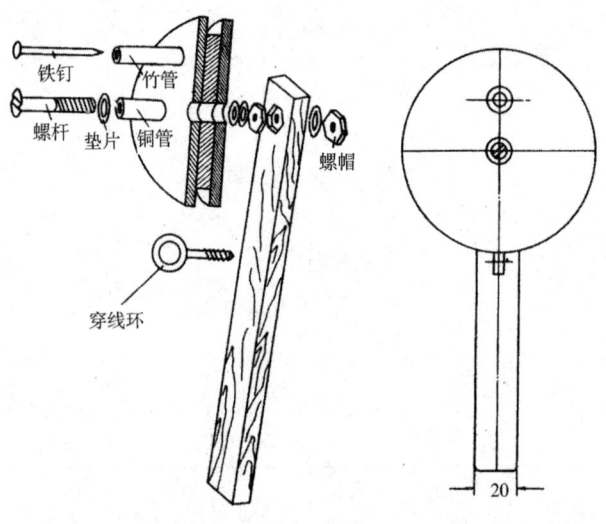

图 7－22

④在线盘较轻一边装上摇柄，装好穿线环，这样牵引线盘就做成了。

牵引模型滑翔机的飞行调整

 牵引模型滑翔机的上升和滑翔原理

（1）牵引模型滑翔机的上升原理

牵引模型滑翔机的上升原理在前面的飞行原理里已讲到，模型飞机要上升，就必须要有足够的升力，因此，模型滑翔机一定要在空气中运动，当模型在空气中运动时，必然会产生阻力。牵引模型滑翔机本身没有动力装置，它无法产生拉力来克服阻力。所以它起飞时，需要人用牵引线牵引前进，同时机翼产生升力，使模型以一定角度上升，如图7-23。

牵引线给模型滑翔机一个拉力（φ），整个拉力又分成2个分力，拉力向前的部分（φ_1）克服阻力（X），拉力向下的部分（φ_2）和重力（G）的方向一致，如图7-23，由升力（Y）来克服。

牵引线与地面所成的角度叫牵引角（θ），如图7-23。如果牵引线的长度一定（竞赛规则规定为50米），牵引线角愈大，牵引模型滑翔机就上升得愈高。但当牵引线的角度越大时，拉力的向前部分越小，拉力的向下部分愈大，因此如果牵引模型滑翔机的阻力越小，重量越小，升力越大，则牵引线角越大，牵引模型滑翔机可以升得越高。因此，在制作和飞行调

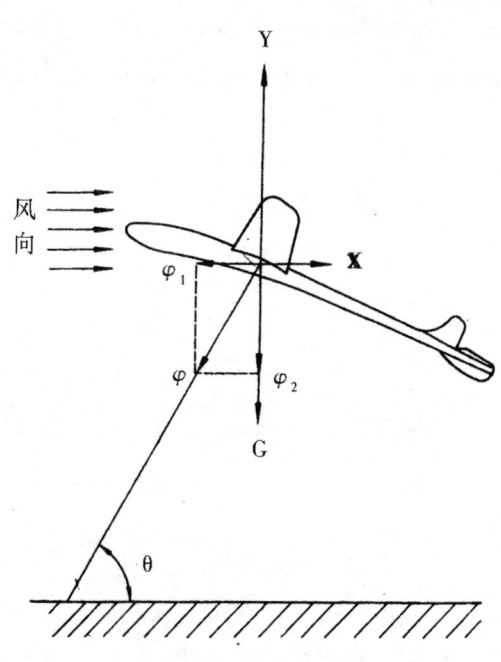

图7-23 牵引时牵引模型的力的分解

整中，注意增加模型滑翔机的升力和减少它的阻力，便可以使它上升得越高，飞行时间越长。

(2) 滑翔原理

模型飞机在脱钩后进入滑翔。滑翔时，模型飞机的机头稍向下飞行。滑翔机的滑翔原理与滑板相似，如图7-24和图7-25。滑板是倾斜的，人坐在滑板上时，人体的重量分为两部分，一部分向前（平行于滑板），一部分向下。向前的力量克服阻力，使人体沿滑板滑下，滑翔机滑翔时也是向下倾斜的，并利用重力的向前分力克服阻力在空中运动。

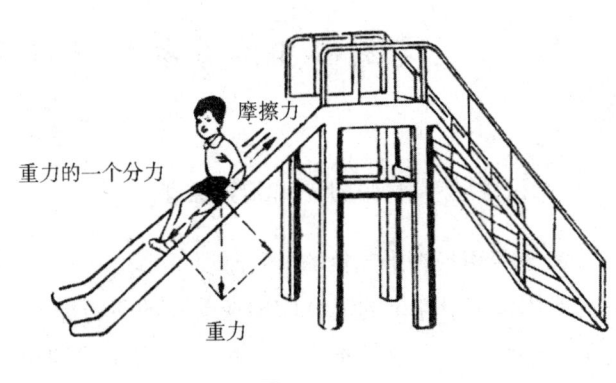

图 7-24

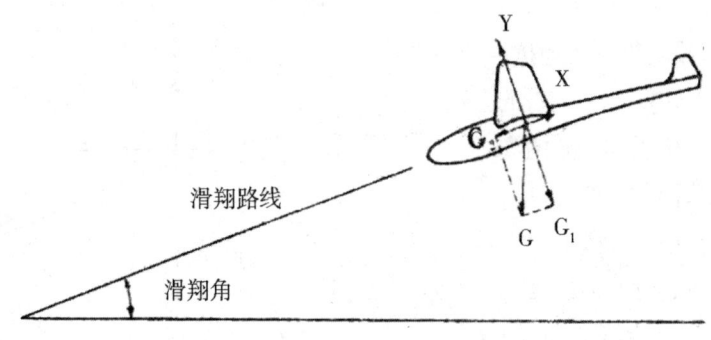

图 7-25

模型滑翔机在滑翔时，如高度一定，下沉速度（即每秒钟下降的垂直高度）越小，则飞行时间越长。设模型飞机的高度为40米，下沉速度为0.2米/秒，则飞行时间为200秒；如下沉速度为0.4米/秒，则飞行时间为100秒。下沉速度决定于滑翔角和滑翔速度，滑翔角、滑翔速度越小，下沉速度越小。

滑翔角，就是滑翔机滑翔时，飞行路线与地面的夹角，如图7-26。滑翔角（θ）的大小决定于下降高度（H）和滑翔距离（S）的比值（即滑翔比)。如下降高度一定，滑翔距离愈长者，滑翔角愈小，要减小滑翔角就必须增大滑翔比，即增加升力，减小阻力。同时，如果模型滑翔机的升力小，阻力小，重量轻，它的滑翔速度也可减小。

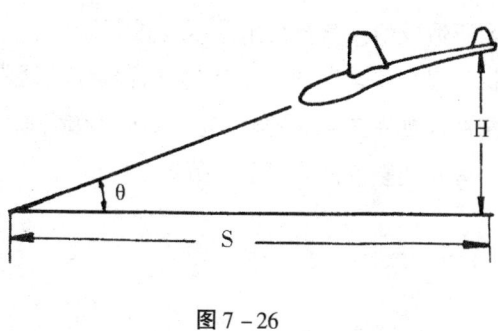

图 7-26

因此，要使模型滑翔机的下沉速度减小，就要尽量增大升力、减小阻力和减轻重量。懂得了这些道理，在制作模型时，就会从上述几个方面去提高制作工艺。

牵引模型滑翔机的试飞步骤和飞行方法

牵引模型滑翔机制作完成，并且经过检查之后，就可以试飞了，但首先应该经过手掷试飞和牵引试飞，然后再正式飞行。

(1) 手掷试飞

进行手掷试飞时，右手拿住模型滑翔机的机身（重心所在的地方），并使机翼左右保持水平，机头稍低约 5～10°，迎风以均匀的速度、适当力量，将模型滑翔机沿机身方向掷出，如图 7-27。

图 7-27

熟练地掌握手掷试飞的技术是不太容易的，一般容易用力过猛，而使模型滑翔机抬头失速；如果手掷时不是沿机身方向向下，而是向上的话，也会使模型滑翔机失速。反之，如果用的力量太小，模型滑翔机的速度太小，升力不足，很快就落到地面。如果出手时不保持直线，会使模型滑翔机，处于转弯侧滑的情况下飞行，而失去横侧平衡，也会倾侧地摔下来。手掷试飞需要反复进行，一定要克服急躁情绪。

如果手掷试飞时，发现不正常的飞行现象，并且断定不是由于手掷技

术所造成的，就要找出原因，进行调整，一直到能很平稳地滑翔为止。手掷试飞大体能发现不正常的飞行现象，通常有波状飞行（如图7-28甲）、俯冲（如图7-28乙）、左（右）盘旋下坠（如图7-29）等。这些现象的原因和调整方法将在下一节里专门谈到。

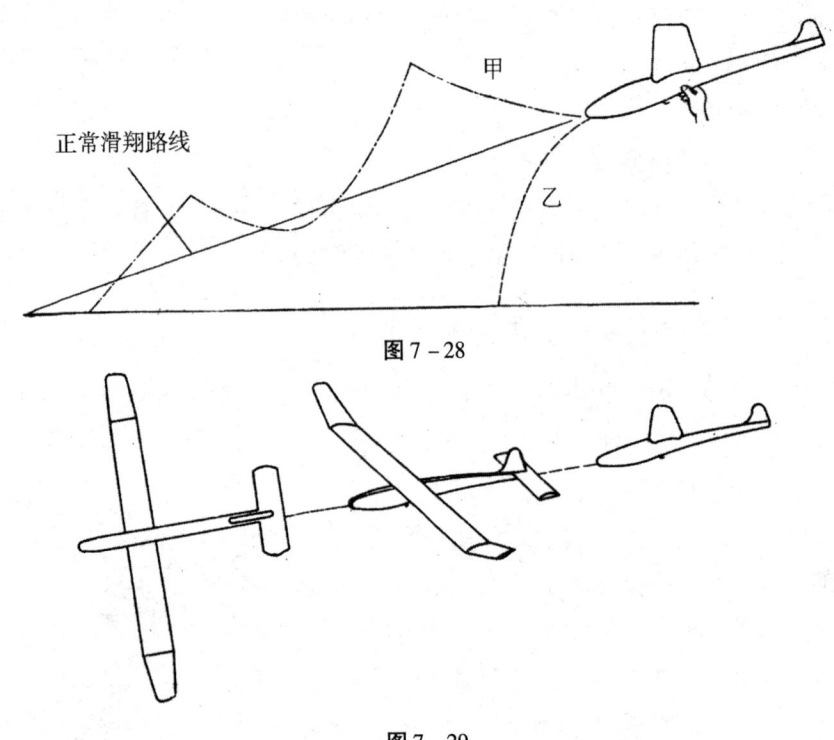

图7-28

图7-29

(2) 牵引试飞

手掷试飞感到满意以后，就进行牵引试飞。因为手掷试飞只能初步掌握模型滑翔机的性能，它是否适合牵引上升，还没有完全解决，加之手掷试飞的高度不高，调好的模型滑翔机，也不一定适合高空的飞行，所以需要进行牵引试飞。

试飞以前，要注意选择场地、风速和风向。新做出的模型试飞，风速最好不要超过5米/秒（即三级风，逆风起飞）。

牵引试飞时，牵引线不宜过长，约在10~20米之间。起飞时，助手将牵引线挂在牵引钩上，用右手拿着模型滑翔机的机身重心处，机翼左右保持水平，机头抬起约30°（如图7-30），牵引的人右手拿着牵引线，并把线拉直。准备好了以后，牵引的人发出"预备——跑"的口令，两人以等速向前跑，特别是助手应尽量配合牵引者的速度。当跑到六七步感到模型滑翔机产生升力时，助手自然地松开手，模型滑翔机就慢慢上升了，如图7-31。

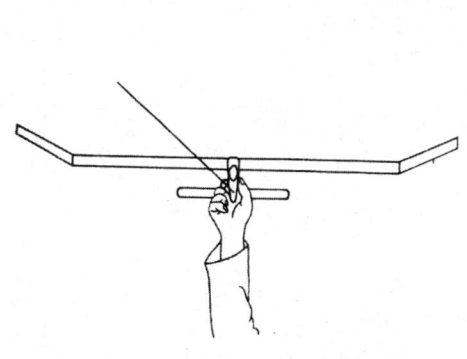

图7-30

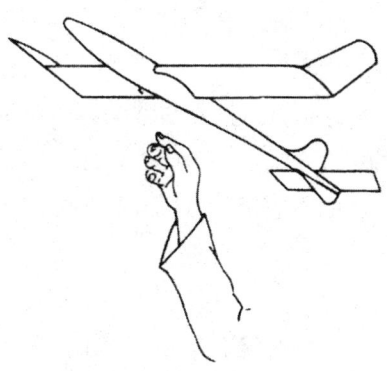

图7-31

模型离手后，牵引的人要凭观察和感觉来决定自己跑的速度和方向，当它上升得很快，而且线也拉得很紧时，就应该跑慢一些，甚至停一停，等线稍松一些再跑；当感到线很松，模型滑翔机上升极慢或保持平飞甚至下降时，就应该跑快些。

当模型滑翔机上升到一定高度时（牵引线角80°）以上，就可以慢慢停下来，让模型飞机继续向前飞行而自行脱钩进入平稳地滑翔。

牵引试飞时容易犯的毛病是：两人跑的速度配合不适当，牵引时，助手放开模型不是过早就是过晚，如果出手过早，会自行脱钩，如图7-32甲。相反，如果出手过晚，会被牵引线的张力弹出脱钩，如图7-32乙。

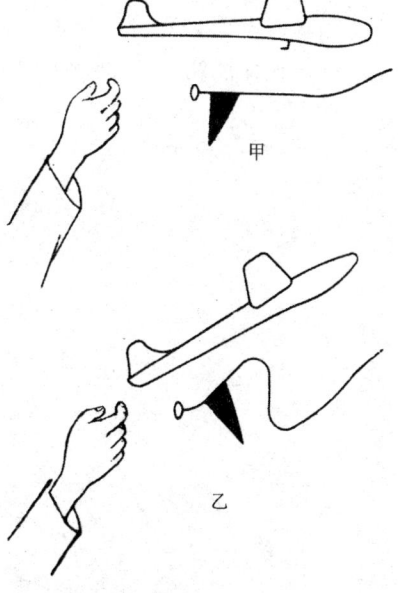

图7-32
甲、模型自行脱钩
乙、模型被张力弹出脱钩

如果出手的迎角（模型滑翔机机头抬起的角度）过大，或是牵引的人跑得太快，容易造成模型急上升而滑钩（如图7-33），或是牵引线被拉断，甚至使机翼折断。另外，如果出手时，模型没有拿正，模型滑翔机就会倾侧下坠。

假如短线牵引试飞中所发生的不正常飞行现象，不是由于牵引技术所造成的，就要调整模型滑翔机，调整的方法后一节专门谈到。如果牵引试飞感到满意而又有把握了，就可以进行正式飞行。

（3）正式飞行

正式飞行和牵引试飞的方法及注意事项是一样的，正式飞行是要最大限度的发挥模型滑翔机的性能，所以牵引线要尽量放长（一般规则规定为50米）。

当牵引模型上升时，一方面是以牵引者为中心作圆周运动，另一方面牵引者还在往前跑，结果模型飞机走的是一条曲线。

图7-33

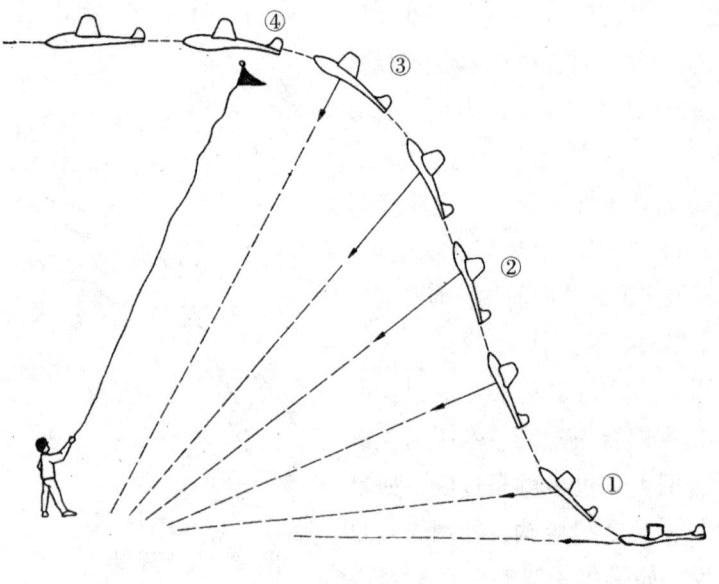

图7-34

由图 7-34 可以看出，当模型刚离手时，基本上是沿着水平方向飞行，这时要保持牵引线张紧，不至于脱钩，牵引者跑的速度必须大于模型的滑翔速度。由于跑的速度增快，模型很快抬头上升。

接着模型就猛烈上升，这时的上升速度是较大的，迎角也是很大的，机翼在这种情况下，是全部上升过程中受力最大的时候，牵引者可以感觉到牵引线的拉力增大很多。虽然上升的速度很快，但是在地面的投影速度却不大。

以后作用在模型上的各个力逐渐趋于平衡，模型就开始低头，并且保持平飞，不再上升了。这时的地面投影速度差不多就是滑翔速度了。但在情况③时，仍不能脱钩。虽然在牵引者看来，高度已经够高了，但是模型的迎角仍然大，提早脱钩，会促使模型滑翔机波状飞行，损失高度。

由此得出结论：在牵引时，刚开始的阶段要快跑，速度必须大于滑翔速度，否则模型将飞得比人快而脱钩；但也不能跑得太猛，以免模型很快地竖起来而滑钩，然后俯冲撞地。这一快跑阶段所需时间很短，一般在风小时跑十几步就可以了，风稍大时跑五六步，风大时几乎不需要跑，只要等一会儿，这个阶段就过去了。接着牵引者就要减慢速度，这时模型正在很快地上升，对地面的速度不大。

另外，这时候牵引线的拉力很大，牵引者必须十分注意到这一点，如果不小心，就会折断机翼。当模型快到顶时，投影于地面的速度逐渐增加，因而牵引者应该再增加些速度。由于模型快要脱钩，因此不要跑得太快了，只要与模型的滑翔速度差不多就行了（指无风情况而言，有风时应该慢些）。然后一定要经过一个短时间的停顿，才能松线脱钩。手中预先留一点线，要到脱钩时慢慢放出去可以保证脱钩的平稳。所留线的长短，以风的大小决定，一般在有风时，约留 2 米，风大应该增加，风很小时可以减少，甚至不留都可以。

要着重指出的是：牵引者跑的速度应该由手中感觉到的力量来决定。力量小跑快些，力量大跑慢一些，甚至要倒退跑。这一力量的大小以保证不会折断机翼，拉断牵引线为限。每个牵引者应该经常练习，使自己的手能够灵敏地感觉出力量的大小来。在牵引时，必须随时注意模型，不能东

张西望,所跑的路线,应在牵引前先看好,而跑时只偶尔看一眼前面。要经常回头注意模型的偏斜情况以便于及时纠正。

遇到模型偏斜时,本来是很容易拉过来的,但如果发现太迟,将会增加很多困难,甚至无法挽救。当模型因外界影响偏到一边时,比如向右偏,则牵引者应向左边跑来纠正它。要注意的是,当模型快从偏斜中纠正好时,就应该跑回中间,减小一些牵引线的拉力,免得一下子拉得过猛,使模型又跑到左边去,这样就有可能左右摇摆扩大,而被迫在低空脱钩。当模型就要回到中间了,应马上拉着它向前跑。有些模型在快要到头顶时,总要偏向一边,这是因为它不完全对称,而牵引上升时,牵引力向前的分力很大,模型不易偏转;当模型快上升到头顶时,牵引力的向前分力减小了,于是就出现了偏转。这时,如果已不容易拉回中间,应立即脱钩,免得时间拉长了更加降低高度。

一般说来,当模型已升到头顶了,再要用牵引力使它偏转过来,是十分困难的,因为这时牵引力的向前分力很小,虽左右偏着牵,但造成的恢复力矩更小,较好的办法是:以与模型同样的速度顺着模型偏的方向跑一段后再脱钩,这样既不会再损失高度,也不会使脱钩过猛。

在脱钩前不但要有一小段时间的停顿,让模型减小迎角、降低速度,而且要在脱钩前,还使模型向本来调整好的滑翔转弯方向偏转一些,这样脱钩将更加平稳。

非正常的飞行情况的原因及调整方法

滑翔飞行的调整

(1) 波状飞行

①飞行现象:模型飞机滑翔时,不是沿着直线,而是波状曲线飞行,如图7-35甲。

波状飞行在手掷试飞时,就可以发觉出来,但是手掷试飞的高度不高,所以往往因手掷试飞调整好了以后,牵引试飞又可能出现波状飞行。

波状飞行会大大缩短飞行时间，同时也很容易摔坏模型滑翔机。

②原因：波状飞行的原因是俯仰不平衡，抬头力矩大于低头力矩。

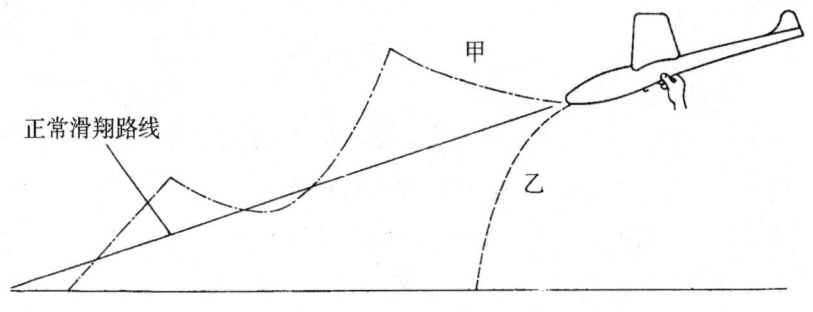

图 7 – 35

由于抬头力矩过大，迎角增大，升力增大，模型滑翔机开始抬头上升；但在升力增大的同时，阻力也增大。由于模型滑翔机的抬头，重力向前的分力逐渐减小了，以至于变成和飞行方向相反，所以速度减小了，升力也随着速度的减小而减小了。当升力减小到不能维持重力时，模型滑翔机即向下坠落（俯冲）。坠落时又重新获得速度，由俯冲转入滑翔，随之又抬头失速，形成连续的波状飞行，如图 7 – 36。

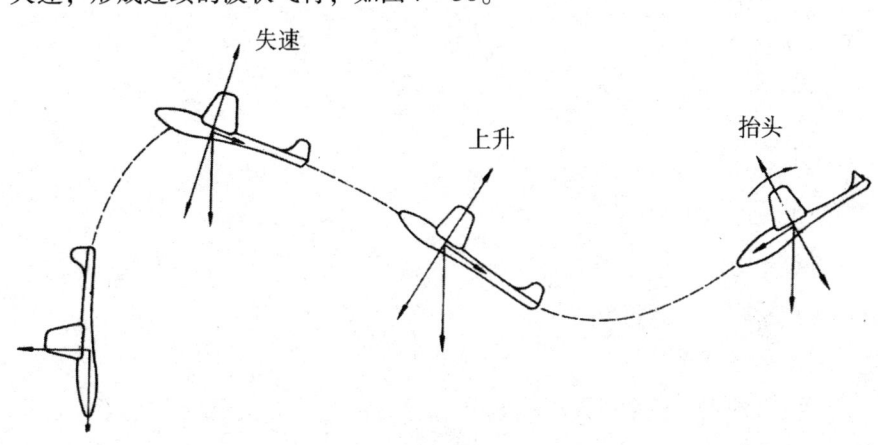

图 7 – 36

③调整方法：减小抬头力矩或增加低头力矩，以达到俯仰平衡，就可以改变波状飞行的现象为正常滑翔。

减小抬头力矩的方法有：a. 加重机头，使重心前移，减小机翼力矩的力臂；b. 减小机翼的安装角；c. 向后移动机翼。

增加低头力矩的方法有：a. 重心前移；b. 增加水平尾翼安装角；c. 水平尾翼后移。

（2）俯冲

①飞行现象：模型滑翔机以很大的角度向下飞行，如图 7-35 乙，飞行的速度很大，飞行时间不长，也容易摔坏模型滑翔机。

②原因：是低头力矩过大而形成的俯仰不平衡的现象。

由于低头力矩过大，滑翔时迎角慢慢减小，迎角减小之后，升力不足，由于下滑角增大，重力的向前分力增加，下跌的速度也就增大起来，如图 7-37。

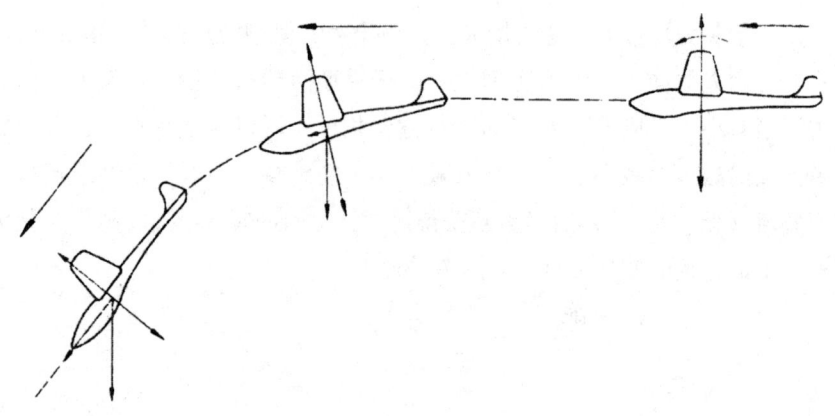

图 7-37

③调整方法：减小低头力矩或增大抬头力矩，达到俯仰平衡。调整的方法与波状飞行的调整方法相反。

（3）盘旋下坠

①飞行现象：模型滑翔机的盘旋半径愈来愈小，最后沿着小半径的螺旋线盘旋下坠，如图 7-38。

②原因：主要是模型滑翔机的横侧力矩没有平衡。比如右机翼的升力较大，而形成向左倾的力矩，模型滑翔机倾侧后，升力的水平分力使模型滑翔机向左盘旋，如图 7-39。倾斜越厉害，升力的水平分力就越

大，升力的垂直分力越小，以至于不能支持重力，这样，模型滑翔机一面用小半径盘旋，一面下降。此外，由于以小半径盘旋，两机翼的速度不等，向左盘旋时，右机翼的速度大，左机翼的速度小，因而右机翼的升力大，模型滑翔机也会向左倾侧飞行。

造成两机翼升力不等的原因多半是由于机翼的扭曲。前缘向上扭曲的机翼，飞行时，迎角较大，升力就大；向下扭曲的机翼，飞行时，迎角较小，升力也小；两边机翼的面积、翼型不同也会造成两边机翼升力不等。

如果重心不在模型滑翔机的中心线上，例如偏左，左机翼升力的力臂就短，右机翼的力臂就长，也会形成向左的倾侧力矩。

③调整方法：a. 纠正机翼的扭曲现象；b. 如果是面积不等时，应使之相等；c. 使重心在模型滑翔机的中心线上；d. 改变垂直尾翼的角度。

（4）侧滑

①飞行现象：从顶面看，模型滑翔机的飞行方向，与中心线不一致而有一角度，如图7-40。

②原因：是方向平衡被破

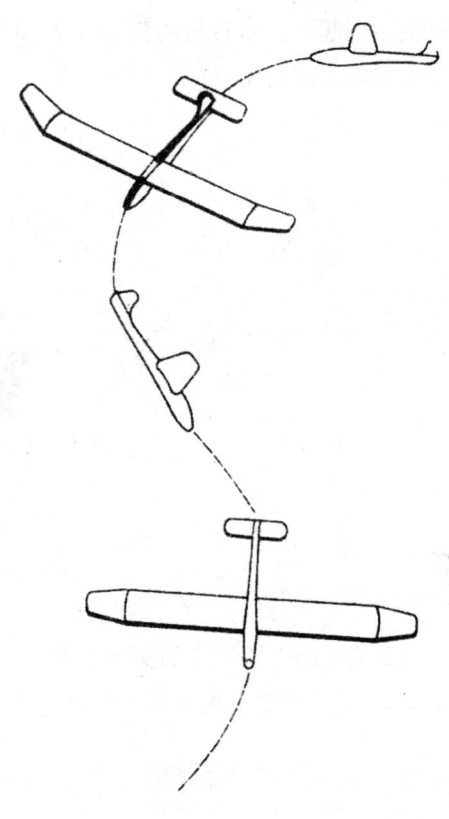

图7-38

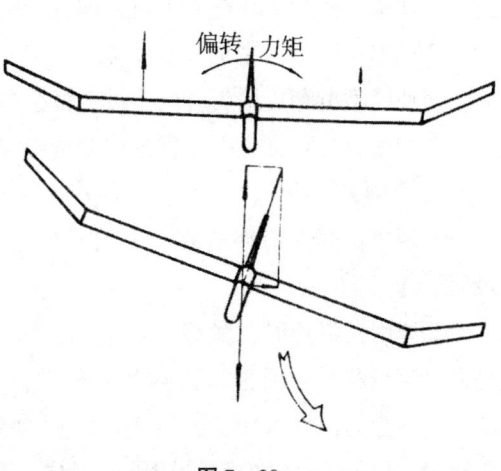

图7-39

坏后所引起的，如右转力矩过大，模型滑翔机向左侧滑；左转力矩过大，模型滑翔机向右侧滑。

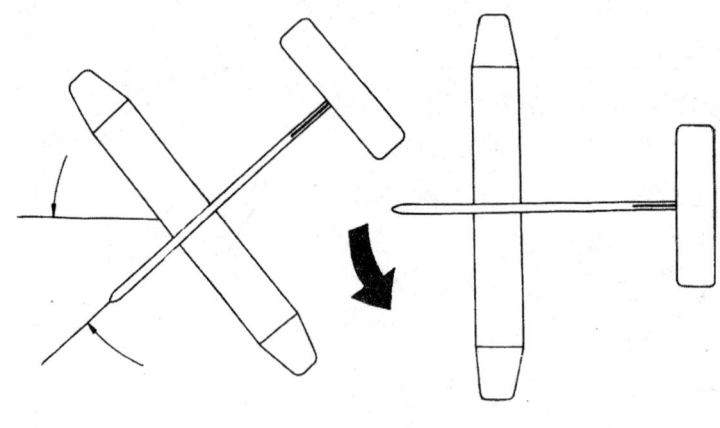

图 7-40

造成方向力矩不等的原因，有左右机翼阻力不等；机翼未装正（从顶面看）；垂直尾翼有偏角等。针对具体情况找出原因之后采取适当措施。

二、上升的飞行调整

(1) 滑钩

①现象：模型滑翔机离手时，即自行脱钩。

②原因：牵引钩装的位置太后了，因而牵引离手时，拉力通过重心后面，而使模型滑翔机抬头，抬头过大就会滑钩。

③调整方法：将牵引钩位置移到重心位置以前的 15~25 毫米之间。

(2) 倾斜下降

①现象：模型滑翔机在上升过程中，发生倾斜转弯，并愈来愈厉害，最后下降。

②原因：滑翔时，盘旋半径小的模型滑翔机，常常产生这种现象。人是逆风直线跑的，而模型滑翔机是作曲线飞行的，这就产生了一个矛盾，如向左转弯的模型滑翔机，离手以后便向左倾斜，而且升力的水平分力使之转弯，但由于这时模型滑翔被牵引住，升力不能克服重力和拉力向下的分力而向下急降。

③调整方法：

a. 将转弯的方向舵向倾斜的相反方向偏大一些。

b. 发现偏斜时，立即减慢速度，并改向倾斜相反的方向跑，如图7－41。

c. 使模型滑翔机向倾斜的反方向起飞。

（3）牵不到头顶

①现象：牵引线在40～45°时，就再也牵不上去了，而一直保持平飞。

②原因：牵引钩位置太靠前。

③调整方法：牵引钩位置向后移动（但不能移到重心和重心位置以后）。

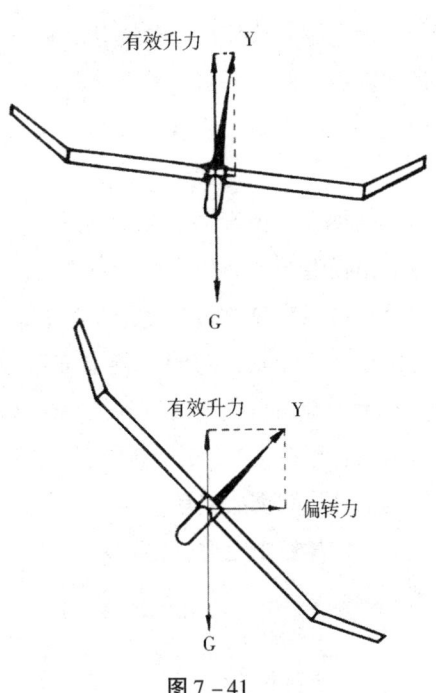

图7－41

有关牵引模型滑翔机的装置和上升气流

当你做完一架二级牵引模型滑翔机以后，一定还会想制作一架更复杂的模型滑翔机，下面给大家介绍一种三级牵引模型滑翔机的弹性机翼、重锤机构的制作和调整的基本技术，附带也介绍一下上升气流的有关知识。

弹性机翼的制作方法

在前面简单地讲了一下钢丝弹性机翼的制作方法，这里介绍一下铝片插销式弹性机翼的制作。因为用铝片做，能使机翼有较大的弹性，而且弹性机翼的强度也很好。用铝片做插销的弹性机翼的装置，有2种不同的套箱制作法，一种是在机翼根部做套箱，另一种是单独做套箱，哪一种方法好，要由你所用的翼型来决定。

前一种方法较后一种麻烦,制作时间也要长些,但它不受机翼翼型厚度的限制。而后一种方法虽然较前一种简单,做起来容易些,但模型飞机的翼型厚度太薄,就不易制作,所以太薄的翼型,用第二种方法是不适宜的。

两种方法做套箱,都是先做铝片插销。做插销时,准备一块硬铝片,厚度由模型的种类和翼展大小决定,一般厚度在1.5毫米左右,太薄了,很容易超过铝片弹性的限度,太厚了则失去了弹性的作用。选择好铝片以后,先画出插销形状,画的时候应先确定插销的宽度(插销宽度一般为50毫米)和插销在翼弦上的位置,一般在离前缘1/3处,如图7-42。确定了形状以后,用针尖在铝片上画出形状来。加工时,把铝片夹到台钳上,先用钢锯沿外形线锯成粗坯,再用钢锉刀锉掉棱角毛边,铝片插销就做成了。

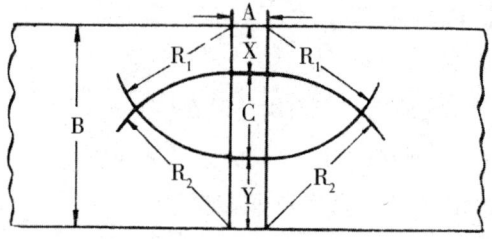

A——机身宽度。

B——机翼根部翼弦。

C——弹性硬铝片宽度。

X和Y的尺寸由选择的位置而定。

图7-42

铝片插销做好以后,就可以开始制作套箱了。首先谈谈第一种(即机翼根部套筒)的制作方法和步骤:

(1)在安装机翼以前,将翼根厚翼肋(航空三层板或2毫米厚桐木)刻出槽口。预先在翼肋样板上,画出铝片通过翼肋槽口位置。槽口宽度与铝片厚度相同,再把插销通过每片翼肋的槽口长度定出,不同位置翼肋上槽口的长度,用不同颜色的笔,在翼肋上做好记号,然后按记号刻出槽口。为了使左右机翼一致,可以将左右机翼相同的一对翼肋同时刻出。

(2)选择较好的木片,木纹不宜太乱,厚度约1~1.5毫米,磨光后涂上透布油。

(3)做套箱的底箱面,先将选好的木片按照翼根肋间隔,切成小块,再把铝片插入翼根,并将切成的小块木片嵌入翼肋之间,木片木纹与铝片平行。木片位置在铝片之下,下翼梁之上,并使嵌入的木片与铝片密合,在木片与翼肋接触处加上胶水。套箱底面的形状，可以用梯形和椭圆形的，但必须全部盖住铝片，再将底箱的下表面和铝片外围空余部分，用木片和木条填起来，并加胶合。

（4）嵌上箱面时，把切成的木片，嵌入铝片上面、上梁的下面，把木片胶接部分加上胶水即可。上箱面嵌好后，就抽出铝片，因为铝片在套箱中放得过久，等胶干了，就抽不出来了。

（5）整理做成的套箱的边缘，再把翼梁和套箱间、上下的空隙用松木条填实，而在最外面的一个翼肋的间隙里，用比较轻的木料填起来，并要多加胶水。所以要这样做，是为了加强翼根部分的强度。最后，用砂纸板打磨外形，在箱面上糊一层薄绵纸。这样，一架模型的弹性机翼就完成了，如图7-43。

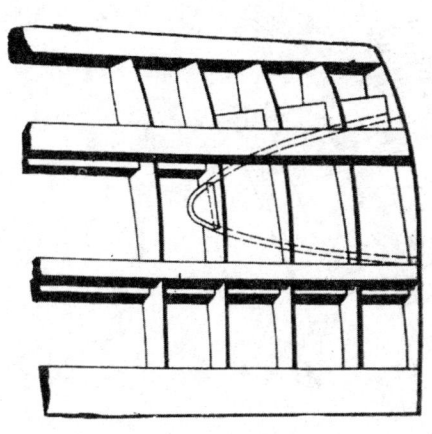

图7-43

如果用第二种方法做套箱，加工方法一般和第一种相同，只是它的套箱是单独做的，因此做起来很方便。根部翼肋刻槽口时，上下各加宽1毫米，使槽口的宽度等于铝片厚度，再加上上下箱底木片的厚度。各个翼肋槽口的长度和位置，根据套箱通过翼根各地肋的位置和长度而定，做时，先选择几块较好的木片，做上下箱底面。木纹也要和翼肋平行，若木片不够长，可以胶接起来。然后接上套箱外形，做好上下底箱面。再将铝片置于套箱的准确位置，不要放歪了，不然，则会使整个机翼不能与机身正确地接起来，要做到准确，必须采用样板。待铝片放好以后，同样用木片填满上下底箱间铝片处的空隙部分,然后将上底箱胶上,再抽出铝片。等到套箱内外胶水干了以后,用砂纸打磨边缘,将做好的套箱插入翼根,填实套箱与上下翼梁和最后一个翼肋的间隙,加上加强翼肋就成了,如图7-44。

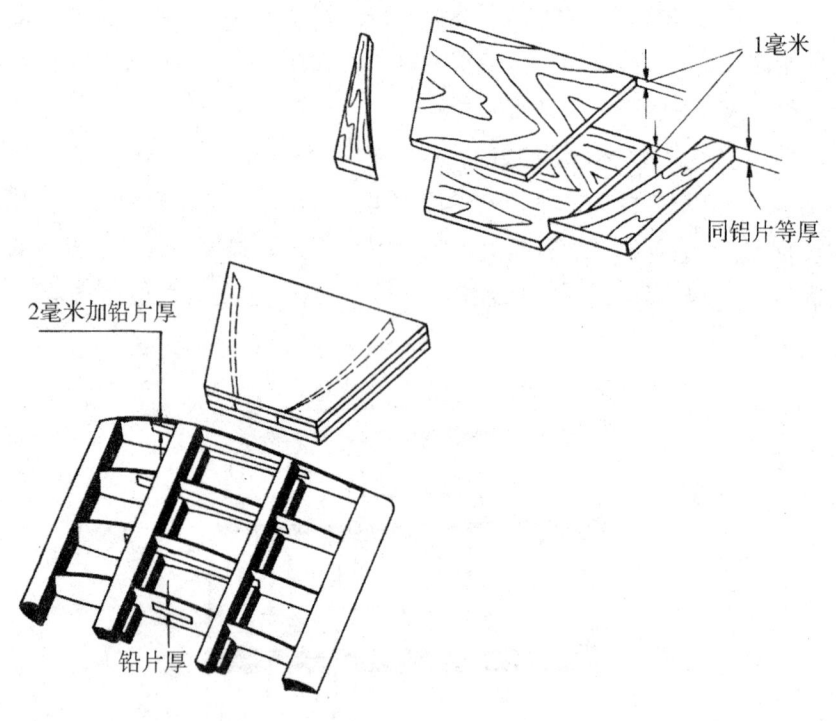

图 7-44

重锤装置和大拉力脱钩

我们在正式比赛和试飞的时候,经常遇到这样一种情况:就是当你的牵引模型滑翔机遇到上升气流时,模型马上抬头。由于模型飞机没有吃上升气流的"本领",一抬头反而引起波状飞行。俯仰安定性较好的牵引模型滑翔机,波一两次就恢复过来了;俯仰安定性差的模型,甚至于一波到底,造成这轮比赛不可收拾。怎样使这种不利于"飞行"的坏现象变为有利于"飞行"的好现象呢?下面就针对这一问题,谈谈重锤装置在飞行中的作用。

重锤装置所以能起作用,是由于利用了它本身的运动惯性。模型在作上下加速运动时,重锤则对模型作反方向的相对运动,利用这一运动来操纵方向舵,如图7-45。

模型向上抬头,重锤向下运动,舵面角度加大;模型向下低头,重锤向上运动,舵面角度减小。当模型遇到下降气流时,改为直线飞行,避开了下降气流。遇到上升气流时,改为小半径盘旋,盘入上升气流之中,由于气流对模型垂直速度的变化和影响的时间比较短,在模型上,应配合高效率的垂直尾翼。有一些模型没有重锤装置,对气流也很敏感。

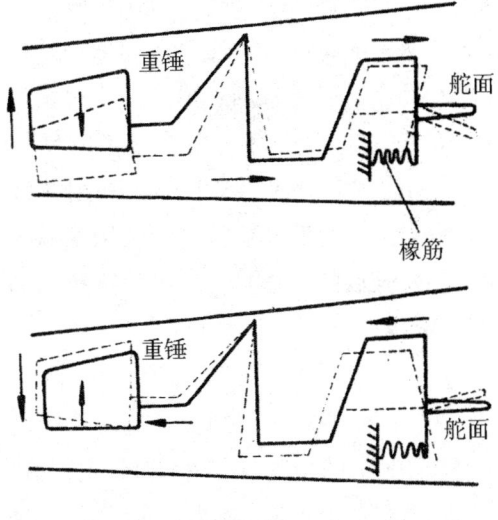

图7-45

在实际使用中,重锤对改善模型的安定性起了良好的作用。

(1) 重锤装置的制作和要求:

①重锤:由一个4毫米厚、75克重的铅块和一个1.5毫米厚的硬铝摇臂构成。先做好摇臂,把它固定在浇铸铅块的模子上,然后,把熔化的铅浇进模子做成(铝摇臂应先预热)。铅锤的重量很大,铅块的形状大小由在机身内允许的活动范围来决定。为了减小它在机身内所占的体积,得到较大的活动范围角度,最好用比重较大的纯铅做成。重锤和牵引钩的轴承部分要摩擦力小、间隙小,用直径1.5~2毫米不容易生锈的废钻头柄做轴,刚性也好,较为合适。

②弹簧:用来平衡重锤,克服重锤的重力。要求弹簧在它伸长或缩短时,弹性恢复力的变化越小越好,这样才能充分地利用重锤的惯性作用。弹簧可以用φ0.25毫米的钢丝密绕在1.8毫米直径的钢丝上做成。长度必须调整适当,当调整螺母达到上极限时,以把重锤全部拉平为宜。

③摇臂牵引钩:由一块2.5毫米厚的硬铝或2毫米厚的铜片制成。牵引钩下部很宽,以便将来调整上升的转弯时机的时候锉去,如图7-46。

为了争取高度,牵引钩只摆动3.5°就得到最大舵面,保证模型在接近头顶时，很快地把左舵拉满（该模型为左盘旋），使模型立即进入旋转，并迅速脱钩。

④放大摇臂：为了使牵引钩微小的摆动角度，迅速正确地带动舵面，在牵引钩后面又加了一个放大摇臂（用1毫米的硬铝做成）。重锤、牵引钩、放大摇臂是用弦线连接，放大摇臂与舵面摇臂之间则用亚麻线连接。用软线接的好处是，可以消除传动的间隙，重量轻，而且制作方便。

(2) 调整试飞步骤

在飞行时，首先将弹簧拉起，重锤则随着上升到偏上的位置，这时牵引钩也稍偏前，舵面也稍向左偏一点（模型是左盘旋的，如图7-47）。

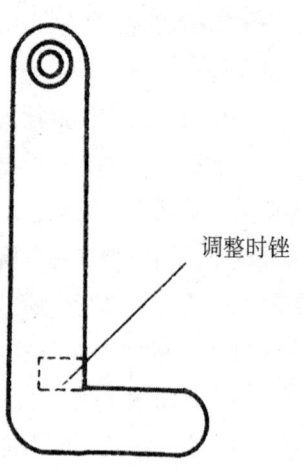

图 7-46

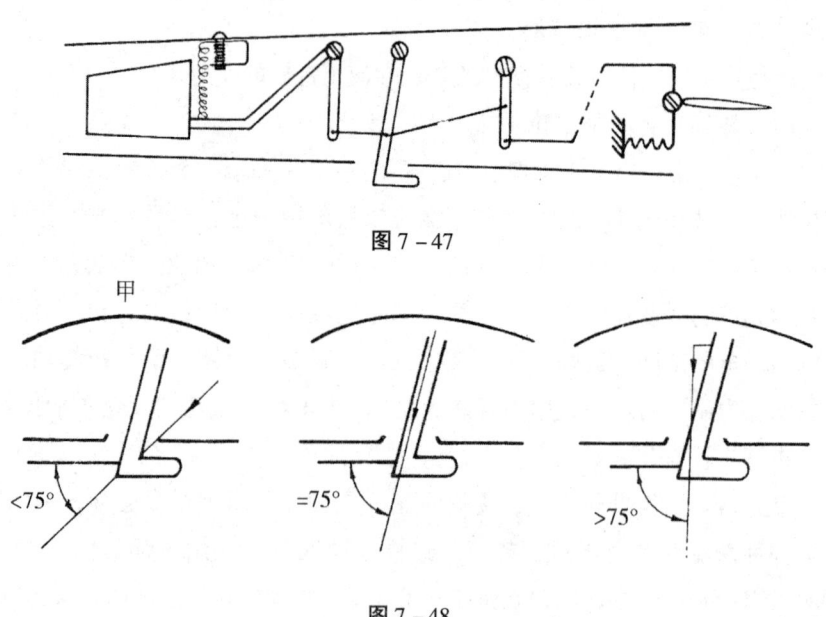

图 7-47

图 7-48

在牵引的初期，向前的力大，如图7-48甲，方向舵面在正中位置，随着模型上升以后，逐渐减小，到一定的角度后，形成向后的力矩（对牵引钩），牵引钩向后摆动，拉满左舵，模型就开始旋转，如图7-48。

在调整试飞时,先调整牵引上升过程的轨迹是否正直,然后调整滑翔和盘旋,最后再调整脱钩的时机。因为在设计制作时,就有意识地在牵引钩的宽度上面留了一定的余量,使模型旋转较迟,如果在上升时模型盘旋太迟,就将牵引钩向前锉一些。一般来讲,让模型到牵引钩的连线与地面的夹角为80°左右时,旋转比较有利。旋转太早了,要损失高度;太晚了,拉力急骤下降,牵引高度也要降低。

①如何掌握脱钩时机的问题,对于以后的上冲和改出影响很大,一般让模型沿前进方向转过一定角度脱钩(约30°)。脱钩时有如下几种情况:

　　a.脱钩太早时,形成很大的抬头力矩,使模型直立起来,达到严重的失速,只要几个波状,会损失许多高度。脱钩太早,模型速度大,有时甚至会翻筋斗。

　　b.脱钩太迟时,因为形成的坡度太大,脱钩后,模型有一段转到顺风时,产生内侧滑,又下冲一段,也损失很多高度。

在适当的时机脱钩,模型以小半径上冲一段,到顺风时改平,这时能争取最大高度。

在没有采用摇臂式牵引钩以前,脱钩和第一种情况很相似,这时重锤起的作用,正好是不利于上冲改出的,模型在机翼下扑时,产生一个向上的加速度,但这段时间很短,约0.1~0.2秒,紧接着的上冲阶段内,向上的减速运动,在机翼下扑时,重锤向下,形成左满舵,因时间非常短,不能

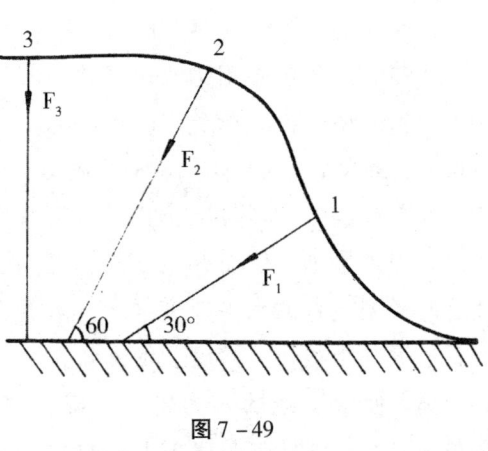

图7-49

立即形成向左的盘旋。所以,在脱钩前,一定要使模型进入盘旋状态,模型在脱钩时,只盘半个小圈就进入正常盘旋,这正好是重锤的帮助。

②重锤的惯性作用:在牵引上升时,模型飞机的轨迹近似作圆周运动,如图7-49。

由于离心力对重锤的作用,开始时,重锤向上运动,舵面转向正中,

如图 7-49 位置 1。到了位置 2 时，重锤保持在最上面，舵面处在正中位置。到了位置 3 以后，模型转入直线匀速下滑，重锤下降至正常位置，舵面也回到调整好的滑翔位置。

模型抬头飞行时，飞行的路线是朝上的，如图 7-50。

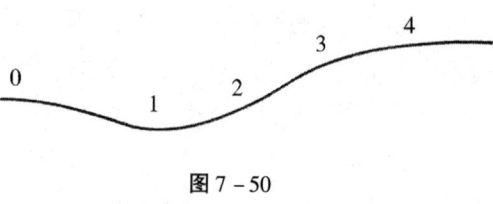

图 7-50

当模型抬头飞行时，从 1 升到 2 再升到 3 时，重锤在惯性的作用下，逐渐靠近机身的下部，舵面也逐渐加大，模型盘旋的趋势也开始增加。模型飞行到 4 的位置时，舵面达到最大，模型飞行的盘旋半径减小，并形成较大的坡度，减小了模型的抬头力矩，不使模型失速，而平稳地进入盘旋飞行。特别是受到上升气流的冲击，模型抬头时，在重锤的作用下，能立刻作盘旋飞行，进入上升气流之中，提高了模型吃"气流"的性能。

③牵引过程中，牵引力的变化：采用大拉力脱钩的牵引力，比平常牵引的力超出好几倍，在牵引到 30~60°这段时，最大牵引力可达到 3.5 千克以上，如图 7-49。在超过 60°以后，牵引力就很难增加，反而开始下降，因为这时模型飞行的水平速度加大，而垂直速度减小很快，缩短了飞机和人的距离，使牵引线的张力迅速下降。到脱钩时，一般只能保持 2 千克左右的拉力。

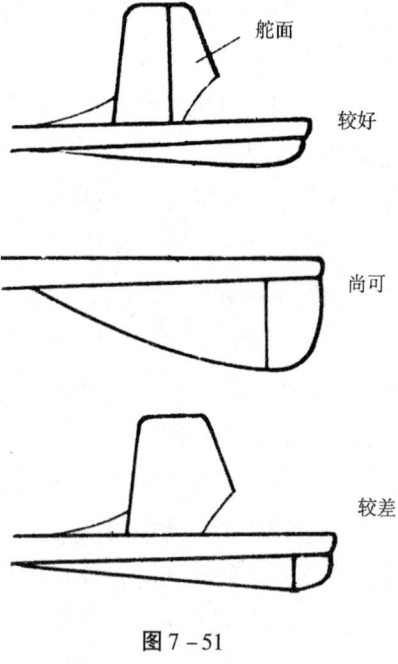

图 7-51

牵引钩和重心的距离越小，牵引力下降的速度就会减低；牵引钩和重心的距离越大，牵引力下降越大。因为距离越大时，给予模型的低头力矩越大，使模型的飞行角减小。牵引钩和重心的距离越小时则相反。

④如何发挥大拉力脱钩的作用：

a. 为了适应大拉力牵引脱钩的需要，机翼的强度要求很高，一般在机翼的前梁部分加强效果较好。弹性机翼的弹性材料也需要考虑，通常采用2.5~3毫米的弹性钢丝，以增加弹性效果。牵引线盘也要求在大拉力脱钩时，能使牵引线从线盘中弹出去才行。

b. 为了提高重锤装置的效率，应配合效率较高的方向舵。舵面的效应与舵的偏转角度、面积、形状和位置有关。它们之间很好的配合，是解决模型弹高和良好改出的重要关键。舵面形式：以舵面是上垂直尾翼的较好，全下垂直尾翼的尚可，上下垂直尾翼的舵面，在下面的效果太差，其形式如图7-51。

c. 大拉力牵引时，模型上升快，一般约10~12秒就可以完成牵引脱钩动作，有利于抢气流的时机。运动员一定要掌握好模型脱钩时的瞬间速度。一般在脱钩前加速度跑至一定速度才脱钩，才能充分发挥大拉力脱钩的作用，争取高度。

摆动钩和惯性重锤装置示意图，如图7-52。

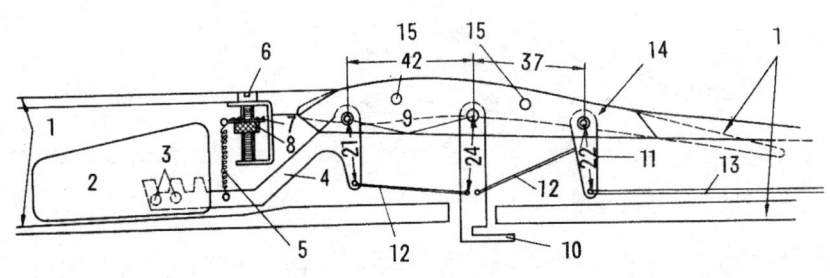

图7-52

图中：1—桐木。 2—铅重锤，4毫米厚，重75克。 3—在硬铝摇臂上钻2个孔。 4—硬铝摇臂，厚1.5毫米。 5—弹簧，用φ0.25钢丝绕成φ1.8的弹簧。 6—弹簧升降调整螺杆。 7—定位板。 8—螺帽。 9—轴用2毫米废钻头做。轴套用铜管做成。 10—牵引钩，用2.5毫米厚硬铝做成。 11—放大摇臂，用1毫米厚硬铝做成。 12—弦线。 13—亚麻线。 14—层板。 15—机翼插销孔。

d. 对竞时模型来说，在解决模型本身性能和过硬的牵引技术外，最重要的仍然是临场飞行的过硬本领。运动员掌握上升气流规律的技术，应该说是训练比赛中的主要矛盾。要集中主要精力和花费很大气力去解决。

有关上升气流的问题

在航空模型全日竞赛的飞行中，可以采用观察、感觉、牵着模型跑等3种方法来寻找上升气流。这里分别将这3种方法简单地介绍一下。

（1）所谓观察，就是牵引者在起飞前，详细观察附近物体在空中运动的情况，然后根据这种情况进行分析和综合，就可以初步得出上升气流的动向。如在起飞前可以观察燕子、鸟和鹰的飞行，也可以观察正在空中翱翔的模型飞机。当老鹰等在空中不挥动翅膀就可以翱翔时，或者其他模型在空中越飞越高时，或模型在迫降过程中下降速度很小，就可以判断出，附近存在着上升气流，于是赶紧把自己的模型飞机牵入这一范围内，飞行成绩将大大提高。

在天空中出现积云时，可以在这些云的变化中寻找上升气流。一般说来，有云时的上升气流要好找一些。

图7-53

当天空中出现小片秋云时，其地面被云块遮住部分的气温迅速下降，如图7-53，而周围部分的温度则不变，此时由于温差而产生了上升气流。如果你赶在云块的前面，把模型放出去，此时就能"吃"到上升气流。

采用这个方法，动作必须迅速，如脱钩过晚，往往也会把模型送入云边端的下降气流中。大拉力脱钩模型，一般只需12秒的牵引时间，这给及时抓住上升气流创造了一个好条件。

（2）所谓感觉，就是牵引者根据上升气流产生的过程特点和物理现象，来判断上升气流的情况。上升气流产生的原因，主要是由于地面的散热作用，当太阳曝晒地面时，由于各处地表面的情况、形状不同，它们的吸热、散热的时间和范围也不一样，这是千变万化的。但它们都有一个共同的特点，就是在产生上升气流的范围内，其空气温度要比周围空气温度高些，由于空气的水平运动和上升气流的周期特性，因此站在原地不动时，就会感觉到在自己身边"滑"过的风有冷、热的变化——当你感觉到风是热的时候，就可以把模型牵上去。

牵引者不但可以根据空气的冷和热来判断气流，而且还可以根据地面风速的大小变化来判断气流，确定起飞时间，如图 7 - 54。

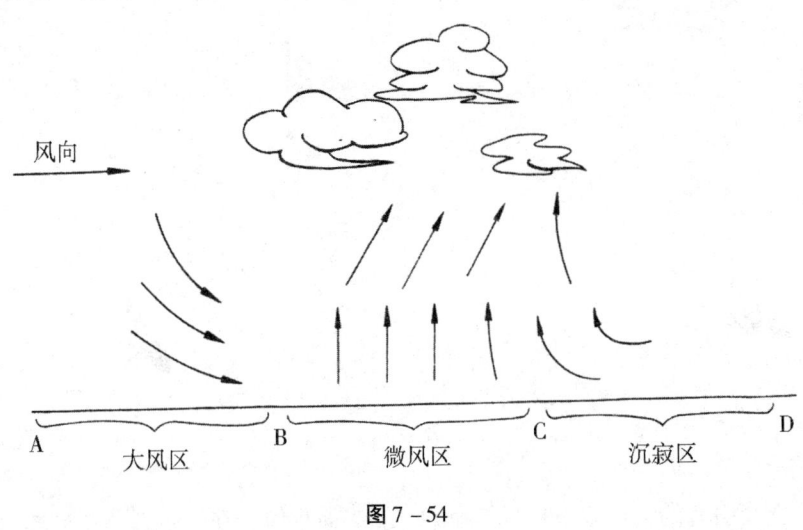

图 7 - 54

当某一区域（B～C）的周期上升气流形成时，此区域的热空气是向上运动的，空气密度随之减小，这时旁边的空气就会填充到这一区域来，在一般情况下，空气总是要做水平运动的。在这个区域（B～C）的上风区域（A～B）的空气运动速度较大，而下风区域（C～D）则较小。原因是从上风区域填充过来的空气流的方向与风向相同，而下风区域则相反，并且在一般情况下，往往大于这个区域（B～C）填充空气的流速，因此下风区域（C～D）的风速要比原来的减小。

115

总的说来，当周期上升气流形成时，地面风速有3个不同的过程，即按图7-54的方法，可以分为沉寂区、微风区和大风区。可以根据皮肤感觉和风袋飘动的情况，以及插在地面上的小旗的飘动，来判断这几个不同区域的气流情况。当风速逐渐减小时，牵引者就可以准备起飞，在大风没有来临以前，就应当把模型牵上去脱钩，这样就有可能"吃"到上升气流。

利用空气冷热、风速大小来判断上升气流，一般适用于风速在2~3米/秒范围内，风速过大，就不容易判断正确。当感到有上升气流时，也可以赶紧向下风区跑去，然后再起飞，这样找到上升气流的把握更大些。

在感觉周期气流时，还可以利用3面小旗的飘动情况来决定起飞时间，其布局如图7-55。

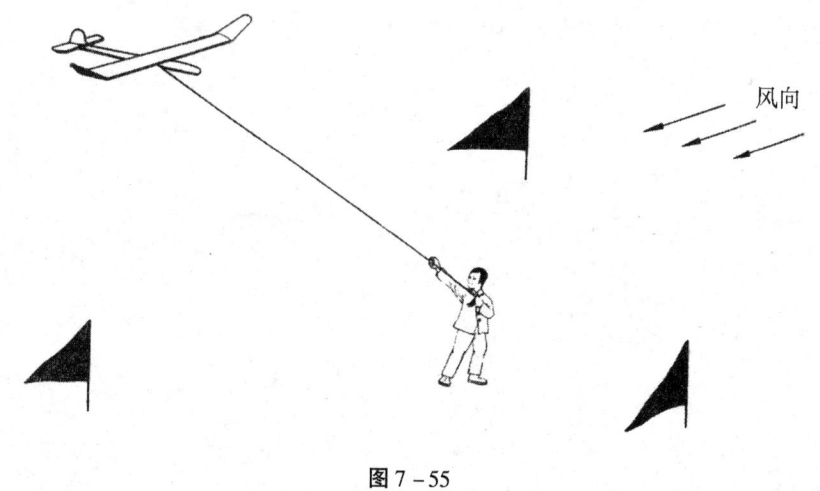

图7-55

在牵引者的上风区100米的地方，插2面小旗，在牵引者和助手之间插1面小旗，当3面小旗开始下垂或偏转时，则可以进行起飞，如牵引者右前方的小旗下垂较多时，那么上升气流很可能由右面而来，这样就把模型牵向右方脱钩。

（3）由于周期上升气流形成的时间、范围、强弱等差别很大，因此确定起飞时间是比较困难的，如果牵引者在起飞后，发现判断过早或过晚，就不宜脱钩，此时就可以采用第三个方法，就是可以暂时不要脱钩，牵着自己的模型去寻找上升气流。这个方法也可以当无法看到老鹰和其他模型飞机飞行状态时采用。

初级橡筋动力模型飞机

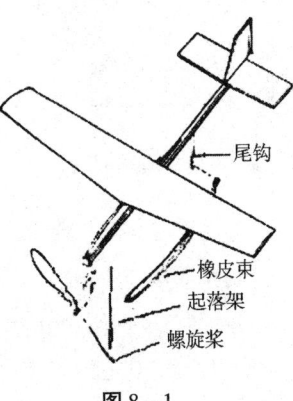

图 8-1

这里介绍的初级橡筋动力模型飞机,是前面所述的一级牵引模型滑翔机改装而成的,主要增加了螺旋桨、起落架、尾钩及橡筋索,如图 8-1。

初级橡筋动力模型飞机的制作

在动手改装之前,把需要增添的材料准备好,如表 8-1。

表 8-1 初级橡筋动力模型飞机材料表

名　　称	规格(毫米)	数　量
螺旋桨桨叶	1×30×150 层板	2
螺旋桨桨根	4×8×80 松木	1
螺旋桨桨轴	φ1×80 钢丝	1
机头木	4×20×30 松木	1
机头垫块	少量零星松木	
机头垫片	少量铁皮或硬塑料片	
空转装置中单向转动轴及销钉	大头针	

（续表）

名 称	规格（毫米）	数 量
机头销子	$\varphi1.5 \times 10$ 竹丝	1
起落架	$\varphi1.5 \times 130$ 竹丝	
尾钩	$\varphi1 \times 45$ 钢丝	
桨轴及尾钩套管	少量塑料套管	
橡筋	1×1 橡筋束，长 350 毫米，共 7 圈	

螺旋桨的制作

螺旋桨由桨叶、桨根、机头木、垫片、桨轴、空转装置等几个部分组成。

制作桨叶就是按工作图像前面制作翼肋的方法那样，切好 2 片桨叶外形，并要打磨平滑，然后浸湿，将其绑在一只盐水瓶上，向瓶内灌满开水，隔数小时取下即成。需要提醒的是，桨叶绑在瓶子上的位置应该使桨叶中心线与瓶子轴心线构成 20°的夹角（如图 8-2）。这样桨叶便会因受热而烘成弧形，并成扭曲状。

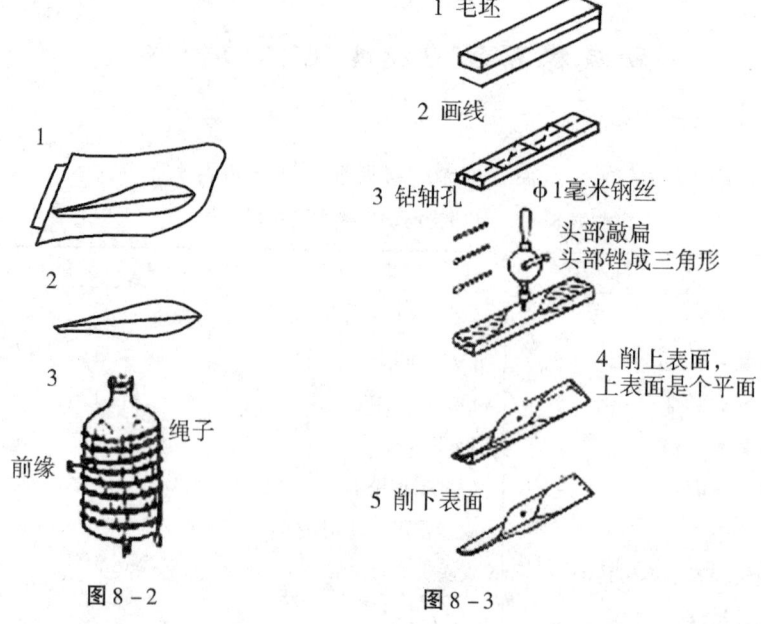

图 8-2

图 8-3

桨根制作就是先在准备好的木料上画好尺寸，然后再钻轴孔。钻孔用的钻头可以自制：用直径1毫米钢丝截一段，一头敲扁，并锉成三角形便成。钻轴孔时一定要使轴孔与桨根表面垂直。至于桨根上、下表面的削制，那一定要按图所示方向进行，不能反向，如图8-3。

机头木的制作按图8-4所示的步骤来做，但应注意以下2点：①画线时以轴孔中心线为基准线。②机头垫块应胶合在机头木左边。

桨轴取直径1毫米、长80毫米的钢丝，按工作图先弯出后端的橡筋钩，并套上一小段塑料管即可。

各零件都做好后，进行螺旋桨总装工作。先把桨叶与桨根按尺寸胶合，再将各零件依次套在桨轴上，如图8-5。

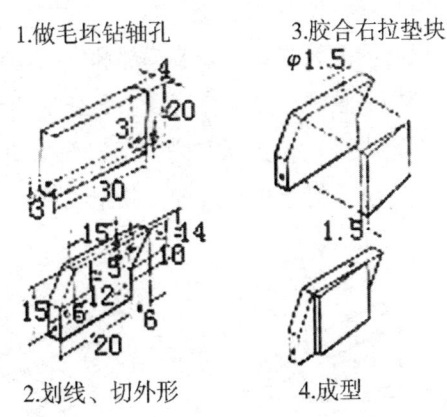

图8-4

在螺旋桨上还要有个空转装置，做起来很容易。先将桨轴头部弯成偏心环，再用大头针做成单向传动轴和销钉，让单向传动轴套入销钉内。

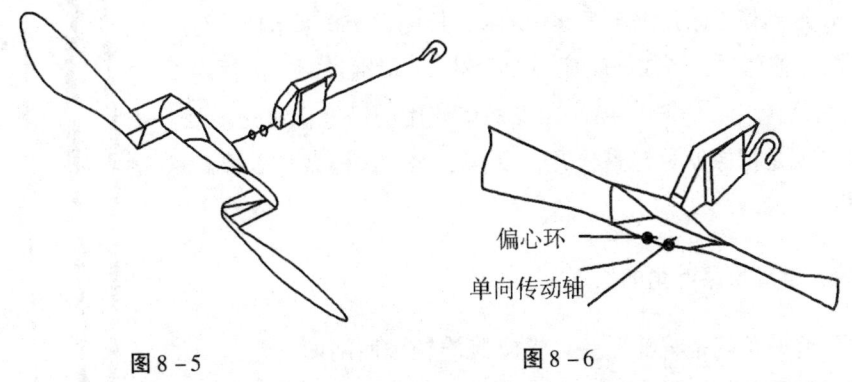

图8-5　　　　　图8-6

单向传动轴的长度，比销钉到桨轴的距离稍长点就可以了，如图8-6。这种空转装置是怎样进行工作的呢？先将单向传动轴由右向左穿进桨轴头部的偏心环中，当用手自右向左拨动螺旋桨时（左、右方向以驾驶员位置为准），由销钉和单向传动轴带动桨轴扭转橡筋索。但当橡筋索被绕紧，手松开螺旋桨后,则由橡筋来带动桨轴,并由桨轴的偏心环通过单向传动轴和销钉,使桨叶自左向右旋转。等橡筋弹力用完后,由于空气动力的作用,桨叶仍继续右转,这时桨轴是不动的,单向传动轴便从桨轴的偏心环中滑出,螺旋桨就进入自由空转,模型飞机就可以自由滑翔了。

机身的改装

机身的改装主要是改装头部和安装尾钩。机身头部改装如图 8-7 那样,在头部切一缺口,钻一个直径 1.5 毫米的孔,并打入竹销钉,竹销要露出孔外约 3 毫米高。在头部右侧胶上机头垫块。尾钩是用直径 1 毫米、长 45 毫米钢丝弯成,钉入指定位置,并用线绑牢。

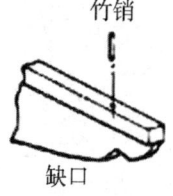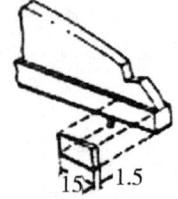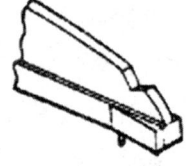

图 8-7

整理橡筋

这架模型采用 1 毫米×1 毫米、长度为 350 毫米橡筋绕成 7 圈。整理时,要在一端挂一个"8"字形钢丝圈,以便用手摇钻绕橡筋,如图 8-8。在橡筋束使用前最好将它先预绕 2 次,就是把橡筋紧绕紧松开,反复 2 次,这样做可以提高橡筋的性能。

螺旋桨桨叶角的纠正

桨叶角就是桨叶翼弦与螺旋桨旋转平面间的夹角。为了提高螺旋桨的工作效率,必须使所制作的螺旋桨桨叶角与设计要求相符合。

先取 1 毫米厚松木片分别做成 22°、27°两个卡板,再用一块平整的木片按图 8-9 做一块底板,并画上线。有了这卡

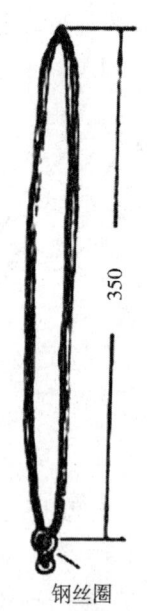

钢丝圈

图 8-8

板及底板，就可以检查和纠正桨叶角了。将螺旋桨放在底板上，桨轴卡入底板的槽中，桨根下表面紧贴底板的上表面，此时，桨轴应与底板上表面垂直，如不垂直应修正桨根下表面。再把27°、22°两个卡板分别按在底板上 R80 和 R115 的两条线的位置，卡入底板与桨叶之间，使卡板与底板垂直。检查卡板与桨叶前后缘是否同

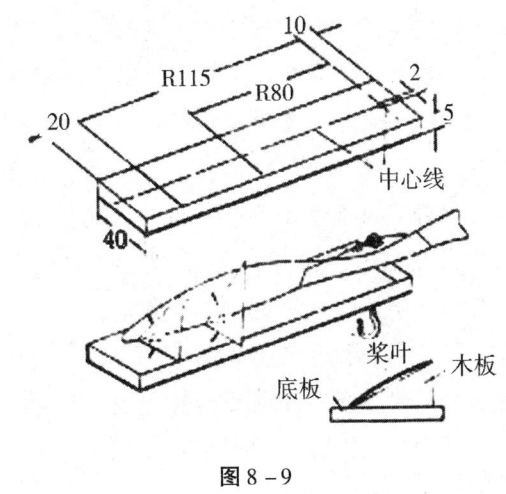

图 8-9

时相碰，如不同时相碰可用电烙铁或盐水瓶装热水纠正，直至完全相碰为止，如图 8-9 所示。

总装

将机身、螺旋桨、起落架按图 8-1 装配，并用橡筋扎牢，再挂上橡筋索就可以了。

调整和试飞

试飞前的检查及手掷试飞同初级牵引模型滑翔机。另外还需检查一下螺旋桨，看看旋转是否灵活、空转装置能否工作、桨叶角是否正确。

还应该在牵引钩上用一小块胶布贴起来，以免划伤橡筋。最后用手拨动螺旋桨，使橡筋束绕几十圈，然后把手松掉，看一下桨叶旋转是否平稳，有没有抖动，如果有抖动应及时予以纠正。抖动主要原因是：两个桨叶的桨叶角不等或者是两个桨叶重量不等。

拉力线的调整

拉力线就是螺旋桨产生拉力的作用线，它一般是与螺旋桨桨轴线重

合的。

我们制作的是右转螺旋桨，由于橡筋对模型飞机有反扭作用，因而使飞机产生一个左转力矩，如图8-10。这种右转螺旋桨工作时，如果机头需要向左转，就会产生一个向上的力矩。这样整架模型上，除了受这两个力矩作用外，再加上螺旋桨的拉力，就容易使飞机在空中"吊翻"。又因为拉力线一般在重心下面，所以螺旋桨工作时，又会产生抬头力矩，使模型失去俯仰平衡。为此，必须要有向右和向下的拉力线来克服这个左转力矩和抬头力矩，才能正常飞行。

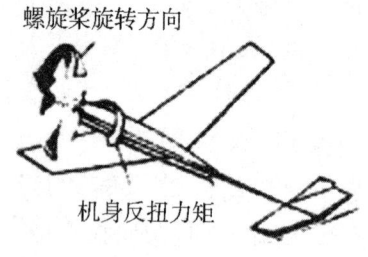

图 8-10

拉力线调整方法如图8-11，在机头与机身头部之间不同位置垫上木片或纸片来解决。

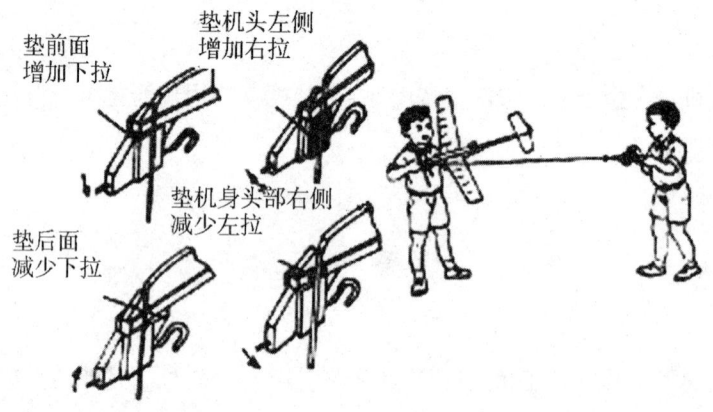

图 8-11

动力试飞

初次飞行应用小动力进行，橡筋绕上可绕数的1/3左右（约150~180圈）。绕橡筋时先把橡筋拉长到1~1.2米再绕，最好是用手摇钻进行。没有手摇钻用手指拨动螺旋桨也可以。

橡筋直升模型飞机

直升飞机不需要专门的起飞、着陆场地，能够悬浮在空中某一位置，并能以很小的速度前进，因此直升飞机在国内外军事和生产建设上广泛地得到应用。

这里介绍一种简单的直升模型飞机，它具有适合小场地起飞、着陆，制作简单，需用材料少等优点，航模爱好者初学时不妨先制作这一种。这种模型由旋翼、挡板、机身、橡筋等4个部分组成。旋翼相当于旋转的机翼，由它旋转产生升力，使模型上升。挡板是用来保持模型上升、下降时安定性的。机身将飞机各部连成一个整体，同时承受橡筋的扭力。橡筋则是模型的动力装置，用它带动旋翼旋转，使旋翼产生升力，如图9-1。

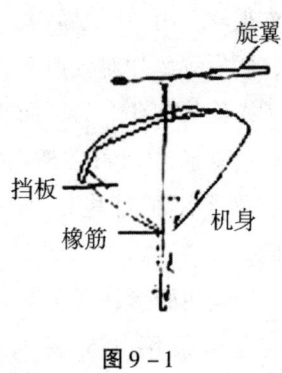

图9-1

橡筋直升模型飞机的制作

🌱 机身的制作

整架模型的三面图见9-2。机身共由机身纵梁2根、机头、尾钩、支撑条、张线等6个零件组成。纵梁是从1.5毫米厚的桐木片上切下的。切梁的步骤是，先在木片上按工作图标出的尺寸画好线，然后用长300毫米直尺

123

压在画好的线上，用刀片沿直尺轻轻地划下。注意用力一定要轻，一次划不下可多划几次，刀口要稍微向外，以免划坏直尺。

遇到木片的木纹与画线不平行时更应小心（也可用现成的1.5毫米厚、4毫米宽的桐木条做，这样就更加简便了）。

机头，在厚2毫米的松木片上按工作图上的样子切下2片后，用铅笔在虚线处用力画2条直线。因为松木很软，用力画线后就会陷成一条槽，然后将2片对合起来，就自然形成了螺旋桨轴孔。为了防止胶水流入槽内，在胶合时可在槽内放1根针，待胶水干后把针拔出，再扩大一点即成。

尾钩用回形针弯成。

支撑条用1.5毫米厚的桐木做成。

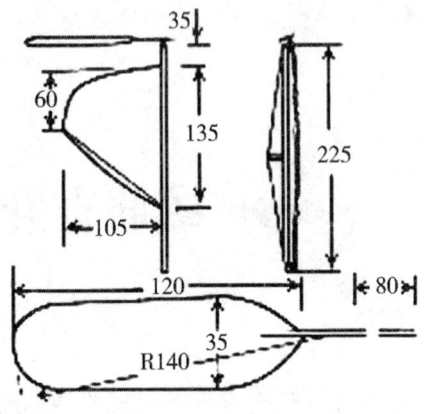

图9-2　橡筋直升模型飞机三面图

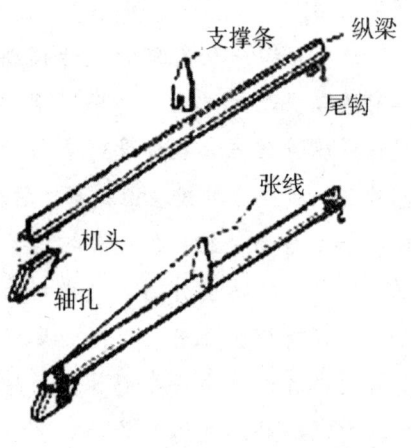

图9-3

装配机身时先将两根纵梁用快干胶水胶合成丁字形，然后胶上支撑条和机头。机头部分再扎几道线，并引出张线，连到尾部将尾钩与纵梁扎牢。这样机身就完成了，如图9-3。

挡板的制作

挡板由挡板骨架、蒙皮和张线组成。挡板骨架是用直径1毫米的竹丝，在点燃的蜡烛火焰旁烘弯成图中的形状（也可在蚊香火星上烘）。然后在机身纵梁距机头25毫米处用针穿1个小孔，将竹丝穿过去，交接处要加点胶水，再把张线缚好。最后，拿一张油光纸，按图纸上蒙皮形状画好，剪下，用糨糊贴在机身和挡板骨架上即可。

旋翼的制作

旋翼由桨叶、桨根、旋转轴、配重、垫片组成。桨叶用厚度为 1 毫米的桐木片，按图纸形状用刀片刻下，再用砂纸将边缘磨光即可（也可用 0.5 毫米松木片或卡片纸代替）。桨根用长 120 毫米、直径 1 毫米的竹丝做。在竹丝一端用小刀劈开（深度为 30 毫米），将桨叶按尺寸嵌入并加上胶水。旋转轴用回形针弯成，并用线扎在竹丝的指定位置，如图 9-4。

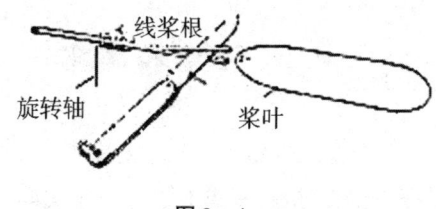

图 9-4

接着把桨叶和旋转轴之间的夹角纠正一下。纠正的方法是，先用卡片纸做一块两边夹角为 102° 的卡板。再用一块直角三角板和桨叶贴紧，使三角板一直角边与桨根竹丝靠紧，直角顶点顶到旋转轴。然后用卡板卡一下三角板另一边与旋转轴的夹角是否 102°。如果不是，则扭一下旋转轴使其达到 102° 即可，如图 9-5。最后在旋转轴和桨根竹丝扎线处涂上胶水，整个旋翼就完成了。

为了使旋翼装到机头上去后旋转灵活，可剪 2 小片塑料片（或薄铁片），中间用小钉子钻 1 个小孔作为垫片，待总装配时用。

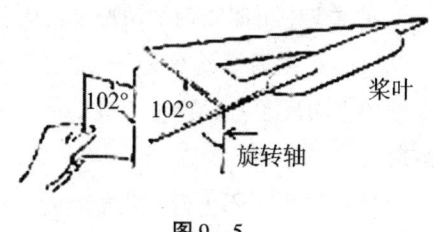

图 9-5

整理橡筋

在一块木板或工作台上，相隔 200 毫米钉 2 颗钉子。用 1×1（1×1 指截面积为 1 毫米 ×1 毫米 =1 毫米^2，在航空模型活动中对于木片、木条、橡筋等材料的截面都这样规定）的橡筋在两钉子外侧绕 4 圈，打一个结。

到此为止，已把 4 部分零件准备就绪，可以着手总装了。

总　装

总装可按以下步骤进行：

（1）将旋转轴穿上 2 片垫片，再插入机头的轴孔，并把穿过机头的部

分弯成一个钩子，以备与尾钩之间挂橡筋用。

（2）在旋翼的竹丝一端加配重，使旋翼两边重量平衡。配重可用铁丝绕或橡皮泥捏。配重要求参看图9-6。

（3）贴上挡板蒙皮。最后，挂上橡筋束。可参照总装示意图9-7。一架直升模型飞机就这样完成了！

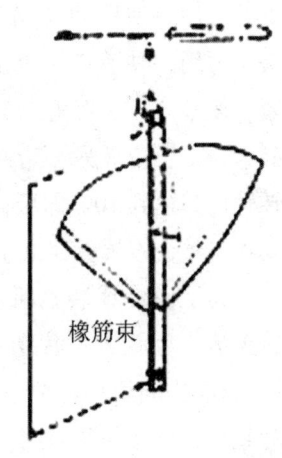

图 9-6

图 9-7

调整和试飞

在模型试飞前，应该先检查一下各部分是否符合要求。检查重点有2个：①桨叶与旋转轴的夹角是否准确。②旋翼是否平衡。检查完后，用左手拿着模型机头，右手拨动旋翼向顺时针方向绕转200圈（最多可绕至300圈）。绕好以后机头向上，两手松开，模型就能平稳上升了。

在试飞中可能出现的情况及原因分析：

（1）松手后模型不上升而迅速坠地。这是绕橡筋的方向反了，只要重绕橡筋使方向绕对就可解决。

（2）松手后不上升。可能是橡筋绕的圈数太少，或桨叶和旋转轴夹角太小。增加绕转圈数或将桨叶与旋转轴夹角加大就可解决。

（3）上升时摇摆很严重，即上升不安定。原因可能有3个：

①桨叶与旋转轴夹角太大。减小些即可。

②重心位置太高。在尾钩边上配一点橡皮泥，情况会有较大改善。

③旋翼不平衡。需重新配重使其平衡。

以上是简易直升模型飞机的制作和调整试飞。掌握了这些基本技术，就可以制作各种不同式样的直升模型飞机了。

橡筋伞翼模型飞机

橡筋伞翼模型飞机是伞翼模型飞机的一种。它以橡筋为动力，带动螺旋桨旋转产生拉力，使模型飞机在空中飞行。

伞翼模型飞机的特点

结构特点

一般模型飞机采用刚性机翼，展弦比较大。而伞翼模型飞机则是采用软翅结构，展弦比很小的三角形机翼，或是采用像翼伞一样的充气式软机翼。一般模型有尾翼，而伞翼模型（如"希望号"伞翼模型飞机）没有尾翼，属于飞翼类型。

空气动力特点

从空气动力角度看，由于是软翅（或软翼）和小展弦比，伞翼的空气动力性能不如常规机的机翼。升阻比一般只有常规机翼的1/2左右，效率是很低的。但是伞翼失速推迟，临界迎角比常规机翼的大1倍，甚至更多，使得最大升力系数较大，所以平飞时需要速度也大大降低；而且由于它结构简单，重量轻，使翼载荷大大减小。它拆装简单，重量轻，运输方便，因此在低速度、短跑道作业领域内显示出独特的优越性。

（1）方向平衡和方向安定性

机翼阻力形成的方向力矩决定于左右机翼的对称性。对称时方向力矩

平衡，不对称则方向力矩不平衡。

常规的模型飞机的方向安定性主要靠垂直尾翼来保证，但有的伞翼机没有尾翼因此方向安定性依赖于机翼的后掠角。如后掠角过小，将导致方向安定性不足。

(2) 横侧平衡和横侧安定性

右旋螺旋桨会产生使模型向左的滚转力矩。这个力矩对橡筋伞翼模型来说十分强劲。橡筋重量越大，相同重量的橡筋束越短，反作用力矩越大。

左右机翼面积不等（或不对称）会使升力不等而形成滚转力矩。常规模型主要靠机翼的上反角保证横侧安定性。而三角形伞翼基本上没有上反角，其横侧安定性来自2个因素：①机翼的后掠角。但后掠角的横侧安定作用远不如上反角。一般认为10°后掠角还不能保证足够的横侧安定性。②低重心。这类模型的机翼高出机身，好像人们打伞一样，所以就叫"伞翼"。重心在侧压中心以下的相当距离上，侧滑时就会产生较大的恢复力矩。同时类似于"重摆"的作用，倾斜时重心升高后有回复到气动中心下方的趋势，也起到了横侧安定的作用。

俯仰平衡和俯仰安定性

常规模型飞机的俯仰平衡是由机翼和水平尾翼对于重心的力矩来决定的。而有的伞翼机没有水平尾翼，它的俯仰平衡主要由重心与压力中心相对位置来确定，即重心要在迎力的延长线上。重心靠前，将导致迎角减小直到俯冲；重心靠后，将导致迎角加大直到失速。

常规模型的俯仰安定性主要由水平尾翼来保证。一般伞翼机靠低重心和机翼的后掠角来保证。常规机翼一般是不安定的，即迎角增大时压力中心前移。伞翼机的伞翼后掠角较大，翼尖部分的位置相对后移，可起到类似水平尾翼的作用。或者说，由于机翼后掠改变了整个机翼压力中心移动的规律，即迎角增大时压力中心后移，迎角减小时压力中心前移。低重心的俯仰安定作用和横侧安定作用相同，也类似重摆的作用。

模型飞机的制作

伞翼模型飞机图及材料

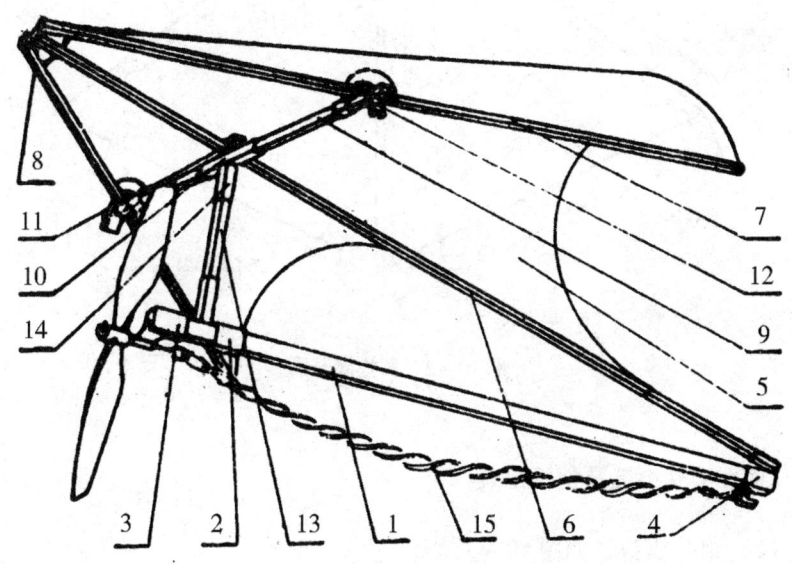

图10-1 橡筋伞翼模型飞机完成图

1. 机身 桐木 4×6×280（单位为毫米，下同） 2. 立柱底座 塑料 3. 机头（包括螺旋桨） 塑料 4. 机尾（代尾钩） 塑料 5. 翼膜 塑料膜（见翼膜尺寸图） 6. 纵梁 竹丝 $\phi 2×350$ 7. 前橡 竹丝 $\phi 2×300$ 8. 三接头 塑料 9. 横梁 桐木 3×3×150 10. 中卡 塑料 11. 小橡筋圈 橡筋 12. 边卡 塑料（2件） 13. 立柱 桐木 3×3×150 14. 立柱上套 塑料 15. 动力橡筋 橡筋 1×1×1800

伞翼模型飞机是工厂生产的套材，模型飞机所用材料都已配齐，只需要按图检查一下，材料是否齐全良好即可。如果自己准备材料，需要按图10-2所注明的材质和规格尺寸准备好才能制作。

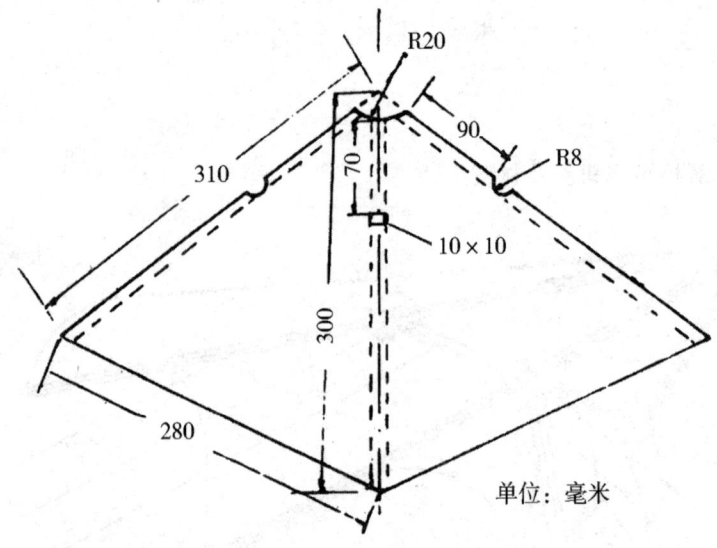

图 10-2 翼模展开图

模型部件组装及整机组装

（1）组装机身，如图 10-3 所示。

①将立柱底座穿在机身上；

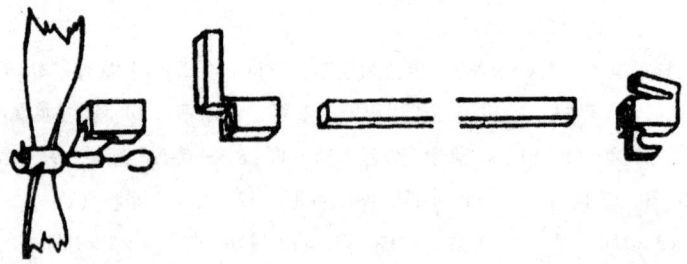

图 10-3 机身组装图

②将机头插在机身一头；

③将机尾插在机身另一头。

注：所有插接配合松紧要合适，既能牢固定位，又能手拔出或移动。

如木条稍粗可用砂纸轻磨。如木条稍细,可在接插处粘一层纸,纸的厚度要适当。

(2)组装机翼

①翼膜开口。用刀剪开出 R20、R8 和 10 毫米×10 毫米方孔。

②将纵梁、前橡穿在翼膜上,接上三接头。

③将中卡穿在横梁的中部,边卡穿在横梁两端。成为横梁组件。

④将翼面的纵梁(10 毫米×10 毫米的开口处)卡在中卡开口内,用小橡筋圈锁紧开口。边卡穿过翼面 R8 开口处,将前橡横压在横梁上用边卡卡住。

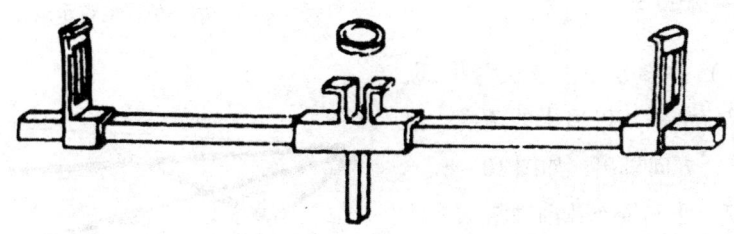

图 10-4　机翼横梁组装图

(3)整机组装

①首先将纵梁与机尾连接起来。

②调整立柱底座的位置,将立柱插在立柱座上。利用立柱上套,将伞翼上的中卡和立柱上端连在一起,完成整机总装。

(4)装橡筋

①将长 1.8 米的橡筋两端并合,结死扣,绕成 3 圈,重量约 2 克。

②将绕成 3 圈的橡筋挂在桨轴和尾钩之间,略长于机身而自然下垂。

模型的调整和试飞

飞行前检查

飞行前除全面检查外,要着重检查 3 点:

(1) 左右翼面差：左机翼面积应大于右机翼面积。即：横梁左侧大于右侧约 10～15 毫米。

(2) 拉力线：螺旋桨一般需 5°左右的右倾角。用目测法，从机身下方看桨轴与机身的夹角。

(3) 重心位置：重心在纵梁距前端（包括塑料部分）约 140～150 毫米之间。检查方法如图 10 – 5。

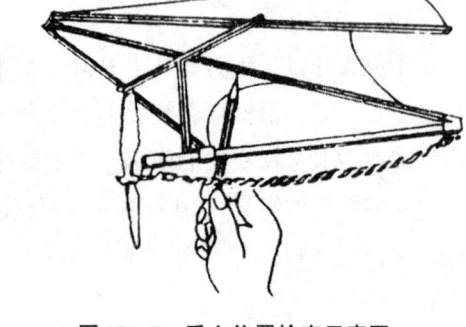

图 10 – 5 重心位置检查示意图

手掷试飞

(1) 手掷方法手拿机身中部，模型保持水平，以适当的速度，沿机身平行方向掷出，如图 10 – 6。

(2) 正确姿态按前面讲的方法掷出后，模型缓慢滑翔向右转弯。

(3) 不正常姿态

①俯冲：如图 10 – 7，是重心太靠前造成的。纠正方法：前移机翼、加大机翼安装角，或者机尾加配重使重心后移，也可减轻机头部分重量使重心后移。

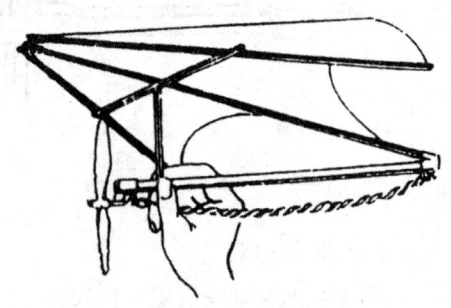

图 10 – 6 手掷试飞的方法

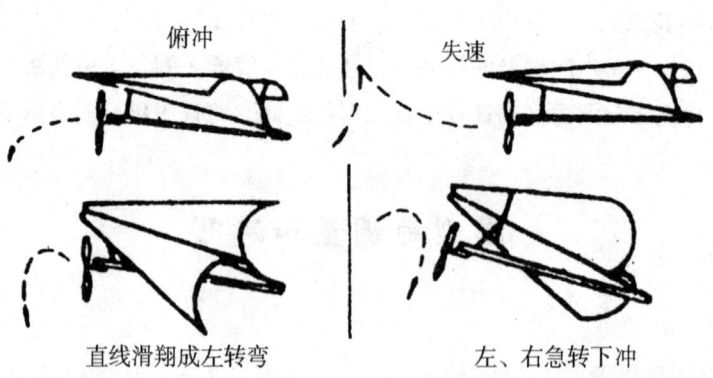

图 10 – 7 四种非正常飞行姿态图

②失速：是重心太靠后造成的。纠正方法与前者（俯冲）相反。

③直线滑翔成左转弯：是左右翼面差不足造成的。纠正方法：向右移动横梁中卡。

④左、右急转下冲：是左右翼面差太大造成的。纠正方法：移动横梁中卡，减小左右翼面差。

 动力试飞

在手掷试飞达到正确的滑翔姿态后可进行动力试飞。

（1）绕橡筋方法

左手捏机头，右手指沿顺时针方向连续转动螺旋桨，转数从少到多，一般可分为150、200、250转，如图10-8。

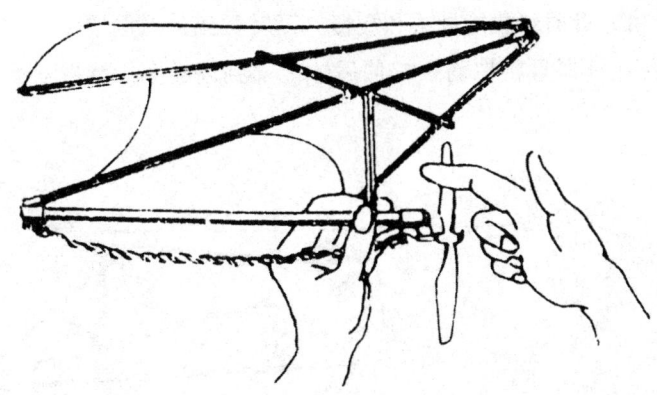

图10-8　绕橡筋的方法

（2）出手方法

右手拿机身中部，左手捏螺旋桨。稍有些左侧风，机翼向右倾斜，机头向上约45°掷出。翼面要处于充气上鼓状态。

（3）正常状态模型出手后，右旋或左旋爬升。或是先左旋后右旋爬升。

（4）不正常状态

①拉翻或失速：右拉或翼面差不足。

②左旋下：右拉太小，翼面差太小。

③右旋下：左拉太大，翼面差太大。

延长留空时间的方法

模型飞机组装、调整好以后，按照前面讲的方法和要点去飞，一般都能飞行10秒以上。但这样的飞行时间总觉得太少，不过瘾，都想飞得时间再长些才好。为了达到这一目的，可试用以下办法去实践。

大速度垂直滚转爬升的方法

（1）增加橡筋重量到3~5克之间。加长橡筋束长度，一般为300~350毫米，使动力时间（螺旋桨转动时间）加长，一般绕500~550转时动力时间约为30秒。此时释放能量柔和缓慢。高转数用的橡筋要清洗并涂上润滑油，必须用手摇器且将橡筋束拉伸后才能摇到高转数。绕橡筋方法，如图10-9。

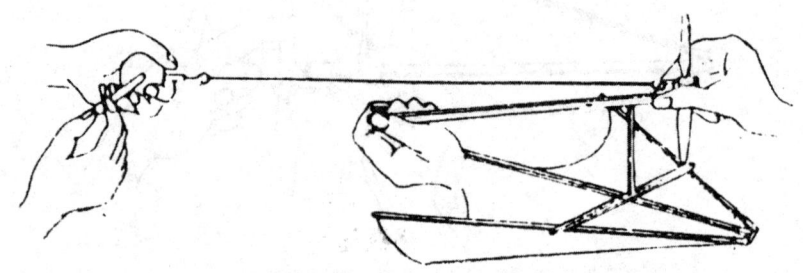

图10-9 用手摇器绕橡筋

但要注意，绕转数的多少要看所用橡筋的质量，因此开始时不要一下就绕到最高转数，可逐渐递增，试着绕。不然橡筋束容易断。

（2）橡筋重量的增加，意味着能量增加，爬升速度也会增加，伞翼所产生的抬头力矩也会随之增加，会造成模型拉翻，这样就不可能实现垂直滚转爬升的目的。

解决上述问题的办法有3个：①增加螺旋桨的右拉，利用右转弯克服拉翻现象。②尽量降低立柱高度，可以桨尖撞不到机翼为准，使其尽量减小安装角，从而减小抬头力矩。③增加下拉。机头在生产时就已经有了5°左右的下拉，但这还不够，一般下拉增加到 10～15°。以上几个方法要配合使用，单一方法往往不能实现垂直滚转爬升。

（3）增加螺旋桨的螺距与增加橡筋重量后的能量相匹配

将螺旋桨的桨叶加热变软后使桨叶的前缘向上，后缘向下扭，以加大桨叶角。但要注意两桨叶冷却定型后的桨叶角要相同，防止螺旋桨高转速工作中出现不平衡。桨叶角增加的大小，要看当时使用的橡筋的质量。所以，可多改几支桨叶角不同的桨，经过试验，确定哪支桨与哪些橡筋相配合。总之，应尽量避免大马拉小车或小马拉大车的现象。

以上几个方面的改变都是相互关联的，要协调好，缺一不可。其目的都是要达到模型出手时机头向上，使模型垂直滚转着急速上升，随着橡筋能量的释放，模型会由垂直滚转上升逐渐变为大角度、小半径盘旋上升直到改出平飞，达到最大的高度。

减小滑翔飞行时的下沉速度

（1）为了使模型能正常滑翔，要特别注意调整好重心位置，避免波状飞行。因橡筋束这时比机身长，要将橡筋束的两头与机头和机尾固定好，不得有脱落，以避免改变正常滑翔状态，影响留空时间。

（2）尽量增加有效升力面积，适当减小后掠角。

（3）减小空气阻力，如翼的开口和开洞要尽量小，各部件表面要打磨光滑等。

以上增加爬升高度、减小滑翔时的下沉速度的各种方法，都是互相关联的。模型本身的制作好坏有别，外部气候条件瞬息万变，要求模型要有"吃热气流"的性能。所以必须通过自己开动脑筋，耐心实践，细心调整，才能达到飞得高、留空时间长的目的。

室内模型飞机

室内模型飞机是在室内飞行的，它的特点是：飞行速度慢、飞行重量轻。制作一级室内模型飞机的材料来源广（麦秆、芦苇等），用材省，飞行场地的限制较小（教室、大厅、体育馆等场所都能进行飞行），因此，很受青少年欢迎。这里介绍的模型如图 11-1。

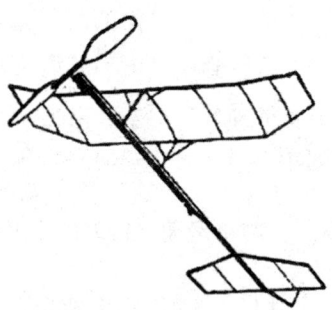

图 11-1 室内模型飞机

机翼的制作

制作机翼的材料，只要准备一片厚 1 毫米、长 260 毫米的桐木片，少量厚 1.5 毫米桐木片及一张宽 110 毫米、长 500 毫米的电容器绝缘纸就可以了，另备 2（或 3）毫米×55 毫米×105 毫米桐木片 4 片做翼台模具用。不过，室内模型对木材的选择很重要，不仅要注意重量轻，而且要注意强度。一般说，白色的木材较轻，强度也好。木纹要求直，因为木纹一斜就严重地影响强度。

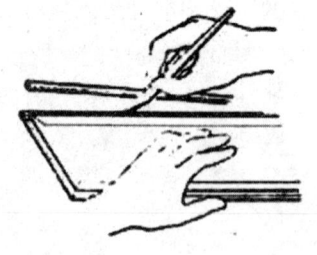

图 11-2

（1）前后缘

在选定的 1 毫米桐木片上划下 2 条 1.5 毫米宽的木条做中段前、后缘，再划下 3 条 1 毫米宽的木条做上反角段前、后缘及翼尖。使用直尺划木条的方法如图 11 - 2，注意刀片要紧靠木尺，刀刃略向外偏，以免划斜或划伤木尺，最好先轻轻划几刀，然后一刀切割成形。

（2）翼肋

在 1 毫米桐木片上划一块长 105 毫米的木片，用水浸湿后加热弯成翼肋弧状，如图 11 - 3,然后用刀片按图 11 - 2 的方法划下宽 1 毫米的翼肋 7 个，并按图 11 - 4 方法制作。

图 11 - 3

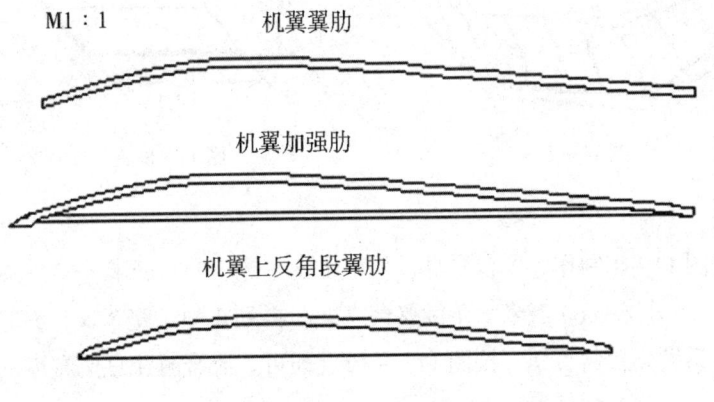

图 11 - 4

（3）胶合

翼肋与前后缘胶合方法同一级牵引模型滑翔机，注意翼肋与缘条上表面接合应平滑，如图 11 - 5。

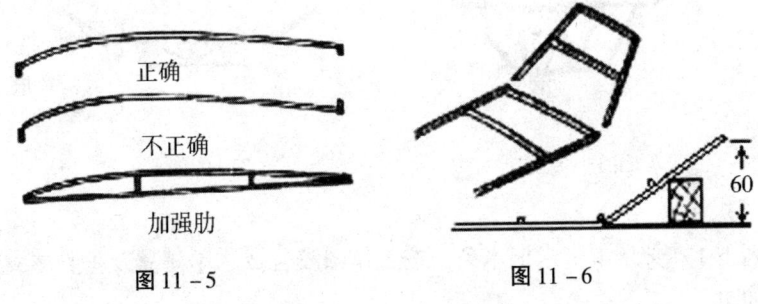

图 11 - 5　　　　　　图 11 - 6

（4）上反角

上反角胶合如图11-6。

（5）蒙纸

先将电容器绝缘纸按机翼中段、上反角段大小裁成3张。用小毛笔在前后缘及翼肋上涂上少量文具胶水，先蒙中段，然后再蒙上反角段，如图11-7，待胶水干后，用刀片裁去多余的纸边。注意在蒙纸上不能喷水或刷涂料。

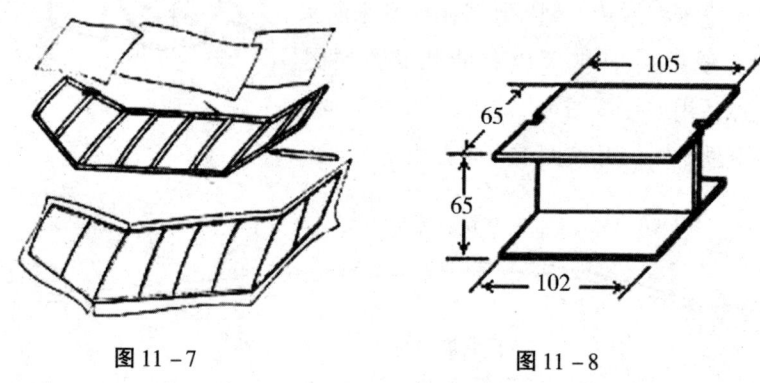

图11-7　　　　　　　图11-8

（6）翼台

按图11-8制作好翼台模具，划好1.5毫米×1.5毫米×63毫米及1.5毫米×1.5毫米×60毫米木条做翼台支架，再划4根1毫米×1.5毫米×80毫米木条做翼台斜支架，按图11-9胶合即可。胶合时注意使左边机翼的安装角略大一些，如图11-10。

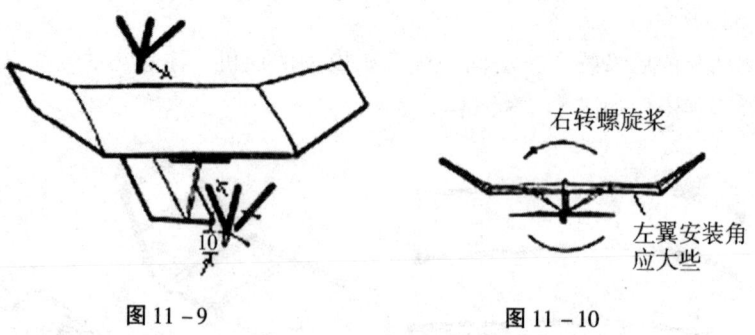

图11-9　　　　　　　图11-10

（7）尾翼

划下1毫米×1毫米桐木条，按工作图胶合成水平尾翼及垂直尾翼，蒙上纸即可。

机身和螺旋桨的制作

机身和螺旋桨所需材料见表 11-1。

表 11-1 机身和螺旋桨所需材料表

名　　称	规格（毫米）	数　　量
机身主梁	2×5×460 桐木条	1
机身加强梁	1×4×260 桐木条	1
机头	0.5×3×22 硬铝片	1
垫片	0.5×φ3 硬铝片	2
尾钩	φ0.4×15 钢丝	1
桨叶	0.5×30×120 桐木片	2
桨根	3×3×100 桐木条	1
桨轴	φ0.4×40 钢丝	1
翼台套管	纸或麦秆	少量
动力橡筋	1×1×320	2 圈

另外，还需要 2 毫米×40 毫米×140 毫米及 2 毫米×40 毫米×40 毫米桐木片来做桨叶模具用。

（1）机身

机身由主梁和加强梁胶合成⊥形，尾部按工作图所给形状用刀划去，如图 11-11。

如果有直径 5~6 毫米的芦苇秆或粗麦秆，也可用来做机身。机头和尾钩的制作如图 11-12 和图 11-13。

图 11-11

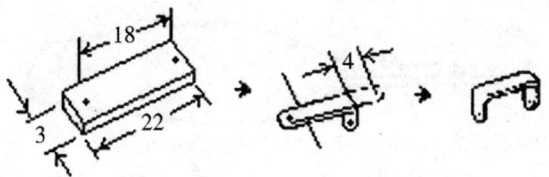

图 11-12

（2）螺旋桨

螺旋桨的制作与一级橡筋相仿。桨叶用 0.5 毫米桐木片刻出外形，前后缘部分略用砂纸磨去些做成翼形状，再用水浸湿，将两片桨叶叠在一起用大头针固定在桨叶模具上烘干。桨叶模具用 2 毫米桐木片按图 11-14 做成。AB 距离 70 毫米。

桨根用 3 毫米×3 毫米桐木条做成，两端削成 45°以胶合桨叶；桨轴用 φ0.4 毫米钢丝弯成，如图 11-15。

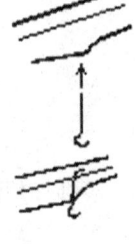

图 11-13

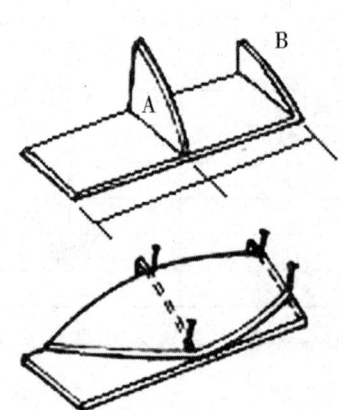

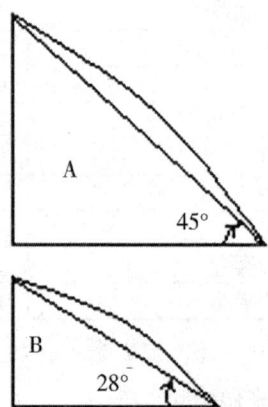

图 11-14

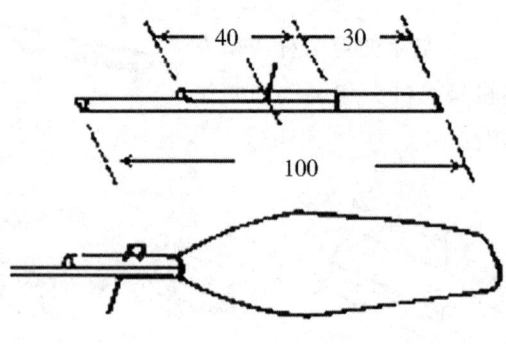

图 11-15

总　装

总装过程是：先将水平尾翼与机身胶合，然后胶合垂直尾翼，注意垂直尾翼需左偏10°。再在桨轴上套入垫片2只，把桨轴从机头中穿过去，如图11-16。

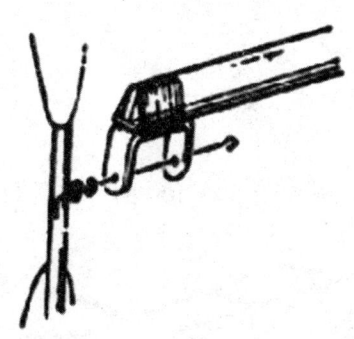

图 11-16　　　　　　　　图 11-17

还得做2个长为10毫米、内径为1.8毫米的纸管（或2段合适的麦秆），待测出机身部分的重心后，在重心前75毫米处、重心后30毫米处的机身左侧胶上2个纸管，如图11-17。胶干后再将机翼插在这两纸管中。

室内模型飞机的调整试飞

室内模型飞机的模型轻、飞行速度慢，飞行时主要是动力飞行阶段，很少有滑翔状态。调整试飞时一般采用左盘旋，操作要求动作轻，行动小心缓慢。

（1）飞行前的检查

飞行前的检查基本方面与前面各类模型相同，不同的是：①室内模型要求左翼比右翼安装角大1~3°，以防止飞行时过分左倾。②室内模型的拉力线一般为0°，如图11-18。

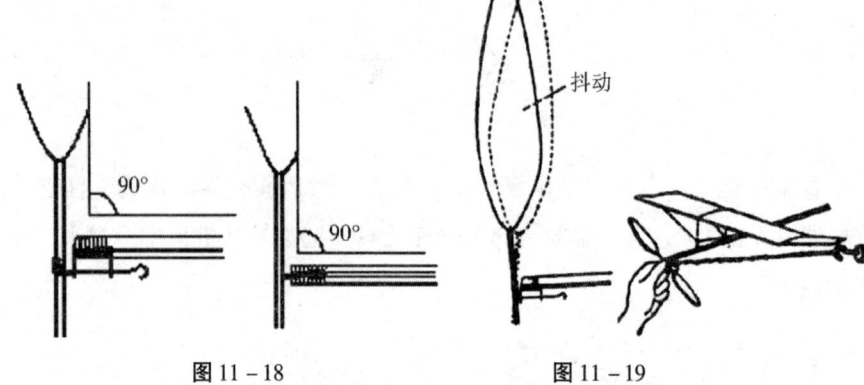

图 11－18   图 11－19

飞行前还应仔细检查桨叶旋转时的平衡情况，如图 11－19。

（2）手掷滑翔

室内模型的手掷滑翔必须挂上橡筋束，并绕上 50~100 圈，如图 11－20，以符合实际飞行中动力下滑的状态。出手时只可微微用力，如头重可略为增大机翼安装角或把机翼略为向前移动（即将安装机翼的套管前移），如头轻则反之。手掷滑翔还应初步调整盘旋半径，半径的大小可根据飞行场地的大小而定。如：在教室里飞行盘旋半径可调小一些；

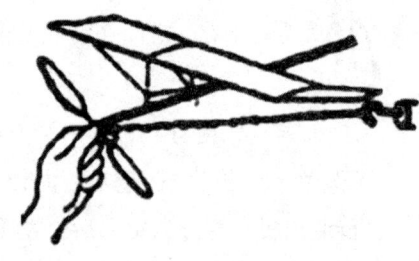

图 11－20

在体育馆飞行则可略为大一些。盘旋半径主要由垂直尾翼来调整，但必须注意，减小盘旋半径必须同时增加机翼安装角，才能保持正常的下滑。

（3）动力飞行

动力飞行时橡筋转数只能逐步增加。初次飞行可绕 250~300 转，以后再逐步增大。其调整重点是爬升姿态及盘旋半径。到以 600~700 转飞行时，应注意机身的变形弯曲和扭曲，如图 11－21。

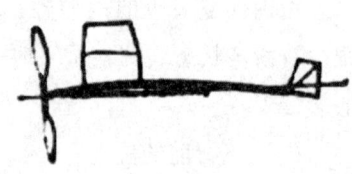

图 11－21

如发现上述情况，应立即停飞，并认真检查和调整后才能再作试飞，否则很容易将模型摔坏。

正常的飞行轨迹如图 11-22。

试飞中常见的情况、产生原因及纠正方法见表 11-2 中说明。

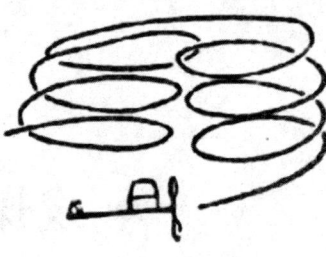

图 11-22

表 11-2 试飞调整表

飞行情况	产生原因	调整方法
失速附地	抬头矩太大	减少机翼安装角
直飞不转弯	左转力矩不够	增加左舵
飞行时倾斜很多	内翼升力不够	增加左翼安装角
俯冲坠地	机身变形，机头向下弯曲	1. 可略放松几转再飞行。 2. 增加机身强度

线操纵模型飞机

线操纵模型飞机是一种可操纵模型飞机,其基本的操纵原理是:操纵员用操纵手柄(以下简称手柄或把手)操纵2根(有时是3根)从模型飞机左翼尖引出的细钢丝,通过操纵机构来控制模型飞机上舵面的摆动,从而控制模型飞机的飞行姿态或做出各种飞行动作(如图12-1)。

图12-1 线操纵模型飞机的飞行

线操纵模型飞机有制作方便、操纵机构简单、占用场地小等优点。另外,对协调四肢操作的灵活性和培养人体反应能力,促进身体发育也有良好作用。

线操纵模型飞机简介

线操纵模型飞机种类很多,例如无动力线操纵模型飞机、橡筋动力线操纵模型飞机、电动线操纵模型飞机、以内燃机为动力的线操纵模型飞机等。目前在我国开展较为广泛且列为全国竞赛项目的线操纵模型飞机机种有 5 种。

活塞式发动机竞速模型飞机(简称竞速模型)

竞速模型是以飞行速度的高低决定胜负的竞赛项目,故飞行速度很快。近年来,由于发动机性能不断提高,竞速发动机的转数已超过 40000 转/分,飞行速度超过 320 千米/时。为尽可能地减小飞行阻力,该项目的模型气动布局多采用不对称式,如图 12 - 2。由于模型飞行速度的提高需要高性能的发动机作后盾,故需要爱好者运用所学知识进行不断的改进、更新,以争取更高的飞行速度。

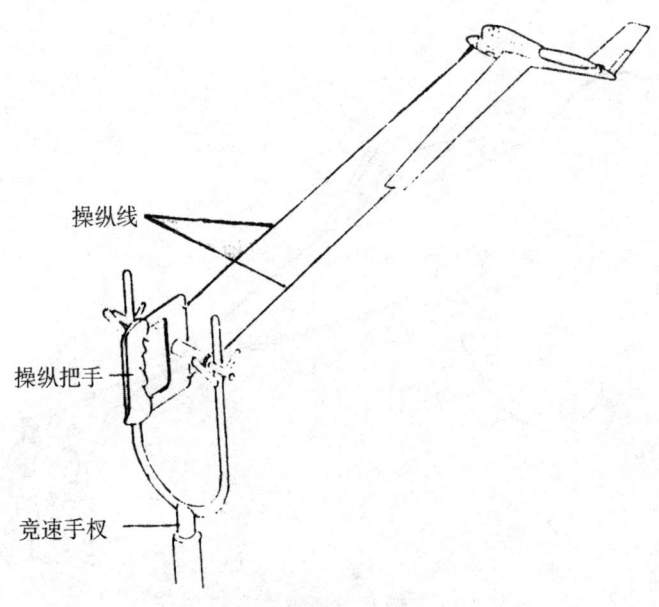

图 12 - 2 线操纵竞速模型飞机

小组竞速模型飞机（也称编竞速模型）

小组模型飞机竞赛是一种十分精彩、有趣的项目，在正式飞行时3架模型在同一圆场内一齐飞行，每架模型由一名"飞行员"和一名"机械师"组成一个小组参赛。比赛时，三架模型你追我赶的场面尤为壮观。由于竞赛规则限定模型上的油箱不得超过7毫升，因此不仅需要"飞行员"飞得又稳又快，还需要"机械师"有娴熟的回收模型、加油、启动发动机和放飞模型的好功夫，才能在整场比赛中取得好成绩。

 空战模型飞机（简称空战模型）

这是航空模型竞赛项目中对抗性最强的项目，场面紧张激烈。2架模型尾部各系一条长3米的纸带，由2名操纵员在同一圆圈内，各自操纵着自己的"战机"追咬拖在对方模型后面的纸带，如图12-3。两架模型在空中上下翻腾穿插着各种特技动作，勇追猛咬，十分引人入胜，咬掉对方纸带次数越多，获胜机会越大。这一项目不仅需要操纵员有良好的飞行技术，而且还应具备机智果断、智勇双全的心理素质。

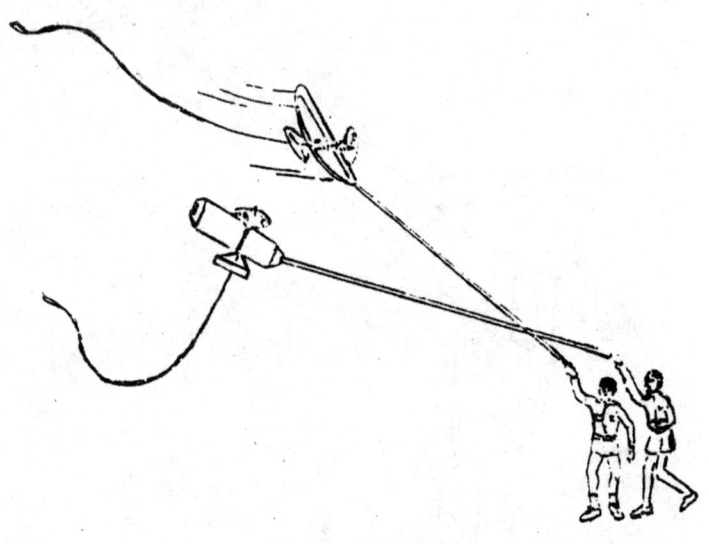

图12-3 空战模型机的飞行

特技模型飞机（简称特技模型）

它是由运动员操纵模型做出各种圆、方、三角形的筋斗，"8"字等优美而惊险的飞行动作。我国在该项目的优秀选手们经过艰苦的努力和拼搏，多次在世界线操纵模型飞机锦标赛上勇夺冠军，为祖国争得了荣誉。由于特技模型飞行性能稳定、易于操纵，加之初级教练机制作简单、便于掌握，所以练习特技模型项目飞行的人数最多（从小学生到年逾八旬的老者）。而且，此项目一直被作为各类线操纵模型飞机入门飞行的基础项目。图12－4和12－5为一架典型的特技模型教练机和竞赛用模型飞机。

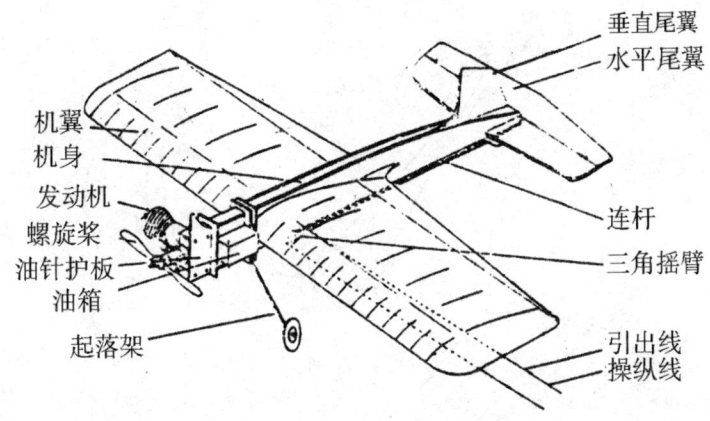

图12－4　线操作特技模型教练机

仿真模型飞机

顾名思义，这一项目模型是依照真飞机的实际尺寸和外观按比例缩小后制成的。要求爱好者细致了解其飞机的特点，发挥高超的制作工艺才能完成。

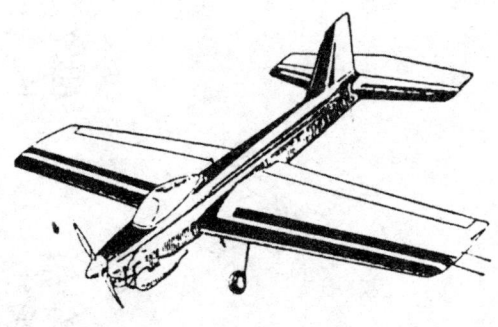

图12－5　竞赛型线操作特技模型飞机

特技模型飞行原理与制作

 飞行原理及性能要求

线操纵特技模型飞机（以下在本节内简称模型）以操纵员为中心、操纵钢丝为半径作圆周飞行，因而无须考虑模型的方向操纵。在飞行时只需保证模型的俯仰平衡和操纵即可，如图12-6。它的性能有如下特点：

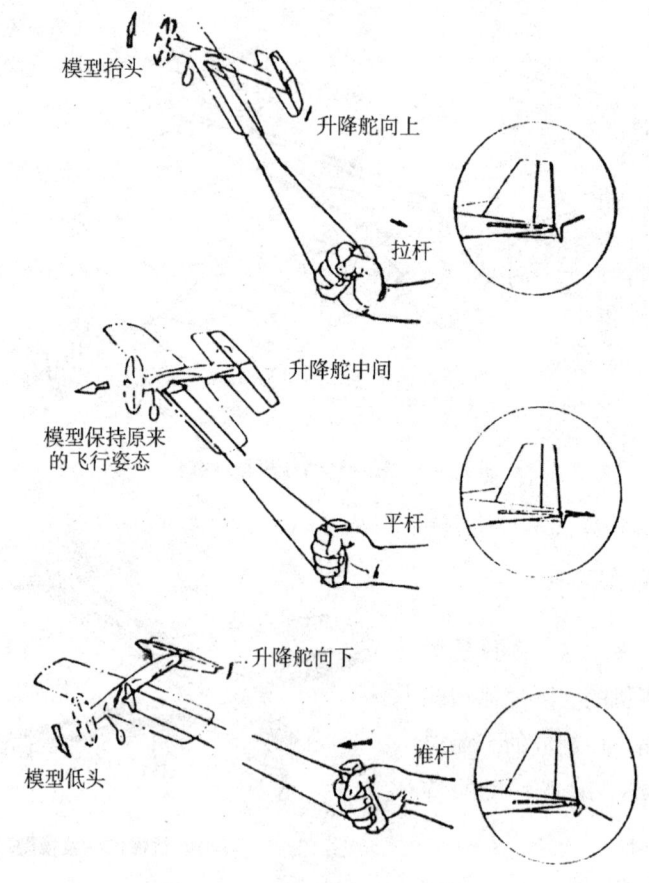

图12-6 特技模型飞机的俯仰操纵

(1) 模型的生命线

由于操纵员是通过操纵线操纵模型在半球面上进行飞行，为使操纵员手上的各种细微动作都能通过两根钢丝传递到模型升降舵上，必须保证钢丝有足够的张力（即模型要有一定的向外拉力）才能实现，如图12-7。

一旦钢丝松弛（被称为"松线"），模型就会失去控制，如不及时恢复外拉，就会造成摔坏模型的事故。松线在飞行训练中是最易发生的问题。针对这一问题，在模型的制作中多采用以下办法克服：

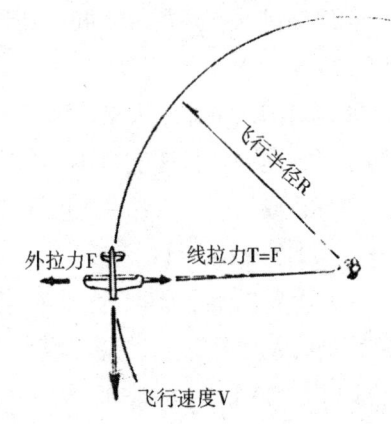

图12-7 模型平飞时的受力分析

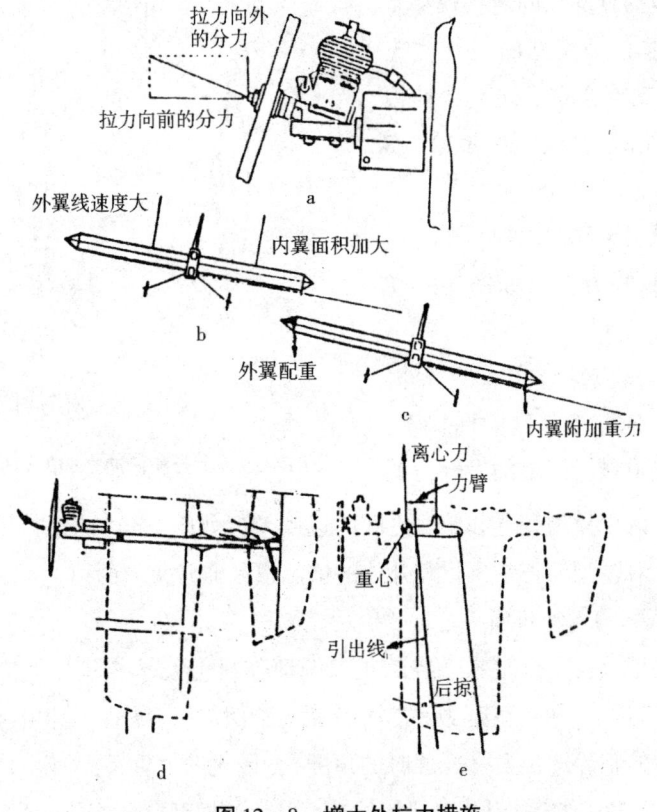

图12-8 增大外拉力措施

①发动机加装外拉（右拉），使发动机拉力的向外分力把操纵线拉紧，如图12-8（a）。

②机翼的内翼面积大于外翼面积（右翼）。模型作圆周飞行时，因内外翼的半径不同，飞行速度也不相等，在内外机翼面积相同时会因外翼升力大于内翼造成松线。通常采取内翼比外翼加长30毫米左右的办法来增加内翼升力，如图12-8（b）。

③外翼翼尖加装配重。配重主要平衡操纵钢丝和内翼。加大的额外重量，可视模型的大小调配（1.5毫升模型飞机加配重10克以上），6.5毫升模型在35克以上，如图12-8（c）。

④垂直尾翼后部向右偏转。使模型始终向右转，以保证操纵线的张力，如图12-8（d）。

⑤三角摇臂支点固定在模型重心之后。重心是模型的飞行"支点"，摇臂支点在重心之后会使模型形成向外的力矩，如图12-8（e）。

⑥操纵引出线向后掠，也是增加外拉力的好方法，如图12-8（e）。

以上方法应综合实施。另外，制作时在保证模型强度的前提下，应尽力减轻重量，以增加发动机的剩余马力，减少模型爬升和俯冲之间的速度差，如图12-9。维持发动机的工作稳定，对模型的正常飞行和外拉的恒定也是非常重要的。

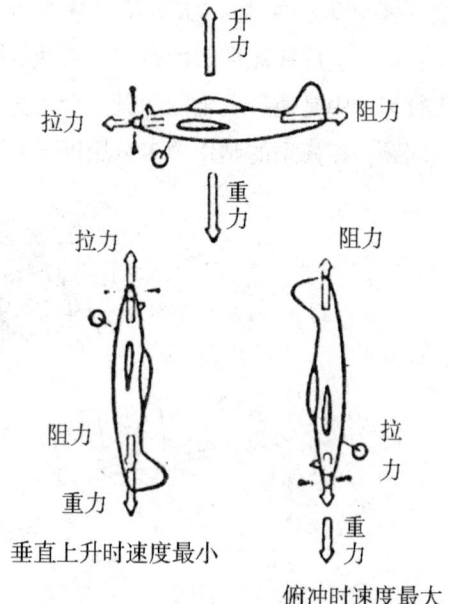

垂直上升时速度最小

俯冲时速度最大

图12-9　上升和俯冲之间的速度差

(2) 特殊的气动布局

由于模型特技飞行时要完成的正、倒动作机会几乎相等，故广泛采用对称翼型。尽管对称翼型升力系数小于普通的不对称翼型，但相对厚度大的对称翼型的临界迎角大（失速时的角度），最大升力也大，如图12-10。

此外，模型在作特技动作时机翼的载荷已超过模型自身重量的十几倍乃至更大，采用相对厚度大的翼型对模型的整体强度也是很有利的。一般初级教练机多选用相对厚度 $\overline{C}=16\% \sim 18\%$ 的对称翼型），国际级竞赛用模型机翼 $\overline{C}=20\% \sim 23\%$。

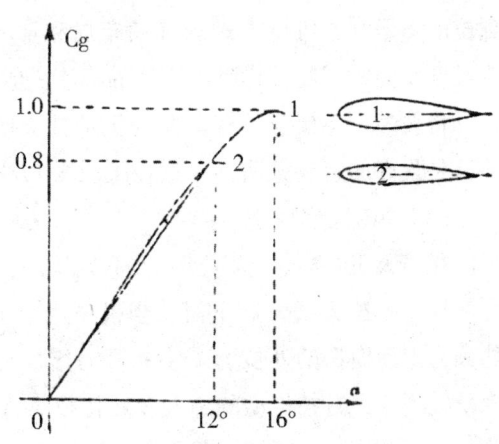

图 12-10 翼型相对厚度与最大升力系数的关系

特技模型的飞行空间很小，要完成各种复杂的特技飞行动作，就需要模型有非常良好的机动性和操纵性。因其飞行动作主要是俯仰机动飞行，俯仰力矩靠平尾产生，所以需要较大的水平尾翼面积产生较强的俯仰力矩。一般平尾面积（包括水平安定面和升降舵）占机翼面积的18%~22%，相对厚度在5%~8%之间（对称翼型）。教练机上常用平板翼型的水平尾翼。为进一步提高俯仰力矩，可采用加大平尾升降舵面积的方法（占平尾总面积的40%~60%）。其偏转角度最好不要超过±40°。否则，会因气流分离导致效率下降，阻力剧增，使模型减速，下沉，转弯半径加大，如图12-11。

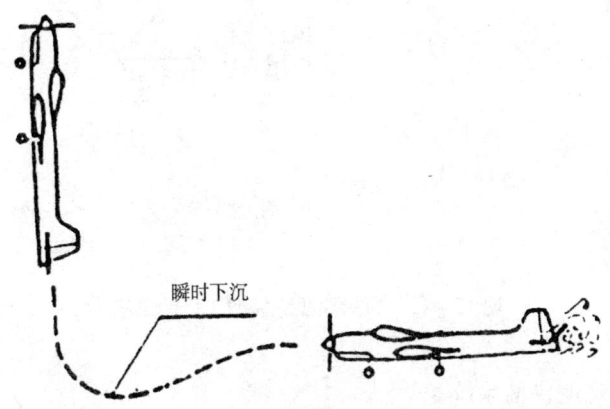

图 12-11 升降舵面角度过大在做急上升时出现的瞬时下沉

提高模型俯仰机动性，也就是提高俯仰转角加速度。这不仅要增加俯仰力矩，还应减小模型的惯性。即在保证模型强度的前提下，尽量减轻各部位的重量,在维持合理的气动布局和重心位置时,尽力缩短尾力臂和机头长度。因此,特技模型与现代的战斗机似有相像之处。

特技模型不仅应具有良好的机动性,还要具备良好的安定性,将重心前移是最好的解决办法(一般在距前缘17%~22%翼弦长距离位置)。

(3) 风对模型的影响

在风天飞行时,当模型进入下风区后,风对模型产生的作用力 L 的分力使模型外拉力增大和下沉;当模型飞至上风处后,风对模型的作用力 L 的分力则使模型的外拉力减小和升力增加,如图 12-12。为防止飞行时出现松线现象,特技模型的绝大多数特技飞行动作均选在下风区进行。此外,阵风还会使模型出现摇摆现象。

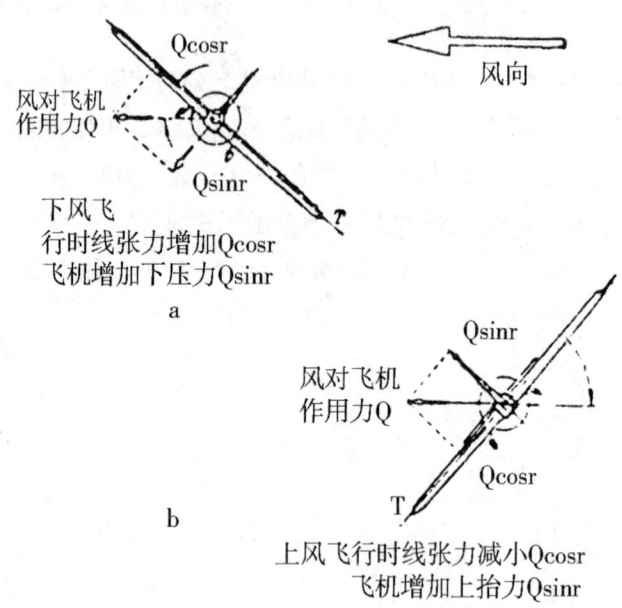

图 12-12 风对线操纵模型飞行的影响

(4) 特殊的供油系统

为使模型在进行各种特技动作时发动机都能正常的工作,供油系统合理的配置非常关键。一般模型平飞时的供油系统如图 12-13(a);模型平飞时,因离心力的作用油面向外倾斜,如图 12-13(b);当模型爬升时会因油位降低油压减小而发生贫油的现象,图 12-13（c）;反之,就会出现富油现象,如图 12-13（d）。

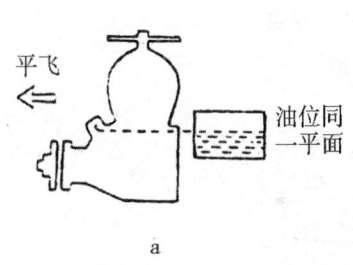
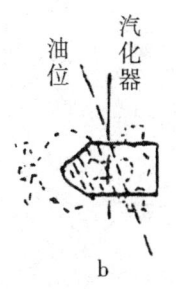
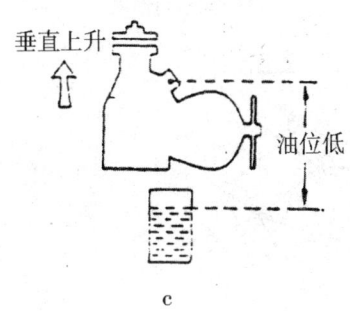
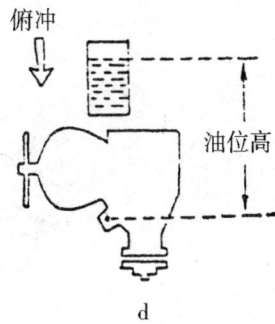

图 12-13 供油系统

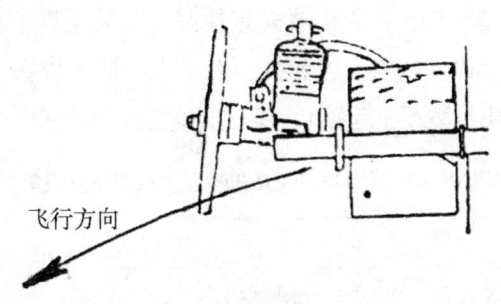

图 12-14 模型实际飞行时的油面情况

模型实际飞行时的油面情况如图 12-14。如使用方形油箱,在飞行后期发动机会因供油不畅而发生"咳嗽"或提前停车现象。建议使用梯形油箱,或将老式油箱转个角度使用最好,如图 12-15。

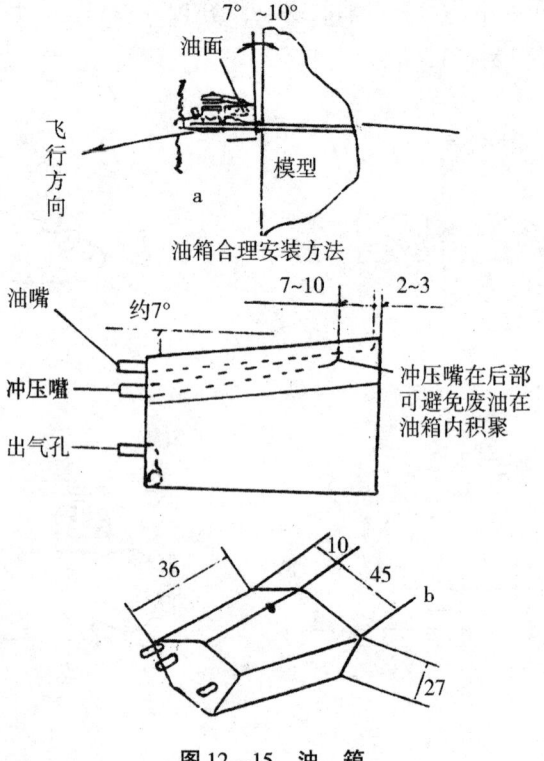

图 12-15 油 箱

模型的构造与制作

对于特技模型飞机,不仅需要安定性好,容易操纵,结构合理,制作简单,便于维护和修理的特点,而且,由于飞行起落次数多,时间长(维护良好的模型可飞行数千个起落),还要求模型的制作强度耐久可靠。

表 12-1　1.5 毫升发动机模型飞机制作材料单

部位	名　　称	材料及尺寸	数量
机翼	翼肋、翼尖等	1毫米厚铜木片	1
	机翼前椽	4×4×800 桐木或 3×3×800 松木	2
	机翼翼梁	3×4×800 桐木或 3×3×800 松木	1
	机翼后椽	1.5×20×800 桐木成 1×20×800 松木	1
	机翼梁覆板	1毫米桐木片或0.7毫米松木片	

（续表）

部位	名　　称	材料及尺寸	数量
机身	发动机架	8×4×100 桦木	2
	机身纵梁	2×10×450 松木	2
	机身侧板	1×55×400 桐木	2
	机身隔框	1×24×55 层板或 3×24×55 层板	3
	机身内支撑	2×12×600 桐木或 3×12×700 松木	1
			1
	机身翼台	1×30×210 层板	3
	翼台加强条	4×4×10 桐木条	
尾翼	水平尾翼	3×100×400 轻木片或 2.5×55×400 桐木	
		3×3×400 桐木条（加强用）	2
	垂直尾翼	1.5×55×75 桐木或松木	2
起落架	起落架	φ2×360 钢丝或 φ2.1 车辐条	少量
	机轮	3 毫米厚三合板	
		或现成商品机轮	2
	机轮轴套	内径 2 毫米以上金属管	少量
操纵系统	三角摇臂	1.5 毫米硬铝片或 1 毫米铁片	1
	三角摇臂轴	M3×25 螺丝钉	3
		M3 螺帽	
	操纵连杆	4×4 松木条	1
		φ1.5～2 毫米钢丝	少量
	升降舵摇臂	1 毫米铁片	少量
		M3×8 螺丝钉及螺帽	1
油箱及其它附件	油箱	0.25 毫米厚铁皮	少量
	出油管	φ3 毫米铜管	2
	通气管	φ3 毫米铜管	2
	油管、增压管	内径 2.5 毫米的厚型软塑料管或硅胶管	
		（电热发动机专用）	
	操纵引出线	φ0.5～0.2 毫米钢丝	
	引出线支架	φ1×200 钢丝	2
	升降舵铰链线	含胶尼龙线或尼龙布	1
	油针保护片	1.5～2×25×80 铝片	少量
	蒙皮	绵纸	1

以下介绍一架 1.5 毫升特技模型的制作方法，如图 12-16。对于制作过初级牵引和橡筋动力模型飞机的爱好者来说再做这架模型并不困难。制作模型所需的材料见表 12-1。

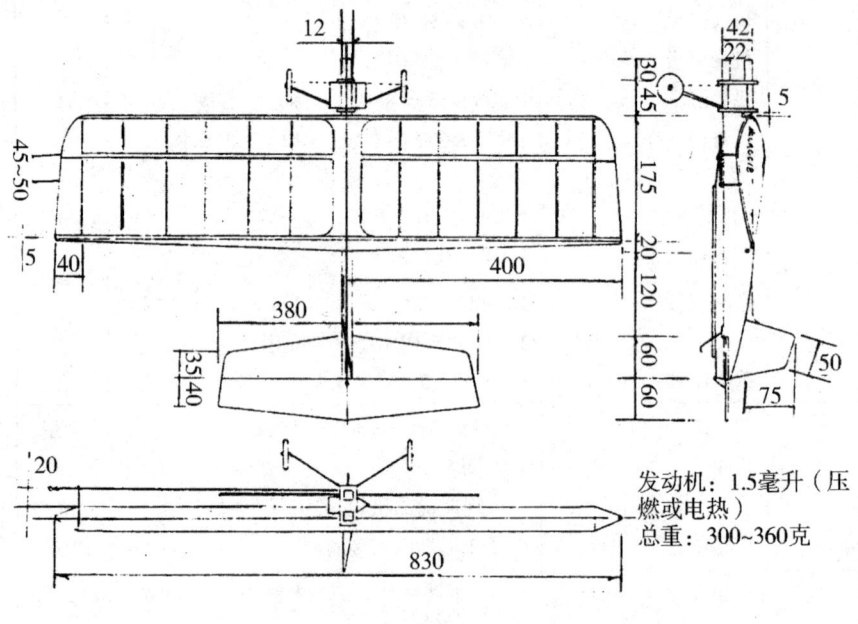

图 12-16　1.5 毫升线操作特技模型

（1）机翼和尾翼的制作

首先是翼肋的加工，按照坐标或图样做好翼肋样板后，即可进入翼肋的制作，如图 12-17。

刻刀应选用刀刃较薄的手术刀或用小锯条磨制的偏口刀。在刻翼肋时第一次下刀要轻划，第二、三次下刀时再用力划透，还要注意下刀时与木纹的走向，以免引起逆刀使木纹开裂。还应注意在刻翼肋时刀与翼肋样板要垂直，否则不利于保持翼型；翼肋中间挖空是为了减轻模型的重量，减轻孔上下应对称圆滑过渡，否则在蒙纸时会造成机翼扭曲变形。理论上讲机翼翼型是对称的，但在做翼肋和开翼梁槽的过程中不易做到完全对称，所以对刻好的翼肋在装配时应保持翼肋上下弧一致，否则会引起机翼的扭曲。在组装机翼时，如能在后缘处垫一条 13 毫米厚的木条，会有利后缘的安装，保证机翼的平直。

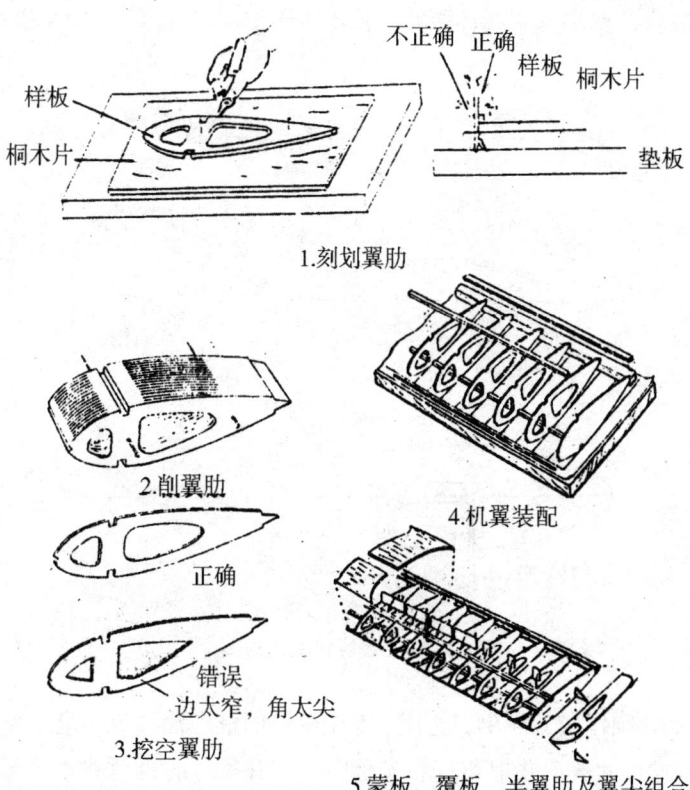

图 12-17 制作机翼

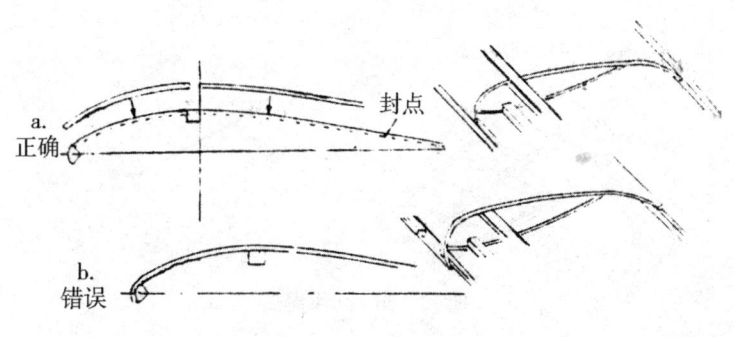

图 12-18 蒙 板

对中部蒙板的翼肋，采用图 12-18 的方法可使机翼更美观。操纵线引出支架安装在内翼尖翼肋上，可用 φ0.8~1 毫米的钢丝弯制，黏合部分用

棉线缠绕胶合。要求支架圆环距翼下弧不少于18毫米，如图12-19。

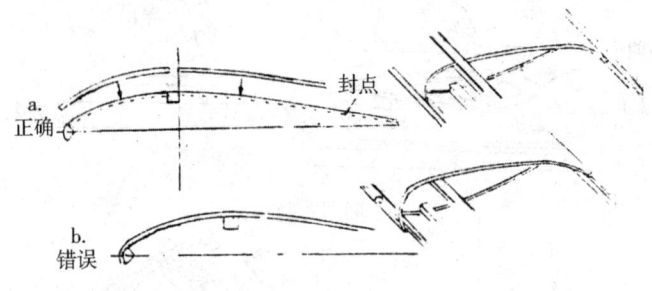

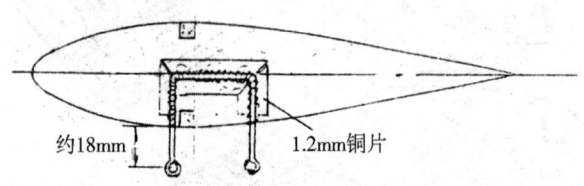

图12-19 操纵线引出支架

水平尾翼制作较为简单，选用2.5毫米厚的桐木片（或3毫米厚的轻木片），按要求尺寸裁下并把角打磨光滑即可。有条件的也可将水平尾翼用3毫米×3毫米桐木条做成构架式的，如图12-20。

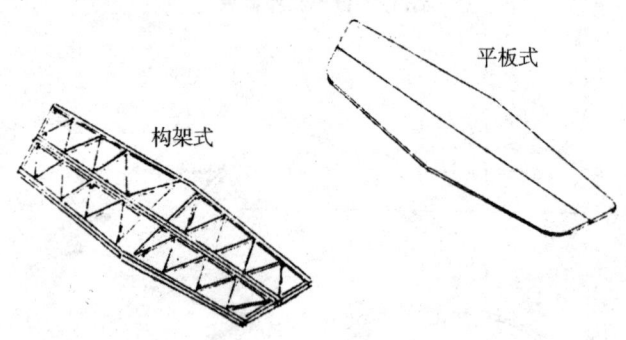

图12-20 水平尾翼

升降舵面和水平安定面的连接方法可用尼龙丝线或蜡线按"∞"字形将安定面后缘和舵面前缘连接。还可选用尼龙布或纱巾剪成数条长方形（约10毫米×30毫米），以S形用乳胶或快干胶对粘在水平安定面和升降舵面上，如图12-21。但是，不论上述哪种制作形式，最好不要让胶流到安定面和舵面之间的部位，否则将影响铰链的使用寿命。有条件的还可选用商品尼龙铰链，装配方法如图12-21。

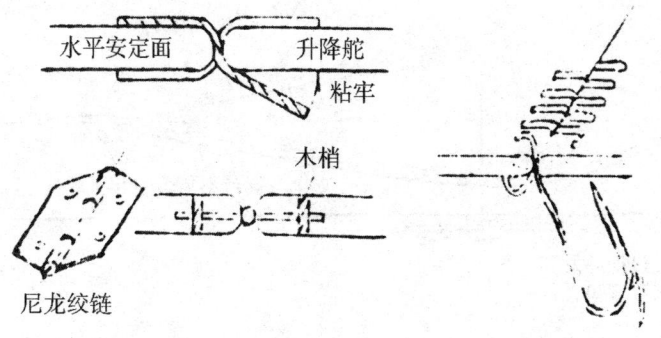

图12-21 升降舵面和水平安定面的连接方法

垂直尾翼可用1毫米桐木片制作。

（2）机身的制作

这架模型采用机翼机身可拆卸的结构，其主要优点是携带方便和易于维护。经过长期的飞行训练和实践证明，在飞行训练初期模型坠地的事故很常见。这种机翼可拆卸结构还可起到缓冲的作用，减轻了模型的损坏程度，如图12-22。

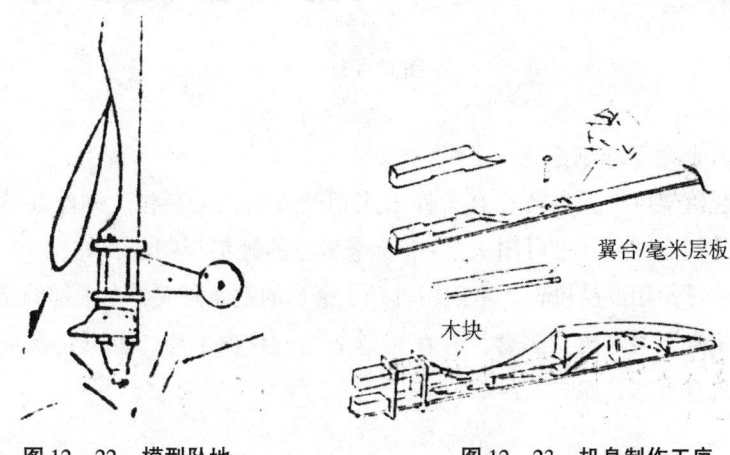

图12-22 模型坠地　　　图12-23 机身制作工序

制作工序如图12-23。制作中应注意以下几点。

①发动机架尾端应以斜面过渡,以避免应力集中发生裂,如图12-23。

②发动机架与机翼接触部位应以机翼形状为准进行修整,这将有利于机翼与机身连接的稳固性,如图12-24。

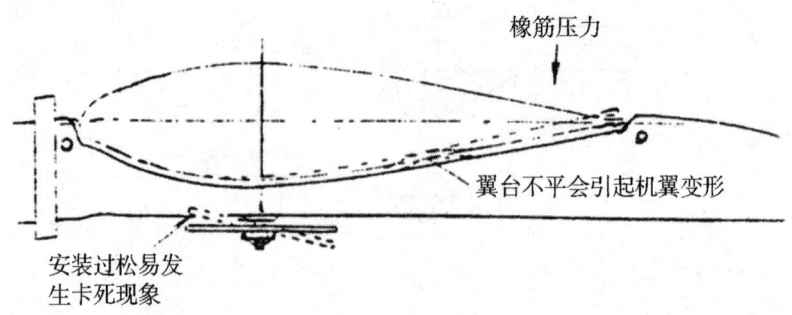

图12-24 发动机架与机翼接触部位的修整

③安装三角摇臂时,应保证摇臂有适当的松紧度。过紧会影响模型的操纵;太松容易造成摇臂卡在机身上,引起飞行事故,如图12-24。

④三角摇臂到内翼尖引出线架的引出线应与机翼梁保持平行,以利飞行,如图12-25。

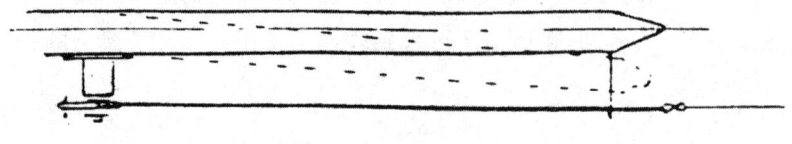

图12-25

(3)起落架的制作

主起落架可根据自己现有条件采用钢丝或铝板来制作。钢丝起落架按图纸尺寸制作即可,也可用1.2~1.5毫米厚的硬铝板制成,如图12-26。有条件的可使用商品机轮。尾撬用直径1毫米的钢丝制成,在根部缠绕棉线后穿过机身下梁与机身黏合,并在尾撬上粘一片桐木片。也可将尾撬直接胶合在机身下部,如图12-27。

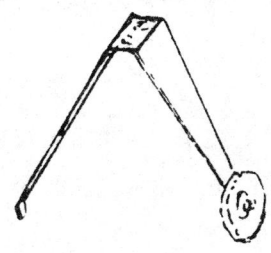
图 12-26　起落架

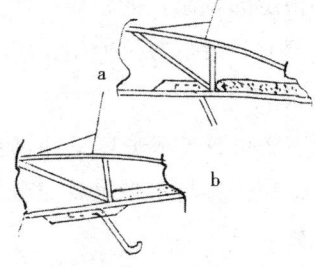
图 12-27　尾橇

（4）油箱的制作

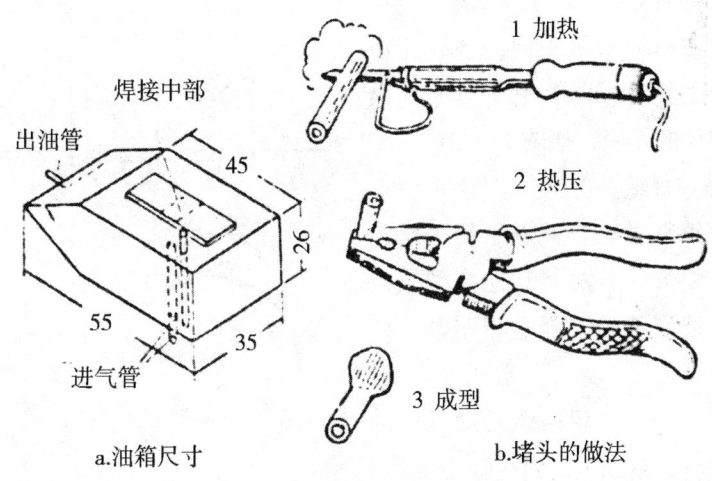

a.油箱尺寸　　　b.堵头的做法

图 12-28　自吸式油箱

模型上油箱的尺寸如图 12-28。这种形式的油箱为自吸式油箱，多使用在不增压的压燃式发动机供油系统中。特点是结构简单，制作方便，使用寿命长。两根进气管保证模型在任何飞行姿态都可进气，但油不外溢。外侧锥形油箱，考虑到在离心力的作用下发动机能吸到全部燃油。但缺点是当模型爬升、俯冲时供油压力变化较大。在选用电热发动机时，可改为增压式油箱，增压油箱可明显改善供

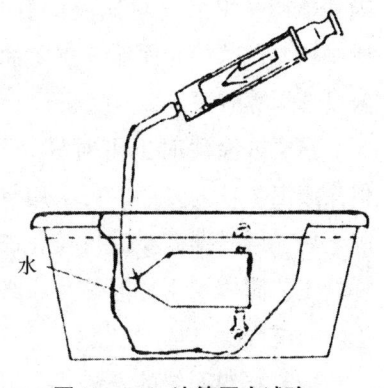

图 12-29　油箱压力试验

油压力不稳定的现象。油箱焊好后（特别是增压油箱），应进行压力试验，无泄漏（气）现象后方可使用，如图12-29。

(5) 总装

首先，将机身、水平尾翼和垂直尾翼胶合起来，修整机翼与机身的结合部位，并使机翼与水平尾翼完全平行。将配重（铅或铁块）绕上棉线粘在外翼尖处。

若选用钢丝做起落架，在安装时，要用棉线将上部缠绕后粘在两隔框之间（中间用2毫米木片填充）；如用铝板做起落架，可直接用自攻螺丝拧在发动机架上，如图12-30。

将油箱插入机头内，把焊在油箱上部的铁片两端折起，可起到固定和限位的作用，如图12-31。

(6) 蒙纸、美化

用绵纸做蒙皮，重量轻，操作简便。蒙纸的方法与其他模型飞机相同，蒙好纸后，刷上透布油，待干透后再刷第二遍。一般刷5~6遍就可以了。对使用压燃发动机做动力的模型，蒙纸工艺到此即告结束。

对于使用电热发动机的模型，因其燃料（甲醇）对硝基漆有溶解作用，所以还要在模型表面涂一层防油涂料（一般可选用醇酸漆或聚氨酯漆）。

在蒙纸涂漆时也可对模型加以美化，但涂漆工艺较为复杂。可采用将绵纸染色晾干后，再根据需要进行美化的方法，这样的工艺简便实用。但是涂漆必须在通风干燥处进行。

(7) 操纵系统的安装

操纵系统由三角摇臂、操纵连杆、升降舵摇臂和引出线及支架组成，

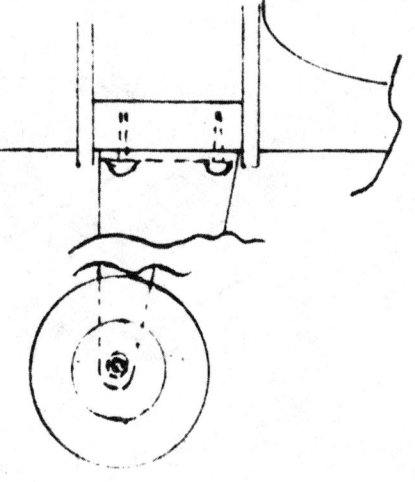

图12-30　安装起落架

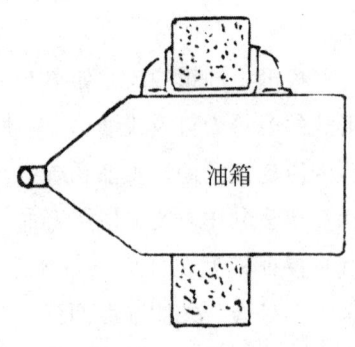

图12-31　安装油箱

如图 12-32。

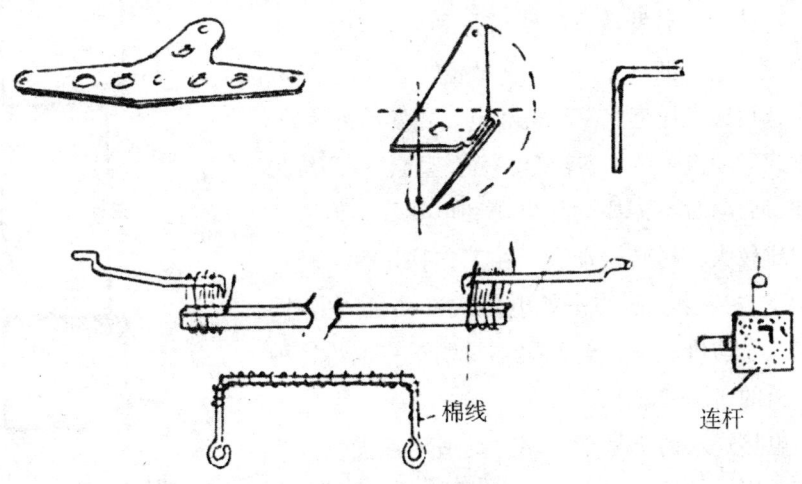

图 12-32 操纵系统的组成

三角摇臂和升降舵应严格按照要求尺寸制作，并尽量减少摇臂与连杆之间的配合间隙。间隙过大会直接影响模型的操纵性，如图 12-33。

升降舵摇臂可用螺钉固定，但应特别注意摇臂连杆孔的中心应与升降舵前缘的垂线一致，如图 12-33。

连杆头的安装，如图 12-32。操纵连杆长度可在安装时作调整，调整到三角摇臂的长臂与机身纵轴平行时升降舵面平直为好，如图 12-34。

操纵系统安装调整完毕后，应在各固定螺帽上涂一些胶水，以免振动引起松脱。

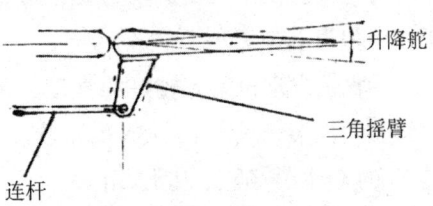

图 12-33 三角摇臂与连杆的配合间隙

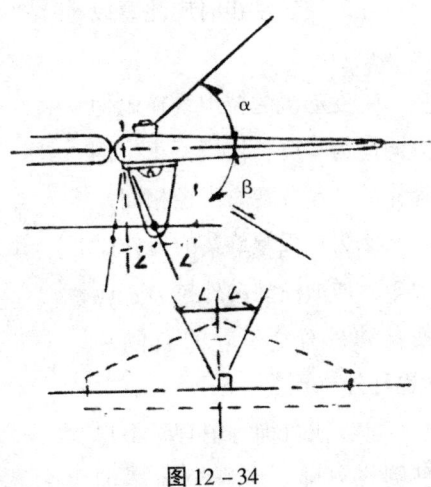

图 12-34

(8) 动力系统的安装

特技模型对发动机的要求是剩余马力大、工作稳定、油耗低（省油）、重量轻、运转振动小。经常选用的有压燃式发动机和电热式发动机两种。压燃式发动机生产成本较低（普及型），使用维护方便，启动时不需要附加电源和电热塞。但因其压缩比较大，运转振动大，在工作稳定性、转速和功率输出等方面均不如电热式发动机。另外，压燃式发动机燃料中的乙醚不易购买，也给这种发动机的使用带来不便。

电热式发动机易于掌握，且适用性强，目前被广泛用于各种模型飞机上。燃油（甲醇和蓖麻油）较易买到，很受模型爱好者的欢迎。

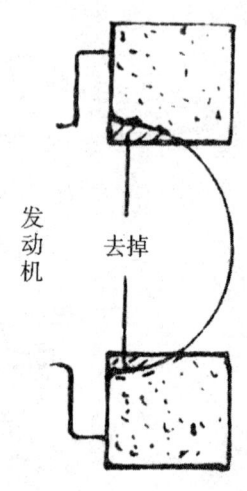

图 12-35

所介绍的模型发动机动力源，可根据爱好者的条件自行选择，发动机工作容积为 1.5 毫升。

为保证发动机架有较好的强度，预留间隙应略小一些，在安装发动机前将发动机架修成图 12-35 所示状，涂上聚氨酯漆或浸一遍502胶，以防燃油的侵蚀，延长其使用寿命。

在安装发动机时应注意以下几点：

①发动机的拉力线在俯仰方向应为零度，使模型正、倒动作的杆量及转弯半径相同。

②为克服螺旋桨的反作用力矩，增加模型的外拉力，应使发动机有 3~5° 的右倾角（也称外拉）。

③在飞行训练中有时不得已倒飞着陆，为避免损坏油

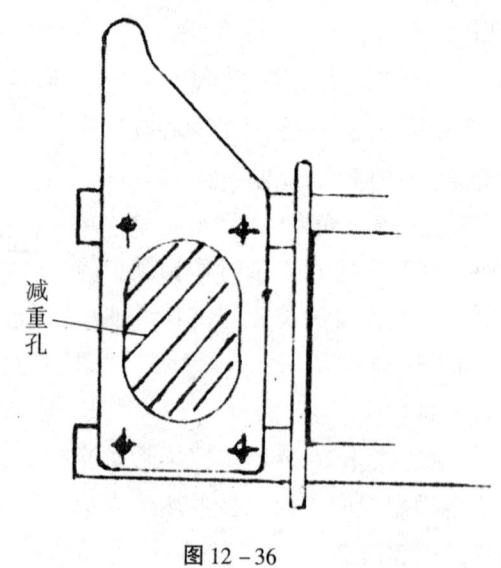

图 12-36

针，加装油针保护片非常必要。一般宜用 2 毫米左右厚的硬铝片制作，如图 12 - 36。

为保证发动机能稳定的工作，可在油路中加装一只油滤，如图 12 - 37。

整架线操纵模型教练机制作完成后的总重量（包括发动机）应在 300 ~ 360 克之间。纵向重心位置应在三角摇臂支点前 10 ~ 30 毫米之间。

图 12 - 37

模型的调整与飞行

飞行前的准备

学会特技模型的飞行并不难，如能事先做好各项准备工作，在有飞行经验的同学或老师的指导下，经过十多个起落，30 分钟左右的飞行训练，就能初步掌握起飞、平飞和着陆等基本动作的飞行要领了。切不可准备不足时盲目飞行，否则，会造成飞行事故。飞行常用的器材、工具如下所述。

（1）操纵钢丝（钢索）

最好使用直径 0.25 ~ 0.3 毫米粗，长度为 11 ~ 13 米左右的 2 根平直钢丝作操纵线。钢丝中间不能有结头、硬折现象，两根长度应尽量相等。有条件的也可选用直径 0.3 毫米以下的合股钢丝绳（细钢索），由于它质地柔软，不易打折和便于维护而深受爱好者的喜爱。

操纵线两端接头的制作十分重要。因线环制作不牢，造成断线而导致坠机的事例很多。所以，接头线环的制作必须精心合理。线环的绕制方法如图 12 - 38。

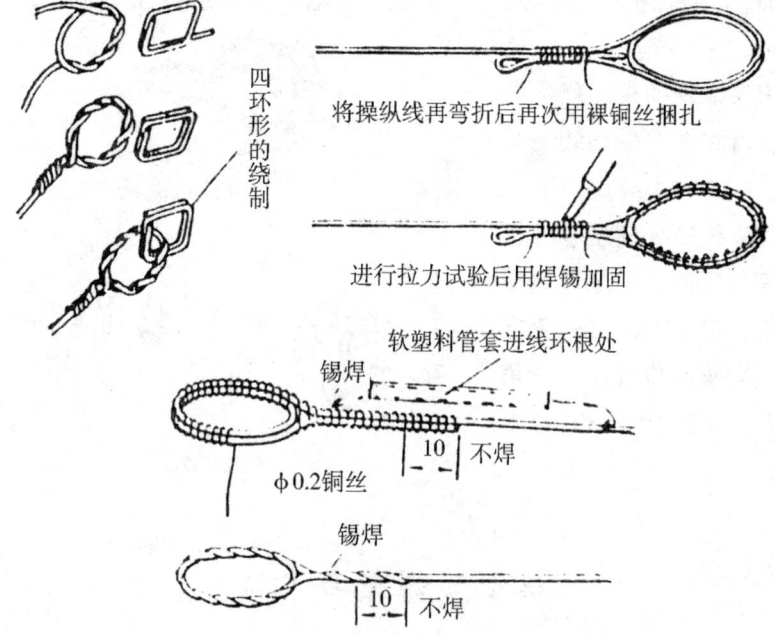

图 12-38　简易操纵线接头的制作

如身边找不到钢丝作操纵线时，也可用蜡线或单股尼龙线（直径在 0.4 毫米左右）代替。只是这种操纵线伸缩性大，操纵时模型的动作反应慢。因此要求将手把上两根线的间距加大一些，如图 12-40。

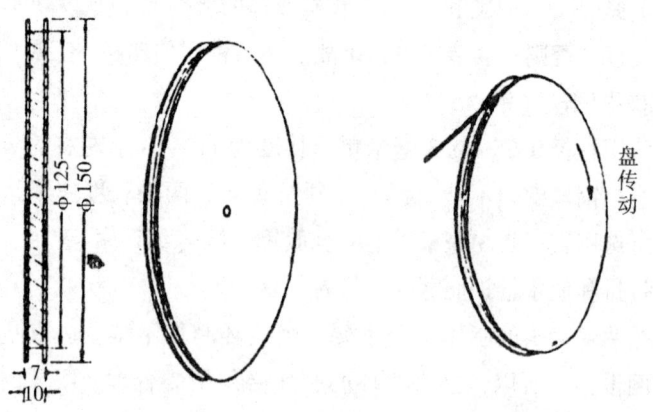

图 12-39　操纵线盘

操纵线的正确回收方法是：将线盘（直径在 120 毫米以上的圆盘）沿一个方向徐徐转动，把线缠绕在线盘槽内（如车轮动一样），如图 12 - 39。不可用缠绕线团的方法收线。在飞前最好用干净棉纱或卫生纸沾少许汽油将线轻轻擦净。如长期不用时应加少许机油以防锈蚀（但在飞行前必须将机油擦净）。

（2）操纵手柄

初学飞行时可用木块做一个简易手柄（手把），粗细以抓握舒适为准，长度略大于自己手掌的宽度。均匀打 4 个孔（粗细以穿过电线为宜），然后用一根塑料电作引出线，两端接头一定要拴牢，两端各加一个棱状的回环。有条件的也可将手柄做得漂亮一些，如图 12 - 40。

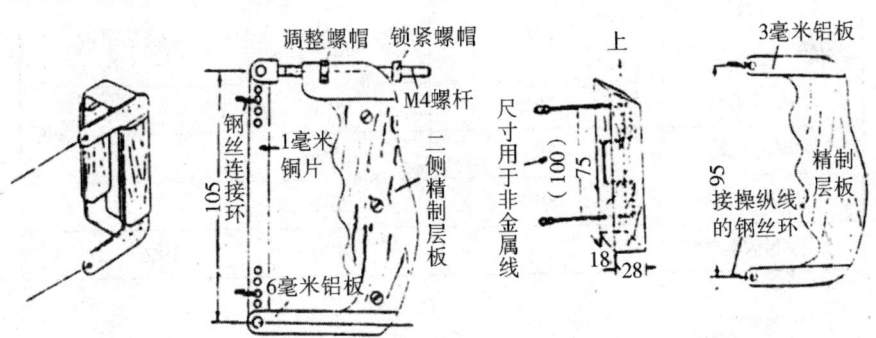

图 12 - 40　操纵手柄的制作

（3）燃料的选配

压燃发动机油料成分为煤油、乙醚和蓖麻油。如需要进一步提高功率时，可增加一些高能燃料——亚硝酸异戊酯。电热发动机燃油成分较为简单，为甲醇、蓖麻油，也可增加高能燃料——硝基甲烷。但高能燃料的价格较高，一般不提倡使用。两种发动机燃油的混合配比方法见表 12 - 2 和表 12 - 3。燃油配好后应使几种油料均匀混合，并保持油料的清洁，必要时应用滤纸对油料进行净化处理。由于燃油的挥发性很强，油料应装在密闭的容器中。

（4）其他常用工具

除上述飞行必备用品外，还应准备尖嘴钳、小活扳手、螺丝刀（一字和十字改锥）、注射器（50 毫升）、小刀、塑料管、棉纱（卫生纸）、风向标等。电热发动机还应备有启动电源、电线、电热塞等。

表12-2 压燃发动机的油料配制

用途 \ 燃油名称	乙醚	煤油	蓖麻油	亚硝酸异戊脂
磨合训练用油	34%	33%	33%	/
初学练习用	37%	33%	30%	/
大功率使用	35%	45%	20%	/
竞赛用油	33%	45%	20%	2%

表12-3 电热发动机的油料配制

用途 \ 燃油名称	甲醇	蓖麻油	硝基甲烷
磨车用油	70%	30%	/
训练用油	75%	25%	/
标准用油	80%	20%	/
竞赛大马力	80%	20%	10%~20%

试飞与调整

新模型在初次飞行之前应对模型进行全面检查，目测观察机翼、尾翼是否扭曲，机翼和平尾的安装角应为零度。起落架固定要牢，机轮转动灵活。重心位置是否符合要求，操纵系统活动应灵活可靠，没有卡死的现象。升降舵最大偏转角应在±40°左右。然后即进行地面试车，发动机启动后先调至大马力，看发动机运转是否稳定及振动情况。如振动严重可更换螺旋桨再试。并按抬头、低头和平飞、倒飞几个状态调整发动机，使发动机抬头时发挥最大马力，平飞、倒飞和低头时略显富油，但仍保持正常工作。

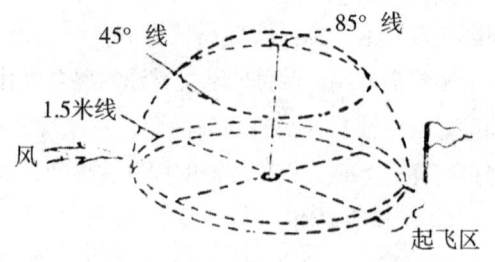

图12-41

飞行前，操纵员应事先作好各种思想准备。

（1）建立明确的上风区、下风区（动作区）概念，养成每次飞行前观察风向的好习惯。有条件的可在飞行圈外立一风向标，如图12-41。

（2）一旦模型起飞，操纵员应时刻注意保持操纵线的张力。发生松线应及时后退，如图12-42。

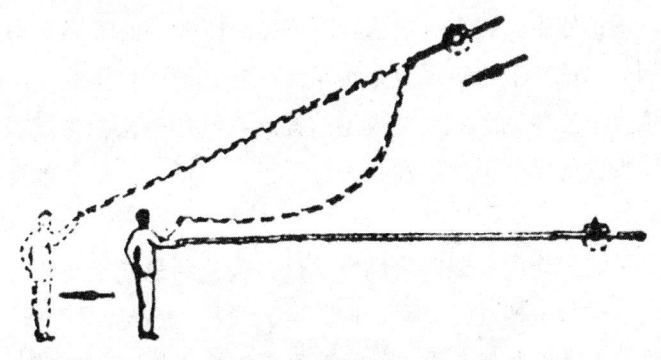

图12-42　线操纵特技模型飞行中松线的处理

（3）模型起飞后，如发动机出现异常（贫油或富油），应立刻保持平飞，待着陆排除故障后再进行动作练习。

（4）对每一轮的飞行课目的要明确，不能边飞、边想、边作动作。犹豫不决往往出现操纵事故。

（5）熟悉正确的手腕和手臂操纵飞行要领。手腕动作幅度大，主要用于角动作飞行；手臂动作幅度小，主要用于柔和的圆动作飞行以及平飞的修正，如图12-43。

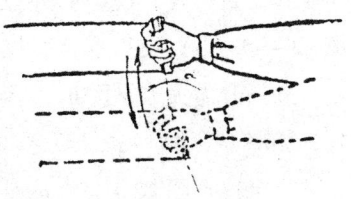

图12-43a　用手臂操纵

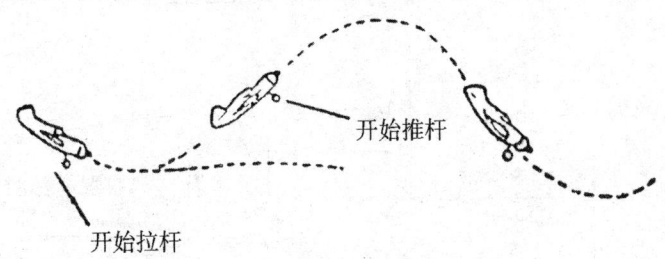

开始推杆

开始拉杆

图12-43b　修改动作的时机

做好充分的思想和物质准备之后，便可进行正式的飞行了。但是初次试飞最好能有一位飞行经验丰富的老师或同学陪同，可减少一些不必要的麻烦，还可对试飞后的新模型提出一些改进方法。

试飞最好选择小风天，在较宽阔的场地进行。考虑到安全，应在人员较少的地域飞行。

飞行场地选好后，起飞点应选在顺下风的位置，如图12-41。接好操纵线、手柄后，试一下操纵系统是否灵活（在地面两根操纵线不应扭结）。手把上下位置不能装倒。然后对模型的操纵系统作一次拉力试验，即助手握住机身，操纵员握住手柄柔和加力拉一下，力量约为模型重量的15倍，以确保飞行安全。

初次试飞的工作顺序是：启动发动机，调整到最佳工作状态后，操纵员进入圈内，拿起手柄（注意手柄的方向），再次检查操纵系统有无故障。一切正常后，操纵员举起左手，示意助手可以放飞模型。这时，助手将模型机头略微外倾放出，助手千万不能让机头向内，否则模型会向圈内跑而发生事故。模型起飞后，首先保持模型在1.5～2米的高度平飞，观察发动机工作是否正常，模型的外拉力大小以及操纵系统工作是否正常。如出现图12-44（b）飞行姿态，操纵员手柄的外拉力又很小，说明机翼扭曲变形，外翼升力大或是配重过轻应增加配重并在外翼尖后缘处沿下弧贴一木片，如图12-45（a）。反之如图12-44（c），可按图12-45（b）方法修正，直至达到图12-44（a）为好。

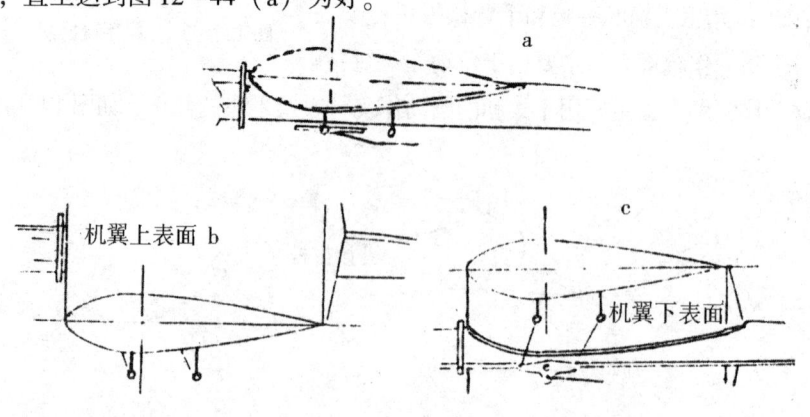

图12-44

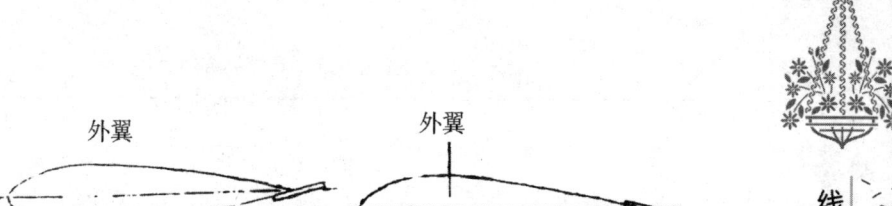

图 12 - 45

然后，可操纵模型由平飞逐渐高飞，并时刻注意发动机电机是否出现变化和模型的外拉。出现异常应立刻改为平飞。如正常，可进行波状飞行，幅度由小到大（应从下风区进入），发动机和操纵系统良好，即可进行正筋斗、倒筋斗和倒正动作的飞行了。如发动机因模型姿态的变化造成工作不稳定，表明吸油能力较差，可采用减小进气口截面积或加长进气管（喉管）长度的办法解决，如图 12 - 46。

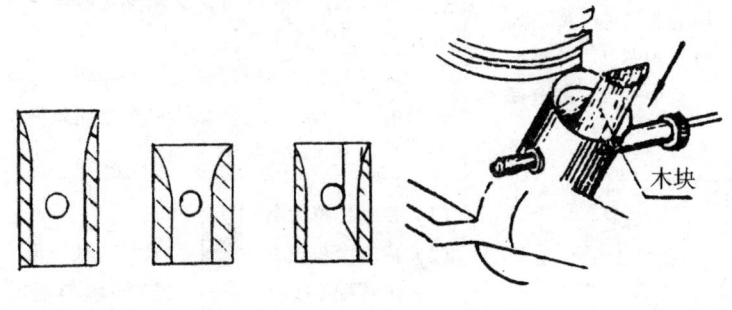

图 12 - 46

随着内径的减小，发动机的功率和转速也会下降，所以这一方法只适合于马力过剩的发动机上。模型飞行时的操纵感觉如与平飞相似，可说明该模型飞行性能是较好的，试飞过程即告结束。

但是在实际的调整试飞中一般不会在一个起落里解决全部问题，往往要经过许多次飞行，逐步地调整，才能使模型性能达到完善。在试飞中出现的典型问题及解决办法见表 12 - 4。

表 12-4 试飞中常见问题的解决方法

序号	现 象	原 因	改进方法
1	模型无法正确起飞	(1) 机轮不正 (2) 手柄握反 (3) 地面不平	(1) 将起落架机轮校正 (2) 修正手柄方向 (3) 选择平整地面起飞
2	发动机地面功率与空中差别很大	油箱位置安装错误	(1) 空中贫油,可将油箱向左(内)移动 (2) 空中富油,可将油箱向右移动
3	模型抬头、低头时发动机功率变化大	(1) 发动机自吸油能力弱 (2) 增压油路堵塞	(1) 减小进气孔直径 (2) 加大发动机压缩比 (3) 将油箱位置前移 (4) 检查增压油路是否堵塞
4	模型平飞时机翼倾斜: (1) 内翼低、外翼高 (2) 内翼高、外翼低	(1) 机翼扭曲变形使外翼升力大,内翼升力小 (2) 内翼升力大,外翼升力小	(1) 校正机翼或在外翼尖后缘处加调整片(上翘) (2) 校正机翼或在内翼尖后缘处加调整片(下翘)
5	模型起飞后外拉力小	(1) 发动机拉力小 (2) 内翼面积较小 (3) 外翼配重不足 (4) 垂直尾翼方向舵向右偏角小 (5) 三角摇臂支点在重心之前。 (6) 内翼尖引出线位置偏前	(1) 加大外拉角 (2) 重新调配左右翼面积 (3) 增加配重 (4) 加大偏角 (5) 将重心前移 (6) 将引出线支架后移
6	模型拉杆松线,推杆外拉大	机翼扭曲,内翼迎角小,外翼迎角大	调整机翼或加调整片
7	模型拉杆外拉大,推杆松线	机翼扭曲,内翼迎角大,外翼迎角小	同上

(续表)

序号	现　象	原　因	改进方法
8	模型正倒动作给杆量差别大	(1) 发动机拉力线不正 (2) 机翼或水平尾翼有安装角差	(1) 调整发动机拉力线 (2) 重新调整机翼水平尾翼安装角
9	模型飞行速度过低	(1) 螺旋桨效率低 (2) 发动机功率不足	(1) 提高螺旋桨效率 (2) 加大进气口直径
10	模型飞行速度太快	发动机功率太大	(1) 减小进气管直径 (2) 增加燃油中蓖麻油比例
11	模型俯冲速度快，爬升速度慢	螺旋桨过大或桨与发动机配合不好	重新改进螺旋桨

基础动作练习

模型试飞调整好以后，就可以进行基础动作的练习了。对初学者来说，只要做好充分的思想准备，经过一段时间的地面模拟练习后，学会飞行并不难。如能在有经验的教师指导下飞行，进步会更快一些。

地面练习，就是操纵员"驾驶"模型前，对操纵飞行应先有一定的理论知识和习惯性的反应：拉杆使模型上升，推杆使模型下降。然后，在原地转动时大脑中做一些假想模型姿态的修正、改进（模拟练习）。这种练习虽然很单调，但效果很好，既可使操纵员习惯于原地转动，克服初次飞行的头晕现象（初学时的短暂现象），加快学习进度，又可减少实际飞行中出现的事故。

地面练习之后，就可以进入练习飞行阶段。如有教师指导飞行，可由教师来带飞（即把手飞行）。也可改换成教练专用手把，见图12-40。带飞可分3个阶段：①初学者轻握手柄，由教师来操纵飞行。学员可体会操纵飞行的要领（时间约几分钟）。②学员可逐渐参与操纵飞行。但是手上的操纵动作与教员不一致或出现错舵时，应轻握手柄并体会教员操纵的要领（间断练一二个起落）。③主要以学员操纵为主，进一步体会飞行动作的基本要领，为放单飞创造条件，教员则起保护安全飞行的作用。

如没有教员带飞，也可自行练习飞行，但飞前思想准备和地面练习应做得充分细致。现就基本动作的要领介绍如下。

(1) 起飞

起飞动作过程是平杆、拉杆（微量）、推杆（推平微量）、平杆（模型改平）等4个动作，如图12-47（a）。但要掌握好给杆量及给杆的时机就不易了。如有教师辅导时，可先掌握平飞、波状飞行，再练起飞动作就容易多了。

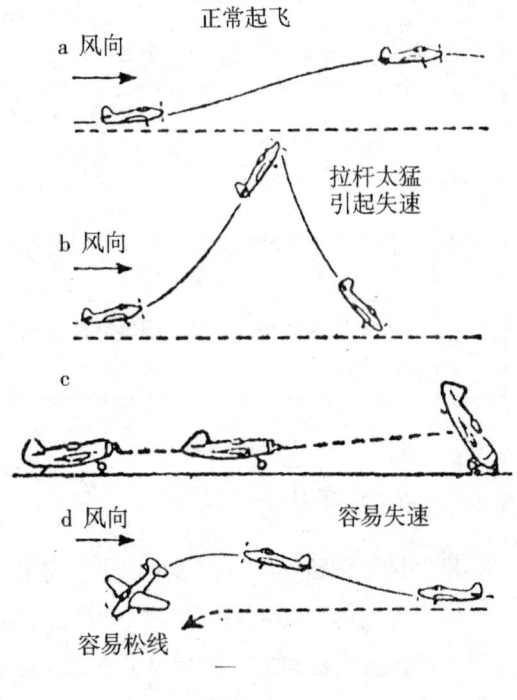

图12-47

①模型出手后打地转，是由于模型放飞时机头向内或模型机轮向左偏所致。

②模型放飞后爬升失速，是因操纵员拉杆量过大并在模型起飞后没有及时推杆所致，如图12-47（b）。

③模型出手后拿大顶（机头触地），原因是手柄上下位握反，机轮转动不灵，如图12-47（c）。

④模型起飞后松线触地，原因是起飞区域不正确（选在上风区），如图12-47（d）。

(2) 平飞

平飞是最基本的飞行动作，要求模型在1.5米±0.2米高度范围内平飞。但是许多因素导致模型无法飞平。如逆风区模型上升，顺风区模型下沉，不及时给予修正，就会使模型进入波状。对刚学飞行的人来说，修正动作反应较慢，动作量不准，需要反复练习逐步掌握。当模型进入顺风区时要提前拉点杆，进入逆风区要事先推行杆。初学飞行还要身心放松，不要紧张，否则会造成动作呆板、粗暴。

（3）高飞

线操纵模型是在半球面上飞行，见图 12-41。模型在平飞状态略一拉杆即向上爬升，当模型的操纵线与地面夹角为 45°时叫做高飞。由于许多飞行动作都在 45°线与平飞线之间进行，所以建立 45°线的概念非常重要。练习高飞时应从平飞逐步进入，飞至上风区时应注意模型松线现象，一旦松线应迅速后退并同时推杆恢复平飞高度，见图 12-42。

（4）波状飞行

这个动作可使初学者熟练地操纵和掌握模型的上、下飞行动作，初练时可用手臂上、下的摆动（手腕不动）来体会波状飞行的动作要领，见图 12-43。

（5）着陆

着陆动作要求操纵动作比较细致，因此较好地掌握着陆动作，需要反复的体会和练习。正确的着陆动作程序是：发动机在模型平飞时停车后，操纵员仍维持模型平飞的杆量（发动机停车后，飞行速度降低，升力减小，模型会自然下滑），当模型将要接地时可轻微抬臂（微量的拉杆），机轮触地后及时推行杆以防模型因逆风或受其他干扰反跳，如图 12-48（a）。如模型在高飞处停车，应立刻推杆使模型降至平飞高度进入着陆动作。

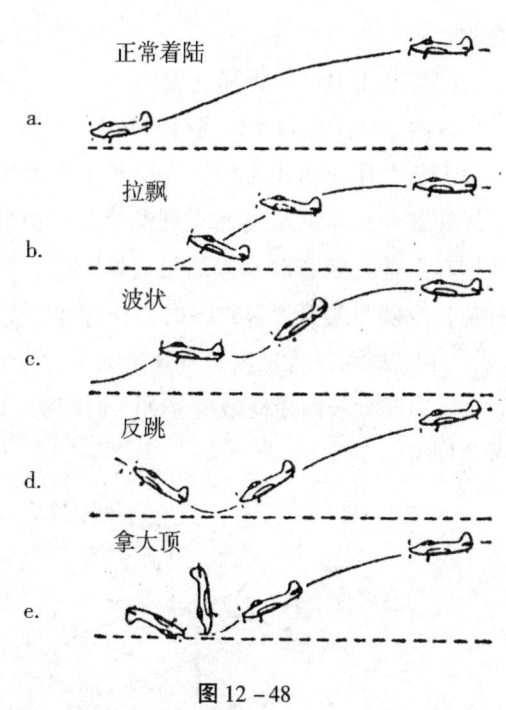

图 12-48

在初练时常常会因动作的杆量与时机掌握不好发生如下一些错误动作：

①模型下滑时拉飘，这是由于发动机停车后操纵员有拉杆现象，如图 12-48（b）。

②下滑时出现波状飞行，是因推、拉杆动作过猛引起，如图12-48（c）。

③模型着陆后反跳，是由于模型接地过猛或模型触地时拉杆所致，如图12-48（d）。

④着陆时模型拿大顶，是模型下滑角大，接地时推杆或机轮转动不灵造成的，另外地面不平也会发生此现象，如图12-48（e）。

⑤如发动机在逆风或上风区停车，操纵员应在中心圈逆时针倒退行走，防止模型松线失控，如图12-49。当模型飞至顺风区时应适当增加拉杆量，以免失速下沉；飞至逆风区时应适量推杆，以免模型上飘后失速。

⑥在进行起飞、着陆练习时，可采用减少注油量或更换小油箱的办法缩短飞行时间，提高起、落练习次数。

（6）急上升和急下降（俯冲）

这两个动是作角动作飞行的基础。

①急上升的动作要领：模型从1.5米平飞高度在下风处进入，操纵员迅速大杆量拉起，使模型机头快速抬起至垂直状态时，操纵员立即推杆，回杆至平飞杆位，待模型爬升至45°线时，快速推杆改平为高飞状态，如图12-50（a）。初练时可从大坡度爬升开始练习，逐步增加到垂直上升。如因拉杆量过大，时间太长而使模型超过90°（倒飞）时，千万不要慌乱，可及时推杆改出即可。

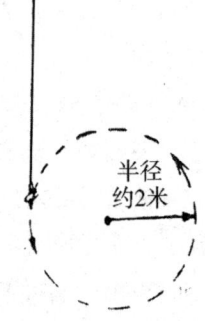

图12-49

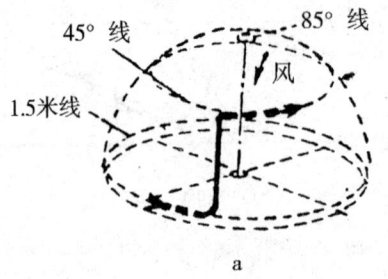 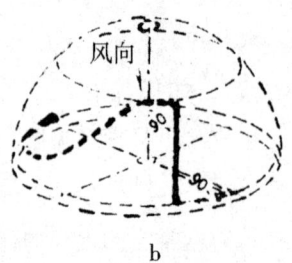

a　　　　　　　　　b

图12-50

②急下降动作过程：从45°线下风区进入，快速推杆使模型进入垂直俯冲后恢复平飞杆位，飞至3米高左右时迅速拉杆使模型改平后回至平飞杆位，如图12-50（b）。由于俯冲动作较为惊险，训练时要有足够的思想准备和灵活的反应，一旦进入动作，"拉杆"概念切记心中，不能有丝毫的犹豫。初练时可从大坡度下滑开始，改出平飞的时机可早一些，以免改出过晚使模型触地。

（7）过顶动作

这是目前唯一从上风进入的飞行动作。动作程序是模型平飞至正上风时迅速拉杆再推平，使模型垂直爬升飞过操纵员正上方成垂直俯冲至正下风处时，迅速拉杆使模型在1.5米高度改为平飞，如图12-51。实际上这个动作也是急上升和急下降的组合。初期可从大坡度爬升、高飞、下降开始

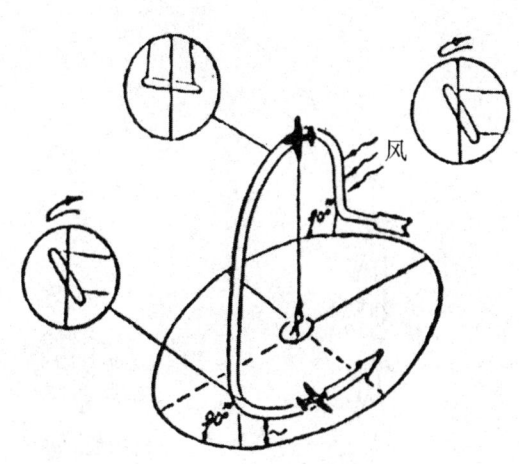

图12-51

练起，逐步过渡到从头顶飞过。练习时模型必须从上风进入，否则易造成松线坠机的危险，如图12-52。

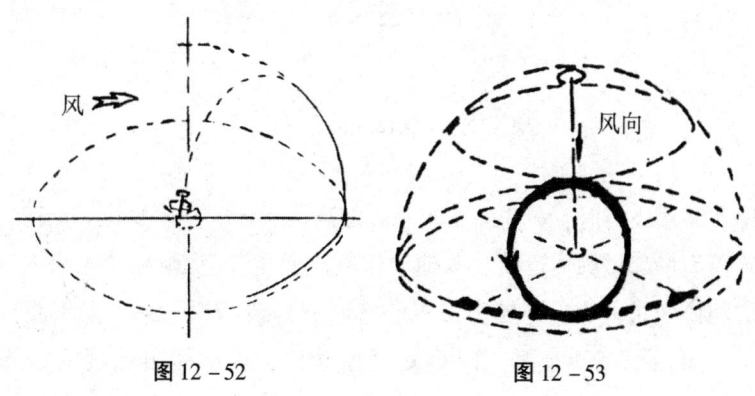

图12-52　　　　　　　　图12-53

（8）正筋斗动作

因在动作中驾驶舱始终向着圆心内，也称作内筋斗。要完成正筋斗动作并不难，只要保持一定量的拉杆即可完成，如图12-53。但是，按照规

则的要求做一个等半径的圆筋斗就不易了。因为模型在做筋斗飞行时,从理论上讲只要保证一定的向心力(升力),就可以做出等半径的正筋斗。但由于模型受自身重力和发动机拉力变化(油位变动所致)的影响,要飞好内筋斗动作必须随时调整升降舵的杆量,如图 12-54。

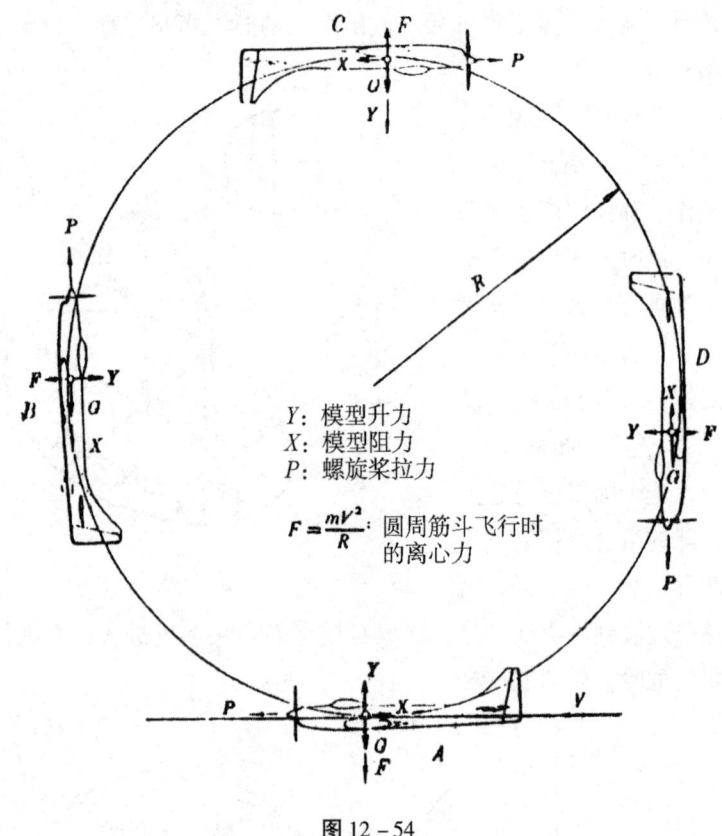

图 12-54

练习筋斗飞行时,可先在 3 米左右的高度进入,开始少拉一点杆,手臂应随着模型一起做圆周运动(其他动作也须如此)。当模型转入倒飞俯冲时开始增加拉杆量,待模型转至平飞姿态时回杆改为平飞,一个正筋斗也就完成了。如在模型转至平飞时重复开始动作,就会做出连续的正筋斗动作来。

刚学正筋斗时,进入拉杆后千万不能犹豫不决,否则模型如断线的风筝一样失控后,更加重操纵员的慌乱而引起事故。另外,不论做任何飞行动作，手臂都应随着模型上下运动，否则也易导致错误的判断和操纵，如图 12-55。

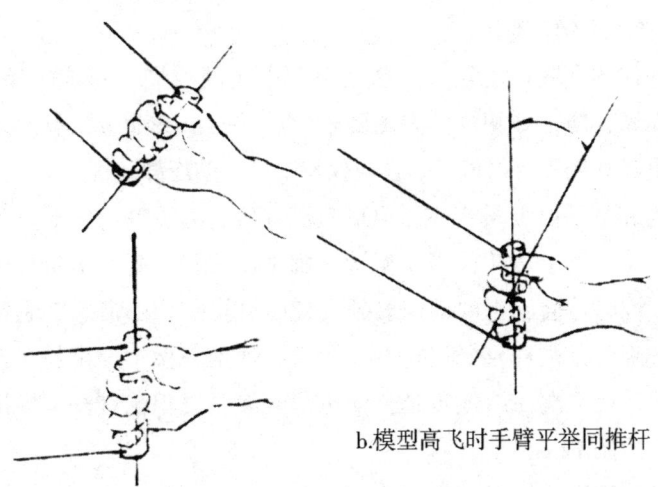

a.模型高飞时手臂应高举
平飞时手臂应摆平

b.模型高飞时手臂平举同推杆

图 12-55

连续正筋斗最多不要超过 5 个。因为两根钢丝扭缠过多后，操纵起来就不灵活了。如有教师带飞，可由老师做一些倒筋斗解开后再由学员练习正筋斗动作，也可在飞前将经预先反向扭转 3~4 圈，就可以在飞行中多练几个正筋斗了。

（9）倒筋斗动作

倒筋斗动作也称外筋斗，动作程序和杆量与内筋斗相反。模型由 45°线（初学可在 60°线左右）下风区进入，做推杆动作（手腕推足杆，手臂也随之压下），当模型转入倒飞爬升时手臂可随模型画弧抬起，但手腕仍须推杆（千万不能回杆）。当模型转至 45°线高飞姿态时，方可回杆改为平飞，如图 12-56。

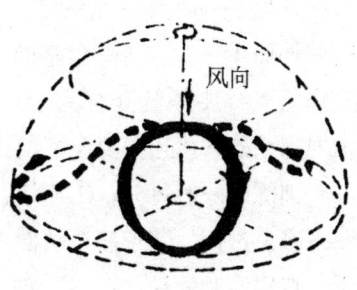

图 12-56

如需做连续外筋斗时，重复上述动作即可。练习倒筋斗要解决的难点是，当模型低头进入俯冲或倒飞姿态时，学员往往会本能的拉杆"改出"，从而造成事故。克服这一关后就好掌握倒筋斗的要领了，即可结合正筋斗进行双向练习了。

（10）倒飞动作

倒飞动作的掌握难度较大，这是由于平飞的习惯已形成了条件反射，而倒飞的操纵方向正好相反。因此要求学员在学倒飞前应反复地多做地面练习，尽早建立倒飞反射概念。还应保持临场头脑冷静。

倒飞的练习可由教员带飞，也可自己训练。方法是：由下风区平飞进入，先拉杆做一个半筋斗，当模型转至倒飞俯冲状态时，由拉杆迅速改为少量推杆，同时体会倒正的动作要领（此时胜过一切的概念就是牢记一旦模型出现危险就是推杆）。维持1~3秒后，便推杆做半个倒筋半改出。然后在第二次、第三次……逐步延长倒飞的时间和过程，直至掌握倒动作飞行的要领，如图12－57。

倒飞的训练不要等正飞和动作十分熟练后再进行，早点进入倒飞训练，进步会更快一些。

至此，特技动作的飞行：起飞——平飞——高飞——波状飞行——急上升——急下降——过顶——内筋斗——倒飞——外筋斗——着陆一套基础动作的飞行要领就介绍完了。

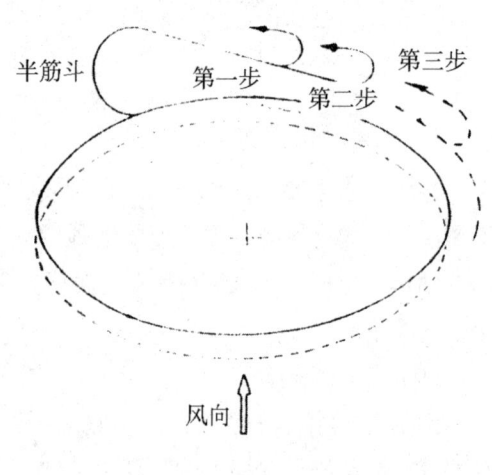

图12－57

但要完全的掌握还需要反复的飞行、体会、练习。

训练中一般可分：①起飞、平飞、高飞、波状飞行和着陆，②急上升、急下降、过顶，③正筋斗、倒飞、倒筋斗等3个单元进行训练，逐步掌握。

特别强调的是，在飞行训练中，反复的地面练习和体会（教员也可及时做出讲评），可使进步更快。

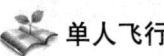 **单人飞行**

正常的飞行训练一般需要 2 人配合（助手和操纵员）才能进行。图 12-58分别介绍 3 种单人放飞装置，当操纵员全部准备就绪时，拉动放飞绳模型就自行滑跑起飞了。但是正使用 12-58（a）放飞装置时，应避免模型着陆时与工具箱相撞的事故。

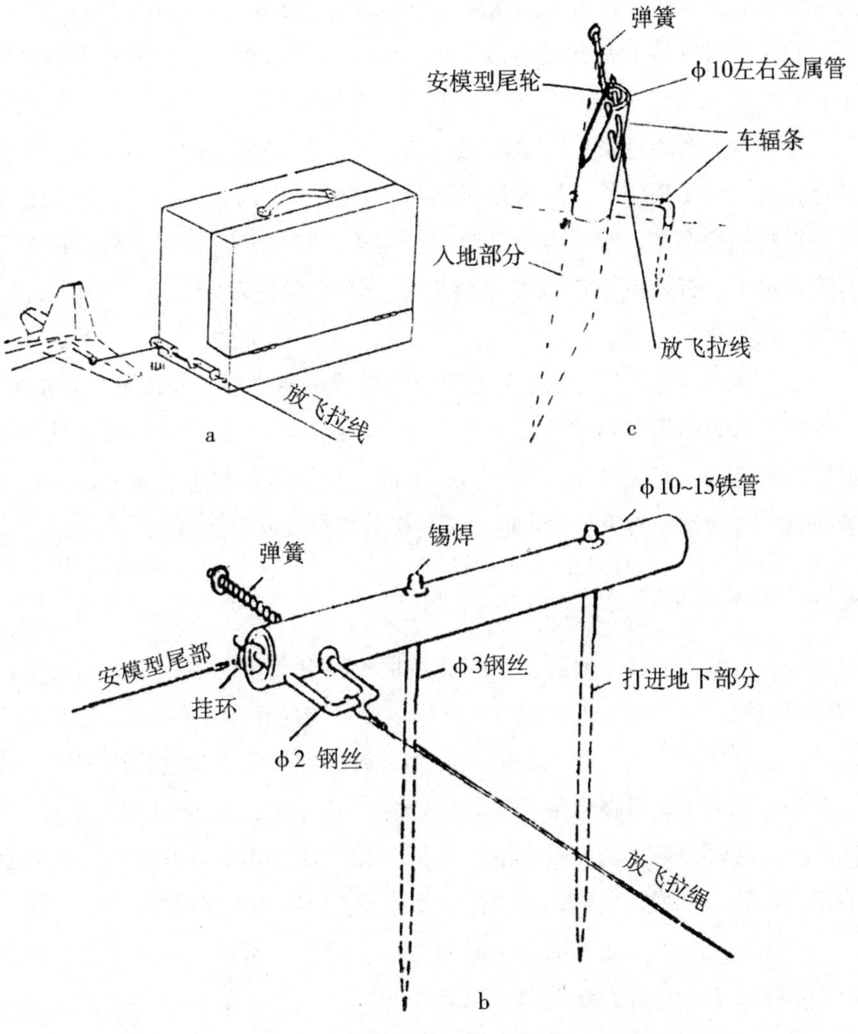

图 12-58

模型的维护与修理

 模型的日常维护

一架模型日常维护的好坏,对它的寿命以及飞行性能影响很大。在平时应养成认真维护,保持清洁和放置整齐的良好习惯。

模型的日常维护主要是清洁工作。由于发动机燃油中的蓖麻油不易燃烧,排出的废气(废油)部分喷到机翼、尾翼和机身上,如不及时擦去并清洗干净,就会透过蒙皮,渗入模型的骨架,影响模型强度和寿命,严重的还会使模型废损。所以要求每次飞行后都要认真清洗模型,先用卫生纸或棉纱将油污擦净,然后再用毛巾或干净棉纱加洗涤剂擦洗,最后用干毛巾把水吸干。有人习惯用汽油来擦模型,这不仅耗费大,造成环境污染,还会使蒙皮变脆。

在多次飞行之后,特别是有过粗暴着陆或碰撞之后,应认真检查模型,以免在飞行时出现解体事故。另外,在飞行结束清洗后,应把模型挂起来或放在平整处,避免日光长期照射。不能在模型各部位上放置物品,也不要在机翼或水平尾翼下垫放东西,以免引起机翼或尾翼变形。

 发动机的维护

特技模型在正常飞行后,一般油箱里不会有剩余燃油,只需用干净纱布或卫生纸将发动机进气口和排气口封堵即可(防止尘土进入)。如长期存放后(超过半年以上)再飞行时,应用新鲜的燃油清洗发动机内部(即注入燃油后柔和转动螺旋桨并不断注入燃油),直到发动机转动灵活为止,冲洗油箱,观察是否生锈,查看油管是否老化。然后用加满燃油的注射器对油路(油管)和发动机汽化器进行反复冲洗,以确保油路通畅。

在飞行训练中,如发动机运转时触地,内部必然吸入许多尘土。这时千万不要转动发动机及螺旋桨,以免沙土划伤气缸、活塞及轴套,应先卸掉残桨,用清水冲洗发动机外部泥土(可充分节省油料,减少环境污染)

后,再将发动机拆开,用甲醇或汽油清洗各部件,认真查看各部件无异常后,方可重新组装。但是在飞行之前必须进行地面试车,工作正常后方可飞行练习。如发动机更换配件,应重新磨合之后再使用。

模型的修复

在飞行训练的初期,发生飞行事故是很常见的。对已损坏的模型一般都可修复起来,使修理好的模型继续投入飞行训练。

平时最常见的是蒙皮破裂。如果蒙皮只有小裂缝时,只需在开裂处涂上胶水或浓透布油,干后会自然接合。如裂缝较大,可先用大头针把开裂的蒙皮对合到一起,然后在接缝处涂上些快干胶或浓透布油,待干燥后取掉大头针。这种修复方法比较实用、简便,如图12-59(a)。

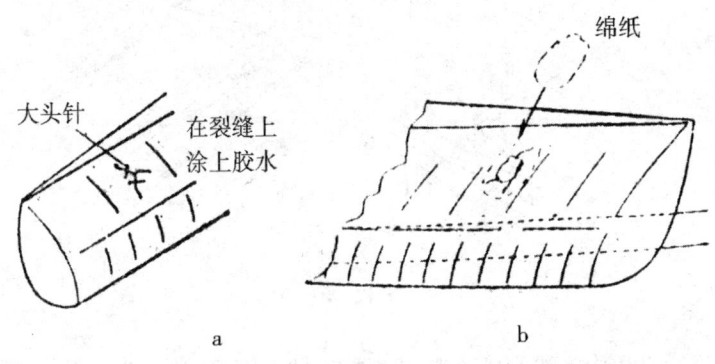

图12-59

如蒙皮破裂严重,可裁一块比破洞略大一点的绵纸平铺在损坏部位,再刷上几渗透布油即可,如图12-59(b)。这一方法快捷但欠美观。

在蒙皮损坏面较大时,可用小刀按图12-60所示方法保留圆角,重新蒙皮。应注意的是,如将蒙皮沿翼肋裁齐,完好部分的蒙皮会将翼肋拉弯变形。

一旦发生严重的摔机事故后,应及时用棉纱(卫生纸)将模型破损部位擦净,

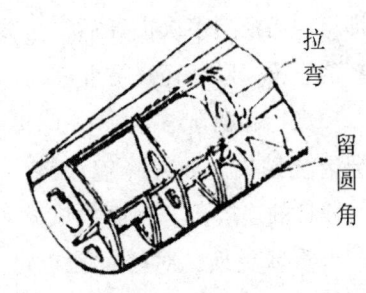

图12-60

以免燃油渗入破损部位而影响其黏接强度。将所有损坏脱落部分全部拣回，尽量按原位置黏接好，待修补完好后再把没用的残块丢掉。

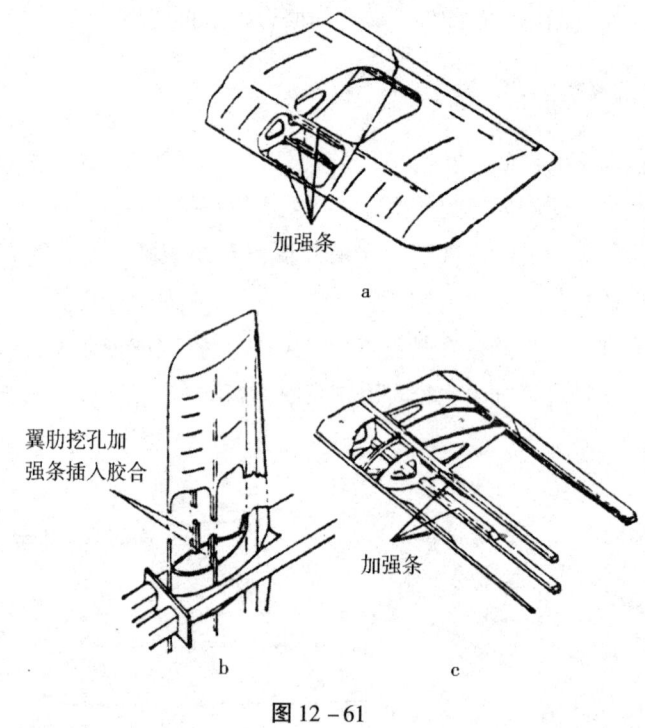

图 12-61

在飞行事故中，机翼断裂是最为常见的。图 12-61 为几种机翼损坏的修补方法。当机翼损坏过于严重时，应在工作图上按尺寸修补。

经长期飞行后，机身、机翼等处可能会出现开裂现象。这时应用香蕉水（硝基稀料）反复冲刷裂缝处，待干燥后用树脂胶或914胶黏接并加强即可。当模型多次损坏后，再修补时应将以前修补的加强条等去掉，换上新加强梁，以减轻修补重量。

飞行起落较多后，一些部件也会老化破损，如升降舵铰链、摇臂与连杆的连接孔（因磨损增大）。这时可重新更换，对摇臂孔也可用加装铜套的办法修补，如图 12-62。

图 12-62

遥控电动模型飞机

很久以来人们就希望以电动机作为模型飞机的动力，因为它使用方便、无噪音、无污染，是很"干净"的动力。玩过以内燃机为动力模型飞机的人都知道，以内燃机为动力首先遇到的麻烦是启动困难。有时去机场弄一天，只飞一两个起落，就是缺乏使用发动机的经验，半天启动不了。而电动机就不同了，只要打开开关即可。

内燃机模型飞机还有个缺点就是噪声和污染。由于发动机重量的限制，消音器不能做得很大，所以噪声很大。喷出的废气、废油对环境造成污染。每次飞完后，模型飞机上到处都是脏乎乎的油腻。电动机就没有这些缺点，很干净。但是由于电动机的功率重量比小，电源贮存的能量又少，所以给电动机在模型飞机上的应用也带来许多困难。近年来随着永磁材料的进步和镍铬电池的使用，电动模型飞机在世界上越来越流行。随着科学技术的快速发展，电动模型飞机可能会成为未来模型飞机的主流。

遥控电动模型飞机有以下种类：遥控电动模型滑翔机、遥控电动特技模型飞机和遥控电动竞速模型飞机。

遥控电动模型飞机的配件

 电 机

遥控电动模型飞机使用的电机一般为永磁电机。可使用的电机有817、360、540、600和FAI—05等型号。其中817电机的功率很小，所以只适用于模型滑翔机，而且要求很低。本文主要以360电机为主，介绍遥控模型飞机。

 电 源

遥控电动模型飞机一般都使用镍镉电池作电源。它的优点是放电电流大、容量大、使用维护方便、寿命长,缺点是价格较高。市场上常见的有5号(又称AA型)镍镉电池、2号(又称C型)镍镉电池和1号镍镉电池。它们的容量一般为5号500(毫安·时)、2号1500(毫安·时)、1号3000(毫安·时)。国际上流行的电动模型飞机使用的电池是SC型电池,它的长度与2号(C型)电池一样,但直径小1/3左右,容量一般为1300(毫安·时)、高的1700(毫安·时)。目前国际市场上多以成组的形式出现,有6节、7节、8节为一组,其标称电压分别为7.2伏、8.4伏和9.6伏。电动模型飞机上用得最多的是7节一组,标称8.4伏的电池组。

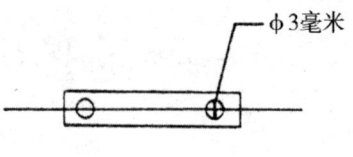

图13-1

成组的电池用起来很方便,但是价格较为昂贵。同学们可以自己组合。817电机可以用5号镍镉电池,360电机用2号镍镉电池。组合的方法是:用1毫米~1.5毫米的铜片,按图13-1的方式剪裁,并在两端分别打一个直径2毫米的孔,用40瓦的电烙铁将铜片焊在电池的正负极上。用这种方法将7节电池串联在一起,并引出正负极线,用胶带将整组电池包好,自制的电池组就做好了,如图13-2。

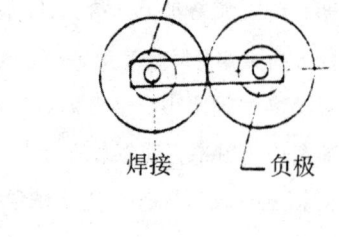

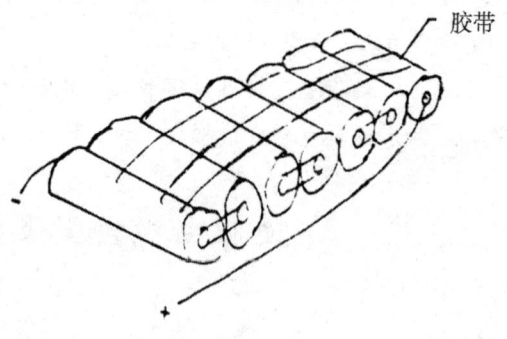

图13-2

新电池买来后,一定要用标准电流充电24小时。该标准电流是电池容量(C)的十分之一(即1/10C)。电池用过以后一定要将余电放光,再充

电。否则会因为"记忆效应"而使电池容量减少。电池组在使用时，可以用快速充电器以 2C 或 3C 电流充电，一般 15～20 分钟就可以充好。但快速充电一定要小心并用专用快速充电器进行，否则会损坏电池。快速充电器商店有售。标准充电器可以自制，电路原理图如图 13-3。

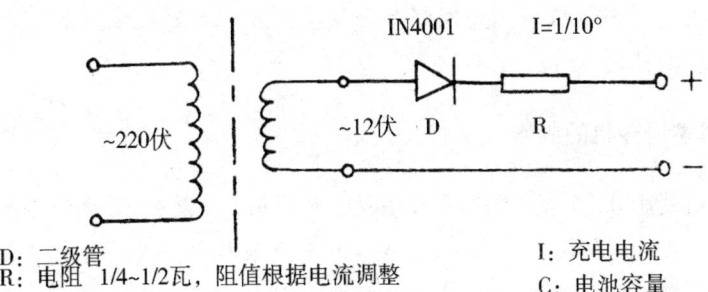

D：二级管
R：电阻 1/4~1/2瓦，阻值根据电流调整
I：充电电流
C：电池容量

图 13-3

遥控器

遥控电动模型飞机一般用 4 通道遥控器。电机可以用电子调速器控制转速，也可以用开关控制通断。自制开关用 1～1.5 毫米的铜片制作，如图 13-4。用舵机摇臂按压开关，可以接通电路使电机转动。开关或电子调速器用遥控器上的油门通道。FUTABA 遥控器通道安排如下：1 通道为副翼，2 通道为升降舵，3 通道为油门，4 通道为方向舵。JR 遥控器则是：1 通道为油门，3 通道为副翼，其他同 FUTABA。

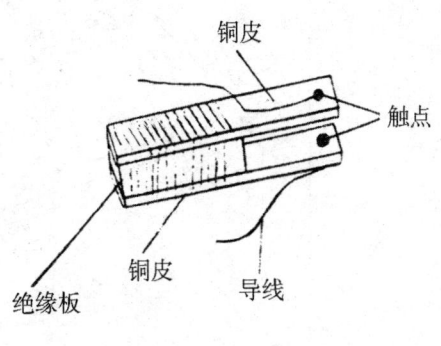

图 13-4

遥控电动模型滑翔机

遥控电动模型滑翔机是以电动机为动力的模型滑翔机。国际级代号为

F5B，电源限用镍铬电池，不超过 42 伏，电源重量不大于 1.1 千克。我国的普及级代号为 p5B，电源限用镍铬电池，不超过 7 节。比赛科目为留空时间。方法是：起飞开始计时，飞行时间为 5 分钟；电机工作的时间从飞行时间中减去，并要求在第 5 分钟降落，多余的时间从 5 分钟里减去。这就要求电动机工作时间尽量短，并找好上升气流，才能有好成绩。下面介绍一种电动模型滑翔机。

模型滑翔机的制作

该机使用 0.75 毫米厚桐木片做翼肋及蒙板，3 毫米×3 毫米松木或 3 毫米×5 毫米桐木作翼梁，前缘用 5 毫米×5 毫米桐木，后缘用 3 毫米×12 毫米桐木，3 毫米厚椴木三合板做机身隔框和侧板。

(1) 机翼制作流程，如图 13－5。

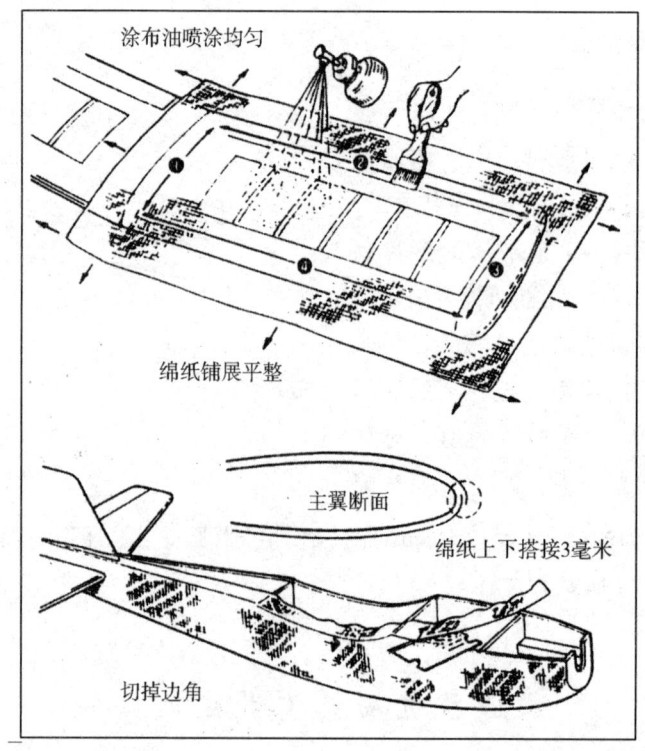

图 13－5

制作要点：组装机翼时要找一块比较平的工作板。胶合可用502胶，点胶要迅速，切忌用胶过多。也可用801强力胶，两个胶合面均涂胶，待10分钟后按压在一起就粘好了。蒙板可用801胶、914胶，最好不用502胶。机翼做成两半，使用时用竹销插在一起，并用胶带粘好，用橡筋绑在机身上。蒙皮可用商品热收缩膜，但价格较贵。可以使用彩色涤纶薄膜，用压敏胶（化工商店有售）黏合。先涂胶，约10分钟待干后，将涤纶薄膜均匀地压在骨架上，然后用调温电熨斗加热收缩。

（2）机身制作流程，如图13-6。

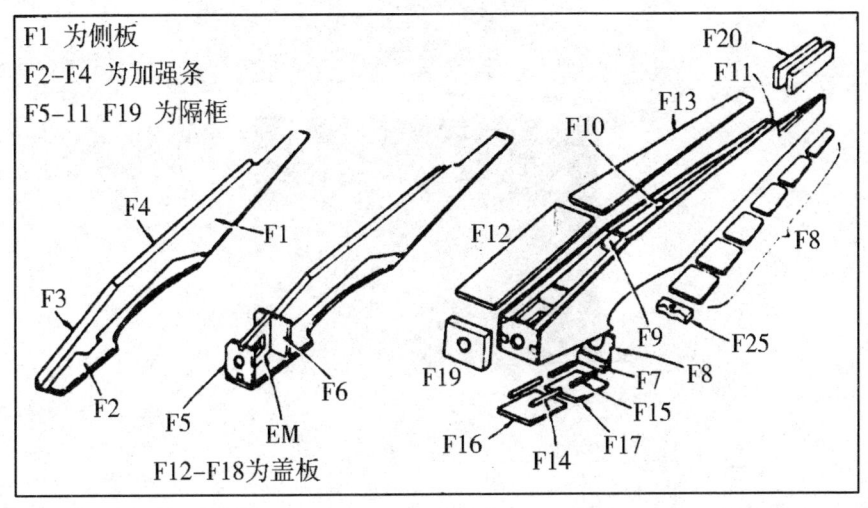

图13-6

制作要点：三合板要选用重量轻、纹理好、胶合结实的。机身黏合使用914胶或801胶，仔细看使用说明。电机用金属卡子固定在前面，然后是电池、接收机和舵机的位置。机身侧板用镂空的三合板。上下盖板用0.76毫米桐木片，注意木纹方向与机身轴线垂直。机头下面用三合板和钢丝做一个滑橇。垂尾和方向舵用3毫米桐木制成并粘在机身上，方向舵和垂尾用铰链连接或用线绞合。机身装平尾的开槽一定要平行，否则平尾是歪的。

(3) 平尾制作流程，如图 13-7。

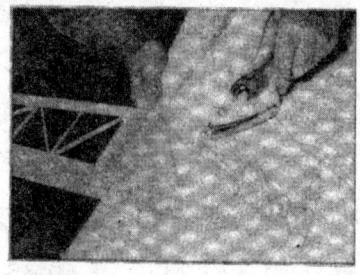

图 13-7

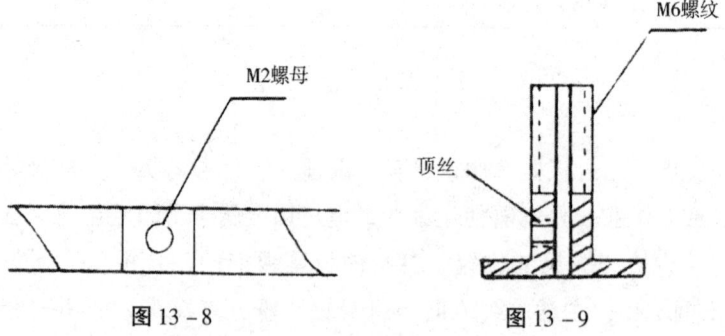

图 13-8　　　　　　　　图 13-9

本滑翔机用 360 电机，螺旋桨可用商品桨 7 英寸×3 英寸或 7 英寸×4 英寸（1 英寸=2.54 厘米），即螺距 75 毫米~100 毫米，直径 185 毫米。桨中心孔侧面打孔镶一个 M2 螺母，用胶粘牢。用 M2 的螺栓拧入，以便固定螺旋桨，如图 13-8。为安全起见，也可以用铝材车制螺旋桨安装座来固定螺旋桨，如图 13-9。

 设备安装

为了今后能够在多种机型上使用，建议大家选用 4 通道遥控器。本机使用自制的电机电源开关。用油门通道控制舵机触发开关，使电机工作。由于本机没有副翼，所以方向舵舵机接在副翼通道上。舵机与舵面之间用连杆连接，连杆用 5 毫米×5 毫米桐木条和 14 号自行车条制作，将成品塑料夹头拧在连杆两头。舵面上使用成品塑料摇臂。摇臂安装时一定要使连杆孔连线通过舵面铰链轴线。由于塑料夹头轴径粗，而舵机、舵面摇臂上的连杆孔较小，所以要先扩孔。方法是用小圆锉慢慢扩孔，千万不要让孔太大了，夹头夹上时稍紧一些好。夹头上最好套一小段胶管，以防松脱。连杆运动时不要有阻碍，如图 13-10。

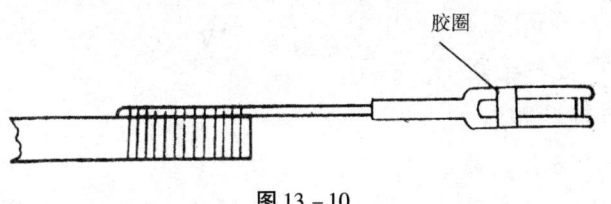

图 13-10

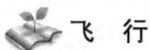 飞 行

模型飞机安装好以后，先检查一下上反角、重心等是否正确。重心可以通过移动电池来改变。检查无误后先在土地上手投滑翔。

手投时先不要装螺旋桨，而用布包好机头防止进砂土。手投方法是手握机身重心处举过头顶，机头微微向下，助跑几步向前投出（注意不要太大用力，不要往上投）。如果模型飞机有波状飞行，将升降舵加一点推杆。如果遥控器上的微调调整幅度不够，应取下夹头旋进旋出几圈进行调整。如果模型有栽头现象，应加一点拉杆，直到模型可以平稳下滑为止。

滑翔调整好后，把螺旋桨装好。检查一下电路，然后打开电机，检查动力是否足够。注意开电机前将机头举过头顶并向上，以防螺旋桨飞出伤人。有条件的最好用铝车制一个桨轴套固定在电机上，再安螺旋桨，如图 13-9。电机打开后，如果感觉拉力较好，就可以进行动力试飞行了。如拉力不够，检查一下是否电池没有充足。

飞行之前，应该做一做地面练习。左手的操纵杆往后拉，是拉杆，这时升降舵向上，模型飞机抬头；左手的操纵杆往前推，是推杆，这时升降舵向下，模型飞机低头。打方向舵后，模型飞机将向打舵的方向倾斜，但是模型飞机并不转弯，这时应同时拉杆模型飞机才转弯。改出时，升降舵回中，方向舵给一个反舵，使模型飞机摆平。下面讲讲实际飞行时的操作。打开设备开关后，将右手杆推到头使电机工作。然后用右手握住模型机身重心部分，举过头顶，机头摆平。左手拿发射机，拇指放在操纵杆上，向前助跑几步，用力将模型向前平行投出。

这时模型可能会下降高度，当模型飞机降到半人高时，左手轻轻拉杆，使模型爬升一段。在 2～3 米高时使模型飞机平飞一段距离，然后再拉杆爬升。爬升角在 10°左右。模

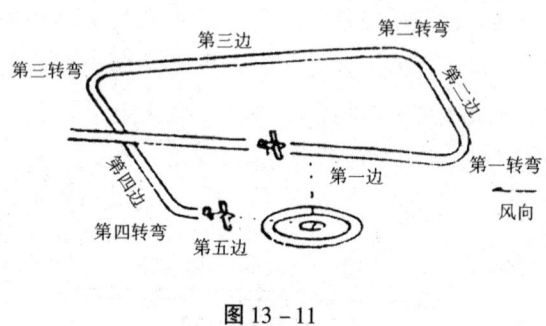

图 13-11

型飞机上升 15～20 米后，右手轻轻打舵使模型盘旋爬升。爬升时注意，拉杆量不要太大、太猛，以防失速。当模型爬升 3 分钟左右，可以把右手杆拉到底，关掉电机使模型进入滑翔状态。这时可以操纵模型去寻找上升气流。找到后模型可以长时间飞行而不降低高度。如果模型飞得太低了，还可以打开电机使模型爬高。这样循环多次模型可以飞很长时间。当模型动力电耗尽时再降落。着陆时飞矩形航线进场，如图 13-11 和图 13-12。当模型下滑至距地面 1 米左右，将模型轻轻拉平，模型飘一段后平稳着地。

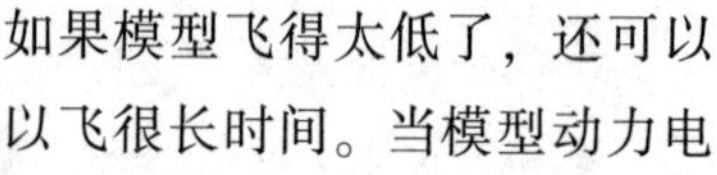

如果能找一个飞行老手带飞，会取得事半功倍的效果。

飞一段时间以后，可以练习飞航线。方法是：让模型在前方飞行，飞行方向与我们面对的方向垂直并与风向平行，并尽量使模型保持同一高度直线飞行。这是锻炼控制模型飞机能力的一种方法。可以采取顺风滑翔，逆风动力飞行，

图 13-12

以便节省电力，飞行时间长一些。如果在山区，还可以进行山坡滑翔。

遥控电动特技模型飞机

作为特技模型飞机要求具有较大的功率和较好的操纵性能，因此对电机、电源和模型飞机设计要求较高。如果经济条件许可，请使用稀土永磁电机（如珠海产的 FAI05 级电机。至少应使用 360 电机）。电源用 SCR 型的 7 节或 8 节一组的镍铬电池。使用专用的模型飞机用电子调速器或电子开关。如果没有，自制开关时要用银触点。螺旋桨必须通过桨安装座与电机相连。遥控设备用 4 通道的。

下面通过 PSA9401 型电动模型飞机为例，介绍一下遥控电动特技模型飞机的制作和飞行要点。该机的三面图，如图 13 – 13。

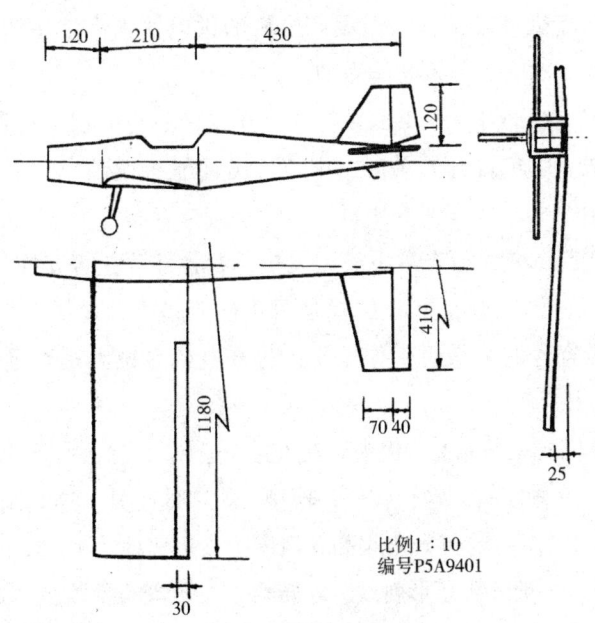

比例 1：10
编号 P5A9401

图 13 – 13

P5A9401 电动模型飞机采用 7 节镍铬电池电源、下单翼和后三点式起落架、可操纵升降舵、副翼、方向舵和电机。

该机为半硬壳式木结构。原机设计以轻木为主，也可以用桐木代替。该机的隔框使用轻质三合板，机身主梁使用松木条，其他用桐木条。蒙板用 0.75 毫米桐木或 1.5 毫米轻木，梁用桐木条。尾翼最好用轻木，如果没有用桐木也可以。最后蒙皮仍使用热收缩膜或涤纶薄膜。机翼与机身通过螺栓连接，可以拆卸。副翼舵机装在机翼中部。

接收机一定要用海绵包好。天线伸出机身外，如果长就悬着，注意千万不能剪短或缠在一起。电池用后一定要放光后再充电。充电可用专用的快速充电器，一般充电电流为容量的 2 倍或 3 倍。使用方法是：先调充电器上的电流钮，到电池容量的 3 倍（例：1300 毫安 × 3 = 3900 毫安，取 4 安培），接上电池电源。按开始钮（标有 START）5 秒以上，这时充电器上的绿灯（也有的是红灯）持续点亮。当指示灯一闪一闪时，说明电充得差不多了。如果有必要再按一次开始钮（如冬天时，一般的就不再充了，直接用就行了）。

模型飞机专用的电子调速器一般有 2 个开关：①拨动的主电源开关，打开后接收机和舵机可以工作，但没有电机的供电输出；②按钮，打开主开关后，必须按一次它，电机才能启动。

如果使用自制的开关，那么在打开主开关之前，一定要把发射机打开，并远离螺旋桨。以免打开开关时，电流冲击使舵机误动作，造成电机工作螺旋桨伤人。

在飞行之前，要先检查一下模型飞机，看各部分是否安装正确，电机、电源、设备是否固定好，重心位置是否正确，起落架是否直。检查无误，打开主开关检查各舵面是否工作正常，打开电机看拉力是否足够，然后就可以飞行了。

将模型飞机放在平地上，机头对着风向（逆风起飞），打开电机滑跑，在地面滑行 10~15 米左右，轻轻拉杆，模型飞机离地爬升。这时用升降舵控制使模型飞机以 10°左右的爬升角爬高。当模型飞机离地约 15 米高时，左转弯进入航线飞行。一般先飞矩形航线，左转弯。左转弯的要领是，先压左副翼，模型飞机左倾斜 30°~40°。副翼杆回中，左手轻轻拉升降舵杆，这时模型飞机开始转弯，左手的拉杆要保持着（注意杆量不要太大），杆量的大小以模型飞机不掉高度或不爬高为准。直到模型飞机转到我们希望的方向，升降舵杆回中，这时模型飞机停止转弯，右手压右副翼，使模型飞机摆平。右手副翼杆回中，左转弯就结束了。左转弯过程中有时模型飞机的倾斜角变小，这时应及时给一点左副翼，使倾斜角加大到合适位置。有时模型飞机的倾斜角越来越大，应及时给一点右副翼，使倾斜角减小到合适位置。

左转弯练好了再练习右转弯。为什么先练习左转弯呢？因为电机一般是右转（从后往前看），当左转弯时，陀螺进步的力矩使模型飞机抬头，这样左转弯就比较容易。而右转弯则因为陀螺力矩使模型飞机低头，容易造成螺旋下坠，所以右转弯较为困难。

右转弯时，一般压了右坡度以后，容易发生模型飞机越来越倾斜。这时应该及时给一点左副翼，使模型飞机的坡度保持一定。初学者容易犯的错误是：①坡度压得过大。②当模型飞机越来越倾斜时，没能及时修正减小坡度。③模型飞机坡度大了以后，升降舵的杆量没有跟上，使模型飞机掉高度甚至螺旋下坠。④模型飞机的坡度不够，而升降舵的杆量又大，使飞机爬高而不转弯。

当然只要勤加练习，右转弯也很容易掌握。

转弯容易犯的错误是给错舵，本来改出时应该给反舵，但给了正舵。如果高度低，反应又不及时就会造成危险。

一般情况下，飞行航线以在我们前方飞左右航线的情况居多，两边分别通过转弯来过渡。其图线就像田径跑道一样，见图13-12。航线一般取与风向平行。航线飞得正不正、直不直与转弯有很大关系。因此转弯改出的时机很重要，这要通过多飞多练才能掌握好。如果飞行中模型飞机飞得不直，应该及时修正。大多数情况是模型飞机没有"摆正"（即带有坡度），而操纵者认为是正的，结果模型飞机就飞得不直。如果发现航线不直，应及时将模型飞机"摆正"。模型飞机飞行时的姿态的判断，对操纵者来说也是至关重要的，要多飞多练才能掌握。

着陆也是一个比较难掌握的科目，它的难度较高，危险性很大，多数摔飞机都在这时，所以要认真练习。着陆时一定要逆风降落，练习时，可以多次练习低空通场和着陆航线。一般初学者飞行时，模型飞机飞得很高，可以先通过练习逐步降低高度，到模型飞机低空飞行心里不犯怵时，就可练习着陆了。着陆航线一般是矩形航线（如图13-11），通过头顶的一边为第一边。经过第二边，模型飞机在我们正前方航线的第三边时，关掉电机，

保持一定的下滑角，以免模型飞机失速。经过第三转弯进入第四边，选择合适的进入点，转入第五边（与第一边重合，但高度低）。下滑至下定高度（1.5米左右，拉飘，然后开电机复飞。模型飞机爬起转弯，进入正前方航线时，关掉电机重复上述动作。经过多次练习以后，就可以着陆了。

在练习时，一定要注意电机转速的变化，计算好电机的工作时间，以免电池耗尽发生意外。

螺旋桨的制作

一、如何根据螺旋桨的尺寸作图

以360电机所用的185毫米×85毫米的螺旋桨为例。

首先画出螺旋桨的正面形状，然后画侧面形状，如图13-14。

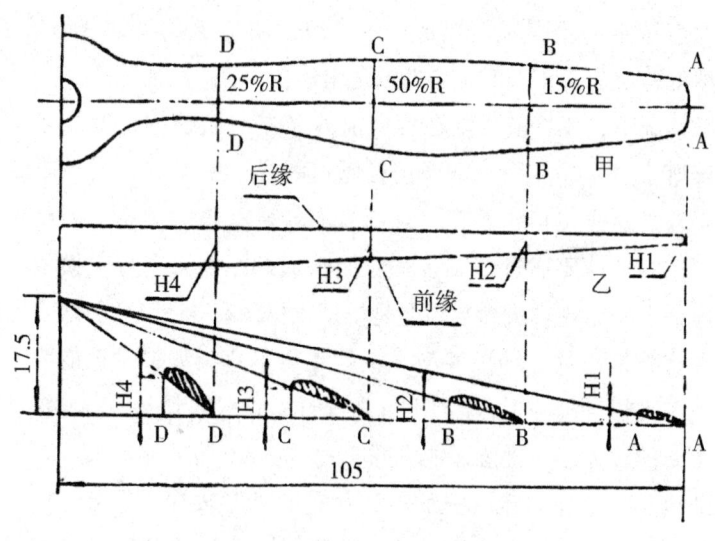

图13-14

（1）先画一条长度为螺旋桨半径的直线，这里为92.5毫米，每隔9.25毫米作一个标记。

（2）在这条线的一端作一条垂直线，长度等于$H \div 2\pi$，这里为13.54毫米。

（3）然后在垂线的顶点向直线的每个标记作斜线，这斜线与直线的夹角就是该点的桨叶角。

（4）根据该点的桨叶弦长，作图求出侧面高度 H。

（5）根据各点的 H 画出螺旋桨的侧面样板。

侧面样板中的直线是螺旋桨的后缘投影，曲线是螺旋桨的前缘投影。

制作前的准备

（1）准备一块测量底板，要求平整、不能扭曲。底板上有中心点和测量线（也就是半径线）。

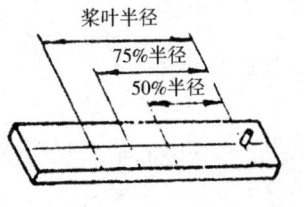
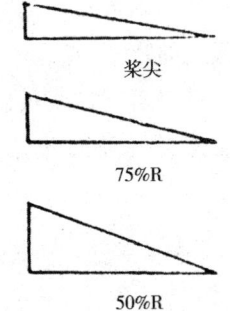

（2）按桨叶半径的 100%、75%、50% 处的桨叶角做出桨叶角卡板，图 13-15。但由于它们只是三个位置的螺距，所以有很大局限，最好用螺距规检查，螺距规可按图 13-16 制作。使用方法，如图 13-17。

图 13-15

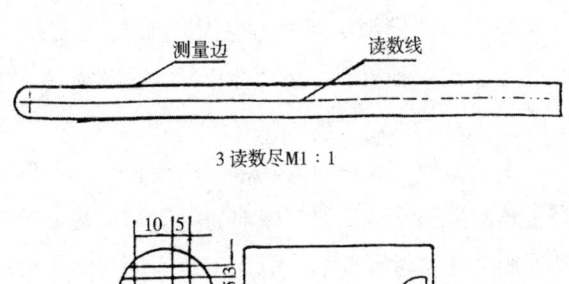

3 读数尽M1：1

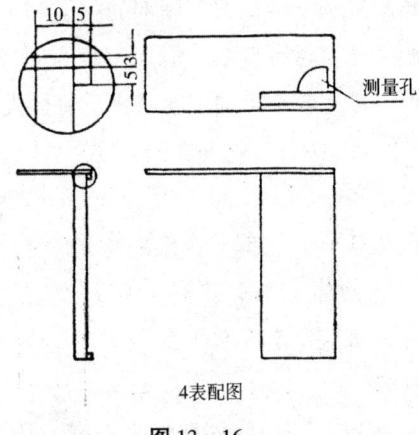

4表配图

图 13-16

要求：①面板上测量孔底边必须与"0"平行，距底边4毫米。

②底板上表面必须平直。

③螺距尺寸可用有机玻璃制成，宽为8毫米；读数线距测量边4毫米，并与其平行。

④读数尺上的读数线必须对准面板上的"0"点。

⑤面板与底板胶合时，需互相垂直，测量孔底边必须与底板上表面平行。

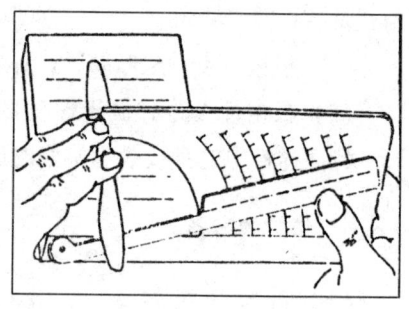

图13-17

（3）按设计的螺旋桨的正面和侧面形状做出样板，在正面样板的背面画上中心线。

（4）木锉、钢锉各1把，斜口刀1把，0号砂纸1张，刀片2个，透布油（学名：硝基皮脂清漆）若干。

螺旋桨材料的选择

由于安全的原因，航空模型上是禁止使用金属螺旋桨的。在非金属材料中，木材是使用最多的一种材料。下面介绍几种适宜做螺旋桨的材料。

（1）桦木

多年生乔木，质地坚硬，纹理均匀致密，比重较大，可很好地吸收振动能量，非常适宜做螺旋桨和发动机架。桦木的材质和生长年限有关，一般老龄桦木质地坚硬而脆，适宜做螺旋桨，但加工较为困难。小龄桦木，相对来说质地较为柔韧一些，比重较小，加工容易，适宜做发动机架和初学者做螺旋桨。用小龄桦木做的桨最好涂一遍502胶，这样可以有很好的强度。

（2）椴木

多年生乔木，质地较软，纹理非常细致均匀，不易变形，强度也较好，可以做螺旋桨。由于它的加工非常容易，所以比较适宜初学者。为保证强度，建议大家在做好的螺旋桨上涂502胶。

（3）松木

多年生乔木，一般有红松、白松两种木材适宜模型上使用。红松质地较为紧密，易于加工，不易变形，富有弹性，强度较好。初学者可用它做螺旋桨。白松质地较软，比重较小，不适宜做螺旋桨。

（4）层压板（也叫精制层板、压缩木）

它是由多层桦木与热固型胶黏剂在高压下制成。它的质地非常坚硬，比重很大，强度很好，是制作螺旋桨的好材料。用它做的螺旋桨，可以做得很薄，螺旋桨效率很高。但它的加工非常困难，一般用锉或者砂轮加工。另外它很脆，极容易劈，所以加工千万小心。

（5）玻璃钢

它的学名叫玻璃纤维增强塑料，需用玻璃纤维和环氧树脂在模具中加工。

（6）碳素

它是用碳纤维（也叫石黑纤维）增强的塑料，用碳纤维和环氧树脂在模具中加工。

另外，商品桨还有用塑料或尼龙制造的。

制 作

（1）在桨木上画中心线，钻中心孔。这一步很重要，要小心从事，严防出错。

（2）画螺旋桨正面形状。将正面样板的反面向上，把样板的中心线同级木的中心线对齐，然后画出螺旋桨的正面形状。画出的桨叶后缘将是螺旋桨的后缘，前缘将是螺旋桨的实际前缘的投影线。

（3）削制毛坯。用刀子按螺旋桨的正面形状削出毛坯。注意前缘的侧面应与正面垂直，否则会使螺旋桨的正面变形。可把桨木夹在台钳上，用木锉锉出，注意木锉的运动方向一定要与桨木正面垂直。

（4）画侧画线。在毛坯的前缘断面上，将侧面样板的直线与毛坯正面的前缘投影线对齐，将侧面样板的曲线投影到前缘断面上，这样前缘线就画好了。可以用红笔将前缘线和后缘线描一下，以便制作准确。

（5）加工下弧。下弧是螺旋桨的工作面，它的准确与否直接影响螺旋桨的好坏，要不断地用卡板或螺距规检查，千万防止桨叶角过大。先用木锉，后用钢锉，再用砂纸，将下弧加工好并抛光。

(6) 加工上弧。一般的桨叶叶型都是平凸翼型，它的最高点在距前缘 1/3 弦长处。上弧线要丰满，曲线过渡要圆滑，桨叶不能太薄，否则刚性太差，螺旋桨工作时会变形。反之，也不能太厚，否则阻力太大。桨叶的厚度变化必须从桨根至桨尖逐渐变薄。加工方法，如图 13－18。

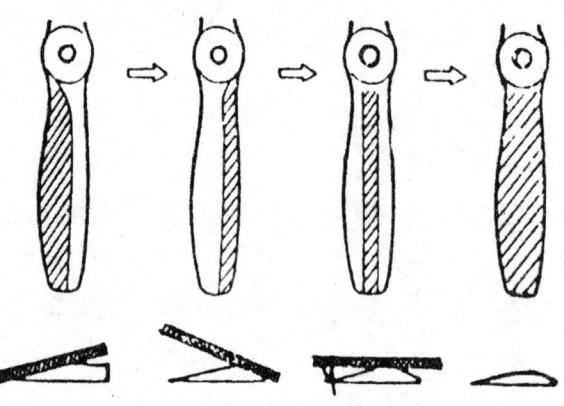

图 13－18

(7) 将整个桨都打磨一遍，检查螺旋桨是否平衡。如果不平衡，将重的一边磨薄一些，直到平衡为止。平衡方法如图 13－19。

(8) 将整个桨涂上透布油或清漆，也可涂 502 胶。再检查螺旋桨的平衡，重的一边磨掉一点，或轻的一边涂点漆。

最后用记号笔将螺旋桨的参数写在桨上。

图 13－19

电机和设备的维护

电机的使用

新电机买来后，一般不要马上使用，最好先经过磨车，就如同发动机一样。磨车的方法是：将电机接上 3 伏电压，使电机低速运转 15 分钟左右，然后将电刷部分拆下，用小刷子将整流子清扫干净，再将电刷装上。注意有些电机不能将电刷拆下。遇到这种情况，可以从安装电刷部分的散热孔吹气，将整流子吹干净。低速运转并清理干净以后，可以接电压了，用 8.4 伏或 9 伏电压工作 5 分钟，磨车就结束了。这时你会觉得电机的功率比以前大得多。用旧的电机也可以用此方法获得新生。

电池组用过以后，应该先将电放尽，然后充电后再保存，最好用标准充电器充电。下次使用前先将电放光，再用快速充电器充电后使用。从理论上讲，快速充电、放电 5 个循环以后，应该用标准充电电流充电 1 次，这样可以保证镍铬电池有较长的循环寿命。但是快速充、放电的结果总是对电池的寿命有影响。不过也请放心，一般镍铬电池的寿命总是比厂家说的 500 次充、放电循环数要大一些。如果小心使用，寿命可能超出想象。有人就曾经有过使用 1000 次的经验。

那么什么时候镍铬电池寿命到了呢？假如当你充电很长时间以后，刚一用很快就没电了，那么电池就差不多了。你可以用 12 伏电瓶对其进行一点一点地（很短时间的点接触）大电流充电，也许还能用一段时间。如果这还不行，那么这个电池就该扔掉了。

遥控设备的保养

遥控设备的保养也很重要，很多摔飞机都是因为遥控设备出的问题。其中接收机的安装维护很重要。在模型飞机上一定要用海绵包好，电池要放在接收机的前面和下面，以免着陆的冲击使电池撞坏接收机。接收机使用的电子元件和石英晶体都怕震动，假如摔机以后接收机没有动作了，首先检查石英晶体是否损坏。如果接收机出现跳舵，一般是摔过的原因。

遥控设备出问题中还有很大部分是电源出的，尤其是接收机电源。所以最好将接收机电池焊接成组，并使用镍铬电池。发射机电池不用时最好取出，由于镍铬电池自放电率较高，大约每星期放电 40%，所以不用的镍铬电池最好每个月或每 2 个月用标准充电电流充电 10 小时，否则会造成电池的过放电。过放电的危害很大，它会使电池内部造成永久的伤害。

存放时间较长的镍铬电池，在使用以前先将电放光，然后再用标准充

电电流充电 16 小时。当然这里指的不是新买来的电池，新电池一定要用标准充电电流充电 24 小时。无论是干电池还是镍铬电池，放久了都会流出电解液，会腐蚀电极、电路及金属部件。所以，遥控设备不用时一定要将电池取出。镍铬电池的过充电也是危害很大，它会使电解液溢出，造成电池容量的减少。所以用标准充电电流（1/10C）充电时，一般不要超过 20 小时（标准为 16 小时），新电池除外。

模型飞机在起飞以前首先要检查遥控设备的有效控制距离。方法是：在不拉出发射机天线的情况下，打开电源，一边扳动操纵杆，一边后退，一边观察舵面的动作是否正常。一般退出大约 15 米还正常的话，就没有问题。如果出现跳舵或不动作，将天线全部拉出来。如果地面距离能超过 200 米，就没有问题，否则最好不要飞了。

还有一个情况，假如你觉得有什么地方不对头，感觉异常，千万不要盲目飞行，要仔仔细细地检查。往往出事故就是检查不细造成的。

安全措施

（1）飞行之前要做充分的技术准备。

（2）充电要注意安全以防触电。

（3）充电时电池温度超过 40℃ 时，请切断电源，停止充电。

（4）初次飞行要在空旷无人的地方进行，最好有高手陪同。

（5）高压电线附近禁止飞行。

（6）地面试车时，要将机头举过头顶，或人在机头后面，以免螺旋桨飞出伤人。

（7）严格禁止对着人群俯冲。

（8）发射机电压表指针在红区或交界处，禁止起飞（发射机天线全部拉出时）。

（9）出现跳舵又不能排除时，不要飞行。

（10）雷达站附近或出现不明信号时，不要飞行。

（11）起飞之前要先拉距离。

（12）准备工作不充分不要飞行。

（13）地面检查屡出问题先不要飞行，待全部排除后再飞。